デイヴィッド・ジョンストン

正義はどう論じられてきたか

相互性の歴史的展開

押村　高
谷澤正嗣
近藤和貴
宮崎文典
共訳

みすず書房

A BRIEF HISTORY OF JUSTICE

by

David Johnston

First published by Wiley-Blackwell, 2011

正義はどう論じられてきたか　目次

凡例

一、本書は David Johnston, *A Brief History of Justice*. Wiley-Blackwell, Malden and Oxford, 2011 の邦訳である。但し、原書に含まれる Acknowledgements, Glossary of Names, Short Titles Used in Notes は本書では割愛した。

一、本文中の引用文は、既訳がある場合もすべて訳者による原書からの直接訳である。

一、本文中に〔 〕付きで示した箇所は、訳者による補足である。

一、引用文中に［ ］付きで示した箇所は著者による補足である。

日本語版への序文

「西洋」における正義の諸思想は、四千年以上にわたり活発な論争の的となってきた。しかし、残存する最古代の文書記録をみると、それらの文書に示された思想が、弱者より強者を、そして貧者より富者を優遇するような上下関係を補強してきたことがわかる。なるほど強者同士では、交換物の価値が等しい場合にその交換が正しいとみなされた。しかし、強者と弱者の間では、弱者が不利なのは当然であるとされ、しばしば弱者は、強者や富者が支払う以上のものを支払うべきとされた。

とはいえ、二千年ほど前の共和制ローマの時代に、少なくとも正義という大義のもとで、あらゆる人間は他者と同等とみなされる、という考え方が学者や政治家の著作にみられるようになった。この考え方はゆっくりと広がっていき、やがて十七世紀あるいは十八世紀に至るまでには、正義を論じる欧州や北米の思想家の思考において大きな役割を演ずるようになっていた。同時期にはまた、アダム・スミスのような政治経済学者が、生産者たちが高度に専門化した技術や高い効率を手に入れる分業に注目し、近代の商業社会の富のほとんどは高度に発達した分業の産物である、と認識するに至った。ほとんどの富は社会の産物であるというこの認識は、新たな学問的、実践的な論点を生み落としたが、その論点こそ、一般に社会正義と呼ばれるものなのである。

富が各生産者による他の多くの生産者への依存によって生み出されるという意味で、ほとんどの富が社会の産物であると仮定しよう。その場合にどのような基準に従って、この社会の富を、正義に適った仕方で生産者や彼ら以外の者に配分すべきなのか。この問題こそ、今日までのほぼ二百年間、西洋の正義思想において中心的な役割を演じてきたものである。四十年前に著名な哲学者ジョン・ロールズにより繰り広げられた「公正としての正義」と呼ばれる理論は、この問題に対する一つの可能な回答ではあった。しかし、日本の読者がいま手にしている（あるいはスクリーンで閲覧している）本書は、西洋文明史において展開された正義の論争を扱ってはいるが、「相互性としての正義」という、ロールズとは異なる回答を提案している。

本書が日本の読者に、多年にわたり西洋思想家を支配した正義の思想や論争についての理解と、いまも継続している正義の論争への洞察を提供できることを願っている。

デイヴィッド・ジョンストン

序　文

多年にわたり学者たちは、正義論を実際上二つの陣地のいずれかに色分けする点で一貫していた。彼らの分類によると、目標を定め、その達成に役立つであろう原理、ルール、制度とは何かを示しながら、その目標や目的から正義の概念を導き出そうとする見解が、功利主義という陣地に居場所を占める。現代において目標としてもっとも頻繁に言及されてきたのは、幸福の最大化であろう。その目標は、功利の原理（もしくは最大幸福原理）として定式化され、功利主義の古典的な伝統においてはその原理が中心的な思想を担っていた。この陣地に「功利」の名を冠するのは、近年において功利主義学派が支配的であった点を認めざるをえないからである。とはいえ、功利主義の変種を追い求めるような学派、功利主義者とはおよそ異なった目的を追求する学派の多くも、この陣営に居場所を占めている。

その分類によると、唯一功利主義に属さないものと認められるのは、「義務論的」（現代道徳哲学の専門用語）な陣営である。その見解を抱く学徒は、以下のような信念で結ばれている。すなわち正義は、厳格な義務であり、他のいかなる配慮をもってしても、いやより望ましい目標を達成するためという口実を設けたとしても覆すことができない。この見解の由来は、物事が「正しい」かどうかはそれが「善い」かどうかとはかかわりを持たない、という単純な発想だ。

この分類が識別する二つの主要な見解は、それぞれに比較的長い系譜を持っている。しかしながら、正義論のうち重要性を持つものがすべてそのいずれかを具体化したものにすぎない、と考えられるようになったのは十八世紀末である。その時代には、近代道徳哲学の主要な二つの伝統、すなわち功利主義とカント学派が別個にアイデンティティを確立していった。彼らはそれぞれ、生成期よりずっとそのアイデンティティを保持してきた。

とはいえ、正義論の勢力図をそのように描けば、正義という主題を扱ってきたそれ以前の四千年にわたる思想の積み重ねを無視するか、あるいは忘却することにつながる。実際にそのような分類法は、驚くほど歴史を軽視している。いっそう厄介な問題は、専門的な知識人とはいえない多くの人々（あるいはその一部の人々）によって、歴史を越えあるいは無数の文化を横断して共有された正義の思想や制度が存在するにもかかわらず、この勢力図がそれらを正義論として認めていないことにある。近代の学者共同体の間で相互に伝達され受容されてきた正義論の勢力図では、一つの陣営がまるまる見過ごされてしまっている。

この本における著者の目的は、「西洋」世界において有史以来人々のイマジネーションを支配してきた主要な正義論を取り上げ、それらを要約し、正確に映し出す勢力図を提供することにある。意外にも、もっとも古い、おそらくはもっとも広範に認められていた正義観は、正義の原則やルールが由来するとされる包括的な目標、あるいはそこから湧き出る正しきものの観念や厳格な義務に、焦点を当てていなかった。むしろそれは、人々がどのような性格の関係を取り結ぶかに焦点を当てていた。正義を人々の関係とみなす見解のおおもとは、相互性という考え方であった。その概念は柔軟であったがゆえに、数世紀にわたってさまざまな正義概念の中で姿を変えて生き残り、さまざまな正義概念に取り込まれていった。またその概念は、長い間その核となるような意味内容を保持しつづけ、その意味内容が、それらの正義概念を、それぞれがあたかも一つの大思想家族の一員であるかのごとく結びつけていた。

単一の自明な目標や厳格な義務よりも、むしろ個々人の関係の特徴に焦点を当てた正義概念を取り上げ、それを過去数世代にわたり学問世界の正義論を支配してきた二つのアプローチとは別のものとみなし、その評価を改め、それを復権させる必要がある。著者は、読者がこのことに確信を抱くための複数の根拠を示したかった。われわれの時代以前に繰り広げられた思想史で目覚ましい役割を演じていた相互性という個別の正義概念が、今日なお正義のパズルを解くための信頼できるガイドとしてそのまま役立つ、などと言おうとしているわけではない。われわれの将来を形作る思想や行動に対して、相互性の観念が建設的な役割を果たすべきだと考えるのであれば、むしろわれわれはその観念を修正しなければならない。個々人の関係に焦点を当てた正義の観念は、これまでわれわれの思考を形作るのに重要な役割を果たしてきた。そのような正義の観念を再構築するためには、初期の正義概念が形成された学問的な素材を発見しなければならない。素材の長所と短所を分析するのは、それらの素材を使うことによりわれわれ自身に役立つ正義論を組み立てうるだろう、という希望を抱いているからだ。この意味において、この論考は過去を分析するとともに過去を取り戻すことを目的としている。

この研究書を読み進むことにより、記録に残された歴史が始まって最初の千五百年いやそれ以上、人類が抱いていた正義論の確かな土台が、相互性の概念であった点に気づかされるであろう。相互性の見解こそ、プラトンが批判し、新しい目的論的な（目標を目指すような）正義概念によって置き換えようとしたものである。プラトンの時代から現代に至るまで、正義観の歴史は相互性に基づく見解と目的論的な理論との、持続的な緊張関係によって彩られてきた。相互性に基づく見解を打倒するために台頭してきたのが、目的論的な理論であった。われわれはまた、台頭したのは現代だが、その由来が古代にあるような二つの重要な革新的思想が、ここ数世紀にわたり正義観の景観をすっかり変化させてしまった点にも気づくであろう。それらの革新的思想の一つは、社会を人間の意図通りに作り直すことができるという考え方（紀元前五世紀、すでにアテナイのソフィストたちにみられた見解）であり、二つが、あらゆる人間はその価値において平等であるという、古代哲学のストア派の伝統に起源を持ち、とくにキリスト教の活動力によって徐々に広まった考え方である。現代社会で産出される富のすべては、ばらばらな諸個人が生産した物の総和ではなく、むしろ社会そのものが産み出した成果であるという洞察（アダム・スミスのそれにもっとも近いものとされる洞察）がもたらされ、ここ二世紀の間、人々が正義について思考する際にはそれが重要な役割を果たしてきた。上で述べた二つの革新的思想が、そのような洞察とも結び合わさる形で、現代の社会正義の定式にまで深く流れ込んでいる事実を、われわれは知ることになる。

誰よりも著者自身が、この論考に限界があることを承知している。日常世界で人々は普段、正義らしきものに遭遇するが、そのようなものの中でもっとも明確な形を採って現れるものは法的な正義である。にもかかわらず、著者はこの論考において、固有な意味での法的な正義についてはほとんど語らなかった。軍楽音楽を純粋音楽と比較すれば前者が不利になるように、厳格な法的正義を正義と比較してしまえば、前者が不利になることはないのか。著者が法的正義について語らなかったのは、紙幅に制約があることに加え、この点について確信ある解答を導き出せなかったからである。法的正義は、最適の条件の下でなら、ある程度の一貫した仕方で、結果的により正しい行為をもたらす。しかしながら、ここ数世紀の間でもっとも合法的なるものとして知られたシステムも、正しい結果をもたらしたわけではなかった。

（プラトンの『国家』に表された）トラシュマコスの主張からニーチェ以降の諸著作、さらにはその先へと至る哲学的伝統にみられる根本的な懐疑論にも、著者はわずかしか言及しない。著者はこの本自体が、懐疑主義への部分的な回答だと考えている。しかも著者の考えでは、懐疑論への回答を構成するための最良の方法は、むしろ伝統の中に表明された正義の積極的な主張を、できるだけ明晰に紹介することである。正義観という道具は、人間によって発明され、洗練された。しかし懐疑的な見方は、他の道具と同様、その道具の柔軟さに限界があるという点を見落とし、そして（少なくとも、われわれが正義観に応えようとして、その持って生まれた任務を果たすように望むのであれば）われわれが時々に好むままに正義観を発明することなどできないという点を忘却していた。これらのことからみて、懐疑的な見方は逸脱した理解の上に築かれたものといえよう。

著者は、「王道を行く」思想家ないし「偉大な」一群の思想家だけに過剰とも思われる紙幅を割き、注目を与えた。一方著者は、彼らの思想の背景に、そして政治哲学史の近年の標準的な文献でさほど有名とはみなされていないその他の思想に、わずかしか紙幅を割かず、注目を与えなかった。このような注目の配分を迷うことなくおこなうことができたのは、焦点を合わせることを決めた思想家たちがみな、他の思想家にない完全性と明晰さでもって、主要な様態の正義思想を表明しているからである。著者は、政治思想史の時代区分のそれぞれに対し、均等に眼を配ろうとはしなかった。なぜならば、ある時代の人々の正義論への眼差しは、他の時代の人々のそれよりもいっそう豊かなものだったと考えるからである。

おそらく、読者に問題視される恐れのもっとも高いのは、関心を「西洋の」思想に限定した点かもしれない（とはいえこの論考は、アッシリア人やシュメール人を模倣していた古代バビロニア人、古代イスラエル人の思想をも、考察の対象に含んでいる）。それに対しては、著者にも弁解がある。それは、執筆を引き受ける際に編集者より示された字数制限である。あるいは、この本が納められるシリーズに本の体裁を合わせたことも、思想家の数を限定せざるをえなかった理由であった。いやもっと重要なのは、著者の能力不足かもしれない。

それらの限界を持つとはいえ、なおこの論考が有益かつ有用だとみなされることを願っている。正義論のうち、この考察の対象から除外したものも数多くある。しかしこの本の中身は、これまで忘却されてきただけにかえって論ずる意義があると思われるような正義論を、明るみに出している。それらの正義論を考察することにより、将来、少なくとも過去二、三世代の人々によって為された仕方よりも建設的な仕方で、正義の論争を整理することができるだろう。

正義はどう論じられてきたか

プロローグ
——標準モデルから正義の感覚へ

人々が活動するときに抱く変わらぬ動機は自己利益の促進である。そのように想定されることは多い。この想定は、日常の場面で公人や知人のことを理解する仕方に影響を与えている。説明の付かないと思われる行為に注目するとき、しばしばわれわれは、詳しく調べれば動機が自己利益であることが判明するだろう、などと考える。われわれは、政治家や有名人が、富か名声、あるいはその両者の形で自己利益を得たい欲求に駆られるのが当然だと思っている。しかも、それらの人物の動機がもっぱら公共善への気遣いや忘我的な目標であるなどという主張を耳にしても、疑いを抱くほかない。哲学者や社会科学者は、動機が自己利益であるという仮説について、多くの印象に残る説明を施してきた。英語で書かれたもっとも名高い政治哲学書の中でホッブズは、「あらゆる人間の自発的行為の目的は、彼自らの善である」[1]と断言している。その書から一世紀と四半世紀経ったのち、経済科学の伝統を築いたものと広く信じられている作品で、アダム・スミスは以下のように宣言していた。

> われわれが夕食にありつけるのは、肉屋、パン屋、酒屋の善意のおかげではなく、彼ら自身の利益への配慮によってである。われわれは、彼らの人道意識に対してではなく、彼らの自己愛に訴えかけているのである。また

彼らに対して、われわれの必要性ではなく、彼らの利益とは何かについて、語りかけているのである。[2]

近年の著述家たちも、動機を説明する際にこの先例にならってきた。たとえば、リチャード・アレクサンダーは発達生物学の書物で、諸社会が「自己利益を追求する諸個人の集合」[3]であることを悟るまで人間行為を理解することはできないだろうと主張している。この主張自体も、アレクサンダーより前に同じ研究分野で「われわれは利己的なものとして生まれる」[4]と述べた、リチャード・ドーキンスへの共鳴だった。

思想家が今日においてなお、自己利益の仮説に目覚ましい洗練を加えつづけていることは重要だ。彼らの説明では、個人の利益が包含しうる目的は、彼らの個人的な善を越えたものになる可能性もある。この仮説は、合理的選択理論の根幹を成す主張である。合理的選択とは、近年さまざまな社会科学において中心的な役割を担ってきた広範な思想であった。この理論に従えば、以下の三つのファクターを参照したとき、個人の行動をもっともうまく説明することができる。それが何であるかはさておき、主観的に決定された諸個人の目的。そこには、他者との関係において自身をどう評価し位置づけるかの情報が含まれている。そして、個人に入手可能な選択の全体。さらに個人が直面する状況の因果的な構造。この三つである。特定の個人にとっての、特定の状況下の合理的行動とは、その目的の如何を問わず、設定した個人目的をもっともうまく達成するような行動と定義される。[5]

人間行為の標準モデルとなったものの特徴の第一は、それが現代の合理的選択理論の中で洗練を施された自己利益の仮説に依拠していることである。合理的選択理論の擁護者のうちでも、慎重な論者だけは、人間の行為がつねに合理的であるわけではないことを認めている。多くのファクターが、不合理を生む可能性がある。時に、個人の目的が明確には定義されていない場合もある。もしくはそれが、一貫した形では明確に順序づけられていない場合もある。その結果、他者との関係において自らを位置づけ、評価する際に、一貫性を保つことができなくなる。あるいは、思い違いや希望的憶測などの不合理な思考過程が、入手可能な選択肢についての、また状況の因果的構造についての信頼を歪めてしまう恐れもある。同様に、意思決定の際に重要な事実についての証拠を収集する仕方にバイアスがかかっていたために、合理性のない形で行動してしまうこともある。たとえ人々が、目的を促進する行為を「意図した」としても、その行為が、最適な仕方で目的を達成するようには設計されていない場合もある。行為の合目的性を欠くそのような場合に、標準モデルに従えば、彼らは不合理であることになる。

人々が時として、自己目的の達成能力にまで負担をかけて、他者を利する行動を採ること、また人々が、常識的な観点からみて十分に合理的な方法でそのような行為に赴くことは真実であり、この真実は、標準モデルに対して不利に働くものとみなされる。一例を挙げてみよう。ある実験において、被験者は、「協力者」（実際には架空のもの）と平等だと教えられ、協力者が他の箇所で類似の業務をおこなっているという理由で、工場で単純な作業に従事するよう指示される。割り当てられた業務を終えたのちに彼らは、共同賃金三ドル（この実験は、かなり以前におこなわれたものである）をどう配分するかの決定を、協力者の側がおこなうことを聞かされる。彼らはまた、彼らも協力者も、その業務をうまくやり遂げたことを聞かされる。しかるに被験者は、協力者が総額三ドルのうち、協力者の手元に残すものを除いて、彼らに一ドル、一・五ドル、二ドルのうちのどれを配分するか、考えるよう促される。

配分法について教わったのち、被験者はあらたに、自身をどう感じているか（幸福か、満足か、罪悪感を感ずるか、など）、彼らの協力者についてどう考えるか、配分はどれほど公正であるか、などの疑問にも答えるよう指示される。この解答の結果は、明白なパターンを示していた。すなわち、労働パフォーマンスという観点から公正な支払いだと考えられる金額、つまり一・五ドルを受け取るとき、彼らはもっとも嬉しいと感じ、協力者にも最大の好意を寄せるのである。彼らは、分不相応な報酬と考える二ドルを受け取っても、さほど嬉しくはなく、また、相応しいと考える金額を下回る一ドルしか受け取れないときには、なおさら嬉しく感じない。ここから明らかになったのは以下である。すなわち、被験者は二つの動機に従って行為していた。あたうかぎり自らの善を考えて行為したいという欲求であり、「それに加えて」、報酬はそれぞれに対して公平に配分してもらいたいという欲求である。被験者は、一ドルよりは二ドルを手にしたい。というのも、自らが最大の善を得られるように行動したいからだ。しかし彼らは、二ドルよりは一・五ドルを受け取りたい。たとえ彼らの側がその不正によって得をするとしても、報酬のもらいすぎは不正だと考えるからである。[6]

いま一つの例がある。レストランのチップの慣習に関する調査において、人々は二つの質問項目を与えられている。その集計結果と合わせて、質問を左に示してみよう（この調査は、レストランの食事代が今より安価だった一九八〇年代のものである）。

質問1　ほとんどの人々は、行きつけのレストランで、一〇ドル相当の食事を注文してサービスに満足したのち、チップを払う。あなたは、彼らがどのくらい払うと考えるか。

平均回答　一・二八ドル

質問2　ほとんどの人々は、再び訪れるはずのない別の都市のレストランで、一〇ドル相当の食事を注文してサービスに満足したのち、チップを払う。あなたは、彼らがどのくらい払うと考えるか。

平均回答　一・二七ドル

一組の質問に回答した者たちは、次のように考えていた。すなわち客は、残すチップ次第で、ウェイターが思いのほか温かいもてなしか、あるいは腹立ちまぎれの仕打ちかの、どちらかの態度を取るかもしれないと予測する。しかし、その予測は、客が払うチップの金額に実質的には影響を及ぼさないだろう。どちらかというと、質問への回答が指し示したのは、以下の常識である。すなわち、チップを払う（あるいは払うことを保留した）人において、その行為は、将来もたらされる利益への配慮ではなく、よいサービスに報いたいという感覚により導かれる。[7]

この発見は、ゲーム理論に依拠する、より最近の実験の多くによっても裏づけられている。現実に起こる状況と似通った、多くの変数から成り立つゲーム群（その一つは、「信頼ゲーム」と呼ばれる）がある。そのゲームで、人々は相互に物を手渡しているが、相手が受け取るべき物を相手に手渡さないなどの「詐欺行為」を妨げるための有効な強制メカニズムは存在しない。詐欺をはたらく誘引が存在するにもかかわらず、これらのゲームの一般的なパターンは以下となった。すなわち、ほとんどのプレーヤーが、予期した通りに物を手渡しており、その移転は、利益から移転コストを差し引いたものを他のプレーヤーにもたらしていた。この行動パターンは、時に「愛他的報恩」と呼ばれる。それはまた、「愛他的処罰」と呼ばれるパターンによって補完されている。後者は、「最後通牒ゲーム」として知られるものを含む、他のゲーム群によっても論証されていた。それらのゲームの結果に共通するパターンは、以下である。すなわち、多くの人々は（事例のいくつかでは、人々の半数以上が）、不公正と思われる行為に手を染めたプレーヤーに処罰を施すことを望んでいた。しかも、彼らにとってコストがかかるとしても、さらに不公正と認識される行為が彼ら以外の第三者に対しなされた場合でさえも、処罰を望むのである。実験によって明らかになったことは、人々が自己利益の促進を必ずしも意図しない仕方で行動することもある、という点であった。実際に、公正に行動する際に、あるいは不公正に行動した輩を処罰する際に、かなりの確率で彼らは、それまでの流儀からは逸脱する形であっても、自らが損をすることを厭わない。[8]

これらのパターンは、多くの日常的、非日常的な状況、つまり実験では得られない状況においても、明白な形で出現する。彼ら自身に、そして他者に対して害を及ぼした相手や、相当程度の不正をはたらいた個人が問題となる場合に、犠牲を払ってまで報復しようとする人がいることは、よく知られている。同様に、危険に晒された、あるいは不正義の犠牲になった人を、まったくの他人まで含めて、危険を冒してまで助けようとする人々、また犠牲を払ってまで助けようとする人々（多くとまではいえないが）もいる。[9]

公正に行為するために、あるいは不公正に行為した者を処罰するため、進んで費用を負担しようとするかどうかは、その人次第かもしれない。[10] 同様に、公正とは何かについての理解は、文化のそれぞれでかなり異なっているように思われる。[11] しかし、公正についてさまざまな見解があるにもかかわらず、公正を配慮するという感覚を普遍的に認めることができる。人間行為の標準モデルは、全般的な欠陥を被っている。それはすなわち、公正さがはっきりと現われるような場面で行為をうまく説明できないという点である。

したがって、標準モデルに従ってわれわれが予測するよりも頻繁に、人間が親社会的な行為（それを為すものの上に犠牲が降りかかるのを時に覚悟のうえで、他者を利する行為）をおこなっていることは明白だ。親社会的な行動は、人間に特有なものではない。[12] しかし、人間以外の動物と違い、人間は、評判を生み出し、彼らや他者の正義や公正について判断を下し、その判断が、独特な仕方で親社会的な行為を枠づけ、方向づけている。そのように推論することができよう。評判を形成し合う人々という観点からみると、標準を根拠にする判断は、諸個人の目的や欲求とは別なものとなるか、それに対して外在的であることがわかる。公正についての評価や判断は、自己利益として理解される基準には収まり切らない。いや、収まり切らないように思われる。したがって、そのような評価や判断によって人間が動機づけられるか否かを検討する作業は、人間行動の標準モデルの守備範囲の外にあると考えられる。

正義や公正についての評価や判断は、慎慮による評価や判断とは隔たったものになるだろう。長期的な福利の維持という目的を設定したとき、その手段として栄養価ダイエットを守ることや規則的に身体を動かすことが合目的だと判断できるのは、慎慮のおかげである。同様に、もし私が娘のレッスン料にお金を投じ、音楽の道を歩むことを支援すると決めた場合に、それもまた、慎慮がもたらした推論といえる。これらの結論や判断が慎慮によるのは、それらが、偶然の目的に基づいているからだ。われわれの生活には、あらゆる事物について、慎慮による評価が必要とされる機会が多くある。それらの事物の多くは、世俗的なものである。いま音楽を聴くべきか。どの音楽なら楽しめるのか。誰と結婚すべきか（もし結婚したいのならば）。これらの事柄は、一時的なものにすぎない。評価の種類の多さにもかかわらず、一般に慎慮による評価は以下の事実を伴っている。すなわち、評価の対象物は、たまたま抱いた目的や優先順位によって左右される。そして、その目的や優先順位を、他の人は共有していないかもしれない。

対照的に、公正についての評価や判断は、これが標準に違いない、と解釈するものがおおもととなっており、その解釈の仕方は、彼らが偶然の事物について考える場合とはかなり異なっている。代表的な例を挙げてみよう。われわれは、公正の判断を支える根本的な標準を、あらゆる人間が共有すべきだと考えている。われわれはまた、少なくともいくつかの重要な事例においては、それらの標準から導かれる行為の準則が、慎慮による判断の準則より優先されるべきであり、いや後者を「圧倒」すべきであると信じている。いうまでもなく、公正についての判断を支える標準について、人々の見解が一致しないこともままある。けれども、一致しないという事実は、彼らがその標準が客観的妥当性を持つと考えている（諸個人の主観的目的にたまたま付随したものではないという意味で）ことと矛盾するわけではない。人々は、事実も含めて、客観的な事柄とは何かに関して一致することがない。実際に、見解の不一致それ自体は、不一致を招くおそれのある客観的な事柄が存在するという想定に基づいている。この想定がなければ人々は、むしろ彼らの差異を不一致ではなく、単に見解や嗜好の分岐として認識してしまうであろう。

正義と公正という主題について判断をおこなう能力は、そして、それらの判断に従って行為する能力は、正義の感覚を育む能力として知られている。その能力は、長い間、言語能力と結びつけられてきた。そして両者は、しばしば人間に特有なものだとされてきた。『政治学』でアリストテレスは、次のように論じている。

われわれが好んで論ずるように、自然は目的もなく物を創造することはしないし、人間は、言葉を与えられた唯一の動物である。［…］言葉の目的とは［…］長所と短所を指し示し、したがって、正義と不正義を指し示すことである。それは、人間を他の動物から区別する特別な性格であり、善と悪、正と不正、などの認識を得られるのは、人間だけである。[13]

十七世紀の哲学者ホッブズも、正義の感覚に対する能力が、人間に特有なものと考えた。彼もまた、その能力を言語と結びつけている。

蜂や蟻のような生き物が、互いに社会を成して生きているというのは本当だ［…］しかし、個別な判断や欲求を除くと、それらはいかなる指令にも従っていない。いわんや、一者が他者に、共通の利益にとって役立つと思われるものを指示するための言語など、持ちうるはずはない。そこで、人類がなぜ同様な仕方で行為する可能性がないのかを知ろうとする人もいる。それに対して私は答える［…］（とりわけ）理性を持たない生き物は、侵害と損害の区別がつかない。それゆえ、彼らが安楽に暮らしているかぎり、仲間に腹を立てることはない［…］。[14]

アリストテレスは、彼の全著作を貫く形で、正義の感覚を生む能力が規範や標準の実質的な共有を可能にするのだと力説していた。しかしホッブズは、それらの標準についての見解の不一致が紛争のきっかけとなる点にも注意を向けた。しかし彼らは、ともに正義の感覚への能力が人類に特有である点、秀でた言語能力にかかわっている点に同意し、また、この能力が人間社会のもっとも根本的な属性のひとつである点に同意した。

言語の起源ならびに正義の感覚の起源は、幾世紀にわたって考察の題材になってきた。とはいうもののわれわれは、その起源についての誰もが納得する説明を手にしていない。主にその理由は、その説明を例証ないし反証するために必要な根拠が、有史以前にしか見出せず、かなり断片的なものだからである。近年生まれた一つの仮説は、同一種によって構成される社会が拡大し、複雑になるにつれ、毛繕い仲間へ信頼の意思を伝える簡潔な方法が必要となり、その必要に応ずるため言語の能力が発展してきた、という点を示唆している。[15] この仮説は興味深いし、手許のわずかばかりの証拠とも合致するように思われるものの、確たる論証というにはまだ遠い。

したがって、言語と正義感覚への二重の能力がどのように発展したかを説明することは、いまのところできていない。もしわれわれが、これらの起源についての説得的な説明を手にすることができれば、その説明は将来、正義の思想史の第一章の主題を構成するであろう。というのも、理想を言えばわれわれが、正義の感覚の能力の獲得経緯からその物語を始めるべきだからである。そのような説明が手許にないとしたら、正義の思想史が、人間の属性の内に存在する正義の感覚を生む能力から始まる、という見解を採用することで満足しなければならない。幸運にもわれわれは、正義の思想についての実質的な記録を保有しており、その記録を使えば、数千年前、アルファベット以前の時代にまで遡って検討することができる。われわれは物語を、入手可能な人類史最初期の文書記録を考察することから始めることができる。

第一章　正義の地勢図

二十一世紀という視点からみると、古代における正義についての考え方は目を引くものである。それは主に二つの理由による。第一に、現存する古代の諸々のテクストからは、報復、場合によっては容赦ない復讐ばかりに気をとられているのがみてとられ、それは現代の読者には落ち着けないものである。第二に、古代の史料は一様に、正しい〔just〕政治的、社会的秩序を具体化するものとして、権力、身分、富の厳しい階層を敷いている。世界のうち、西洋思想によって強く形作られてきた地域では、自由と平等が今日広く共有されているが、〔古代の史料には〕こうした自由と平等にコミットするところはどこにもみられない。少なくとも最初期の史料においてはそうである。

正義についての考えを伝える記録は、哲学――これはギリシアが生んだものである――の始まりよりも何世紀も以前に遡る。紀元前三千年紀末および二千年紀初頭から始まる法の集成が保存されてきたのは、古代メソポタミアにかつて存在したいくつかの王国からであり、これにはアッシリア、アッカド、シュメール、そしてバビロニアそのもの（アッカドやシュメールの領土はこのバビロニアに統合される）が含まれる。これら史料の間にある類似性は、政治的な区分けを架橋するメソポタミア地域に共通の慣習法が紀元前三千年紀に存在していたという強力な証拠となっている。これらの集成のうちでもっとも大規模なのは、ハンムラビ法典として知られる場合もあるバビロニア法である——とはいえそれは法典ないし制定法の集成というよりもむしろ、バビロンのコモン・ローの一連の修正、またはガイドラインをまとめたものとほぼ同然なのではあるが。

ハンムラビ法典に集められた法的ガイドラインは、まずその前に詩に近いスタイルで書かれた前文が付され、後ろには同様のスタイルで書かれた後文が付されている。これらはともにこの法律の公布者としてのハンムラビの役割を讃え、この法律を後世にまで維持していくよう読者に説き勧めている。ハンムラビは、自らがバビロニアへの法律制定者となるよう神から任ぜられたと言っているが、彼（あるいはハンムラビと自称する筆者）はその法律を神から受けとったというよりも、むしろ自分で起草したのだと主張している。前文の主張によると、アヌム神（バビロニアの神々〔pantheon〕の至高神）とエンリル神（バビロニアの神々の長）は、

敬虔な、神を畏れる君主、ハンムラビの名で私を呼んだ、
国土に正義が現れるようにするために、
悪しき者、邪なる者を滅ぼすために、
強き者が弱き者を虐げないように、
まさに太陽のように黒髪の人々の上にのぼり、
国土を照らすために。[1]

ここに明らかにみられるのは、紀元前三千年紀、二千年紀、一千年紀の間に、肥沃な三日月地帯といわれてきた土地のいたるところで書かれた正義についての書物のうちにみることのできるテーマである。「正義（*mi-ša-ra-am*）」という語とその変形は、前文と後文のいたるところに出てくる。正義の中心目的は、強者が弱者を虐げないようにすることにある。そして、この目的を達成する際に中心となる手段は、暴力的な報復で脅すことであり、

それは弱者につけ込みかねないような人々に向けられる。

正義の目的をこのように表現すると、それは少なくとも身振りとしては、現代の社会正義の構想でおなじみの平等主義的な関心に向かっているようにみえるかもしれない。実は、それはその種のことは何もしていない。バビロニアおよびその他この時代の諸々の社会から現在にまで伝わる書物に組み込まれている社会正義の概念――このフレーズはまったくの場違いでこそないものの、この時代背景においてはアナクロニズムである――は、平等性とは無関係であるし、ましてや貧困からの救済とも無関係である。社会正義は、弱者に払われるべきもの、すなわち、既定の階層における立場からその権原が与えられる法的身分や財産権、経済状況を不公平に奪われないよう、弱者を保護することとして構想されていた。弱者の権利ないし条件は社会のなかでより高い身分にある他者が持つそれと平等、あるいはひけをとらないようであるべきだという示唆はない。

この法集成のいたるところに出てくる階層的な正義の構想は、なかでも刑罰の条項に見てとることができる。次に挙げるのがその一例である。

一九六：もし人が自由民である人の目を損なったとすれば、彼らは彼の目を損なわなければならない。
一九七：もし彼が〔自由民である〕人の骨を折るとすれば、彼らは彼の骨を折らなければならない。
一九八：もし彼が賤民の目を損なうか賤民の骨を折るとすれば、彼は銀一マナを支払わなければならない。[2]

貴族が自分より身分の劣る者に対して〔右のようなことを〕振る舞う場合、貴族は刑罰を免れることはできない。身分の劣る者は権利を持っているからである。しかし、彼らが身分の劣る者の権利を侵害した場合の刑罰は、同等の者の権利をおかした場合の刑罰にくらべると、はるかに軽い。

バビロニア法は階層区分を是認するわけだが、それは最上層から最下層までのスケールに応じて拡大する。それは次に挙げる第二の例にみられる通りである。

八：もし［自由民である］人が牛、羊、ロバ、豚、あるいは［ヤギ］を盗んだとすれば、もしそれが神のもの［財産］［あるいは］王宮のもの［財産］であれば、彼はその三〇倍を支払わなければならない。もしそれが賤民のもの［財産］であれば、彼は［それを］一〇倍にして返さなければならない。もし盗人が支払う資力を持たないのであれば、彼は死に処せられなければならない。[3]

ここに引用した二つの象徴的な箇所が示すように、他の人（ないし機関）の権利をおかした場合に科されるバビロニア法の刑は、悪事の犠牲者と加害者の双方の地位によって法外なまでに変化する。高い地位にある人に対する罪に命じられる刑罰は、低い地位にある人に対する罪に命じられる刑罰よりはるかに重い。加害者自身が高い地位にある人であるとき、刑罰は低い地位の加害者に科される場合より軽い。身分や権力による厳しい不平等が、バビロニアの法の全体を通じて想定されており、また組み込まれているのである。

バビロニアの法的ガイドラインは、それが命じる刑罰の過酷さでもまた注目に値する。死が多くの違反に見合う刑罰として推奨されている。特に、宗教組織ないし国家に対してはたらく違反についてそうである。たとえば、

六：もし人が神あるいは宮殿に属す財産を盗んだとすれば、その人は死に処せられなければならず、また、盗んだ財産を彼の手から受け取った者も死に処せられなければならない。[4]

多くのより軽度の違反にふさわしい刑としては、傷害がおこなわれる。ある犯罪に対して科される刑がその犯罪と釣り合っているようにみえる場合もあるが——他の人の目を損なった場合には目を失う、他の人の骨を折っ

た場合には報復として骨を折られる、というように――、刑が釣り合いを大きく欠いている場合もある。たとえば、犠牲者に賠償するだけの余裕がない犯罪者や、あるいは宗教組織ないし国家に強奪をはたらいた不幸な泥棒には、死が科される。

過酷なまでに応報的な正義の構想はまた、ハンムラビ法典の後文をも支えている。後文のはじめの方の数行は、ハンムラビを正義そして弱者の擁護者として性格づける前文の言い換えとなっている。

シュメールとアッカドの国土の人々を私は胸に抱いた、
彼らは私の守護神のもとで豊かに富んだ、
私は彼らの管理を平和のうちに負っている。
私の深い知恵によって私は彼らを守り、
強き者が弱き者を虐げることがないように、
孤児［や］寡婦に正義を与えるために［…］。[5]

それから、後文はハンムラビの後継者たちにその法律を守っていくよう促し、一六行の韻文のなかで、そうする支配者は繁栄を享受し、ハンムラビ自身と同じくらい長く君臨するだろうと示唆し――それから、さらに二八〇行以上続けて、ハンムラビの法律を保全することに失敗する支配者には悲惨な結果が待っているのだと威嚇している。ここでいう悲惨な結果とは、さまざまなもののうちでもとりわけ、反乱、飢饉、突然の死、その支配者の都市の崩壊、治世下の人々の離散、治めている地の滅亡などである。ハンムラビの法律を保全し実施することに失敗する支配者には誰にも報復があるというこうした強調は、かの法典そのもののなかにみられる、犯罪者――特に、より高い地位にある人の権利をおかす者――に対する過酷な刑罰の強調に呼応している。

一方では正義を過酷な報復と結びつけ、他方では権力や身分の断固とした階層を積極的に支持するか、あるいは暗に認めるかすることは、肥沃な三日月地帯をはるかに越えて、古代の諸々の書物のいたるところにみられる。ハンムラビ法典は、高度に中央集権化された機構を持つ古代の国家において施行された。一方、ホメロスの『イリアス』は氏族ないし部族として組織化された脱中心化社会のなかで書きあらわされた。だが、『イリアス』はハンムラビ王の支配から千年以上のちに形をなしたものとはいえ、そのなかに見出されうる正義の構想は、〔ハンムラビ法典が持つ〕こうした両方の特徴を共有している。

正義（『イリアス』では *dike*。これとは別に、のちのより抽象的なギリシア語としては *dikaiosune*）は『イリアス』における最重要の徳というわけではない。この特色は、ふつう「徳〔virtue〕」か「卓越性〔excellence〕」と訳されるアレテー〔*arete*〕に通じている。ホメロスの詩では、アレテーは戦士が持つ性質、つまり強さや狡猾さ、武器を用いる手腕などと強く結びついている。その描写のなかに正義が入ってくる場合、そうなるのはこうした戦士らしい性質を強調する色合いをおびた文脈のなかでのことである。

この作品は、アガメムノンとアキレウスの口論で始まる。トロイアを包囲するギリシアの部隊に近頃放たれた悪疫が、アガメムノン王が若い女を捕らえ、その女の解放を拒んだせいであったことが明らかになる。すると、アガメムノンは女の解放にしぶしぶ同意するが、自分はその埋め合わせに、また別の武将の長の一人であるアキレウスから、報奨となる女ブリセイスを受け取らねばならぬと主張する。アキレウスは反論して言う。

今もあなたはみずから私の報奨を私から剝ぎ取ると脅す、
私がおおいに苦労して得た報奨、アカイアの子らがくれた贈り物を。
アカイア勢がトロイア人のよくできた城砦を略奪するとき、

あなたの報奨と等しい報奨をわたしが得ることはけっしてない。
苦しい戦いの大部分はいつもわたしの腕がなすところ。
しかし戦利品の分配の段になると、
あなたのほうがはるかに大きな報酬を得て、私にはわずかなものばかり。
だがわたしはそれを大事にしつつ、戦いに疲れ、そのとき船に戻るのだ。[6]

ブリセイスを奪うことによるアキレウスの不平にアガメムノンが応じると、アキレウスはその仕返しに、彼の軍勢と自らの戦士としての傑出した才能を、トロイアに対するアガメムノンの部隊から退却させる。その後ギリシア軍に起こる諸々の惨事が、この叙事詩の残りの部分を占める悲劇的な物語のお膳立てとなる。アキレウスにとって、アガメムノンが戦争からの利得を得ようとするのは不正である。報奨となる戦利品をアキレウスから奪うことで、かの偉大な指揮官はヒュブリス〔傲慢不遜〕をあらわにしたが、それは非常に個人的な不正となっており、この不正に対しては、仕返しがふさわしい応答である。
『イリアス』全体のいたるところで、正義は仕返しと結びつけられている。本作のこれよりあとで描かれる戦闘の場面では、トロイアの敵の一人が捕らえられ、命は助けてくれとアガメムノンの弟メネラオスに懇願する。アガメムノンがこれらの出来事に気づくと、その場面に駆け寄り、こう宣言する。

「親愛なるメネラオスよ、そんなにも気を遣ってやるのか、
この者どもに。お前の家で、トロイア人からこのうえなくよい扱いを受けたのか、
いや、この者どもの一人たりともただちにくる死とわれらの手から逃れさせてはならぬ。
まだ母がその身に孕む幼い男児でさえも逃してはならぬ。

いやイリオンの者どもはすべて滅ぼし、
弔いもなく皆殺しにしてやるのだ」
かの英雄はこのように話し、弟の心を従わせた、
それは正しきを説いたからである。メネラオスは戦士アドラストスを
腕で後ろに突き放し、力強きアガメムノンは
その脇腹を刺す、相手がのたうち倒れると、アトレウスの子は
その胸をかかとで踏みつけ、とねりこの槍をねじり抜いた。[7]

アキレウスが報酬の分配の公正さとしての正義に訴えるのを先にみたが、こうした訴えは、子供たちのグループの間でついこの前にも聞いたような喧嘩と同じくらいおなじみのもののようにみえる。これとは対照的に、これらの箇所に示される復讐的応答、特に今みた、相手を生かしておかないアガメムノンの振る舞いは、多くの読者にはアルカイックで嫌悪感を催すものと映るだろう。

バビロニア法には権力、身分、富の階層が認められるが、『イリアス』はバビロニア法にみられるまさにあのような仕方でこうした階層に注意を向けるわけではない。そんなことをするのは余計なことだろう。明らかなことであるが、トロイア外部の野営に表れているギリシア社会は、弱い者、力のある者、そしてさらに力のある者からなる精巧な階層組織をとっている。そしてそれは当然のこととされ、また自然でもあり正しくもあることとして受け入れられているようにみえる。本作冒頭の口論は、この受け入れられた秩序の余白部分をめぐる論争である。そのなかで、アガメムノンは戦利品の取り分〔share〕を群を抜いて多く得る権利を主張しているが、彼の主張の根拠はアカイアの総帥という彼の身分にある。また、アキレウスは彼がそのとき受け取っていたものより多くの取り分にあずかる権利を主張しているが、その主張の根拠は、彼が自負する戦士としての抜群の卓越性と

戦闘への多大な貢献にある。階層秩序の正義を全体として問うような疑問は生じてこない。

こうした鍵となる特徴——階層の正義を容認し、報復を大きく強調すること——はまた、強調点に重要な違いはあるにせよ、ヘブライ語聖書にある古代の律法およびその他のテクストにみられる。神が創造した人々に対する（また神がアブラハムと交わした契約と、その後のシナイ山での契約以降には、イスラエルの民に対する）神の数々の報復のおこないについて、そのいくつかはよく知られるところである。『創世記』六では、神はすべての人種を地上から抹殺しようと決心するが、それは人々の一貫して悪しき考え、悪しき傾向性、そして悪しきおこないのゆえのことである。神がそれを免れさせたのは、ノアとその家族だけである。『創世記』十八では、神はソドムとゴモラの都市を滅ぼすことを決める。これはその住民たちの罪のためである。わずか十人でも善い人がみつかるとすれば、その人たちを守るために、ソドムの都市を救うことに神が同意するまで、アブラハムは神と交渉する。そうした善い人はみつからず、神はソドムの地が燃えつくされる前に御使いを送り、アブラハムの甥ロトとその家族をソドムから救い出す。それでロトとその家族は助かるが、ロトの妻だけは逃げる途中で神に背いて都市のほうを振り返り、塩の柱となる。『出エジプト記』では、イスラエルの民がシナイ山で宿営し、モーセが山に登りイスラエルの民のための律法を神から受けるとき、イスラエルの民はしびれを切らす。それで彼らはモーセの兄アロンの指図にしたがい、金の宝石を持ち寄って集め、偽物の神としての金の子牛をつくる。本物の神は、モーセを残してイスラエルの民をすべて滅ぼし、モーセ自身の子孫から新たな民族を始めさせるのだと脅す。それでモーセはイスラエルの民を許すよう神に懇願し、神はこれに折れるが、彼はすぐあとにイスラエルの部族のうちの一つ、レビの子たちを募り、他の者たちの多くを殺させ、こうして数千の人が神に対する不信心への報復で死ぬ。このエピソードのあと、ヘブライ語聖書は、イスラエルの民があらわに示した神への不信心と、捕囚、奴隷、その他諸々の災いを通して彼ら民に加えられる報復の循環の物語に満ちている。

ヘブライ語聖書は報復という考え方を、神と神が創造した人間との間の関係を越えた関係にあてはめる。報復は、ヘブライ人同士の間の関係にも普及している、正義の根本的なルールである。次に挙げるのは、シナイ山で神がモーセを通じてイスラエルの民に伝える律法の一例である。

> 他の人を打って殺す者は誰であれ死に処せられるべし。ただし、故意におこなったのではなく、神のおこないによりそうなったなら、その殺人者は私があなたのために定めるであろう場所に逃れてよい。しかし、人が厚かましくも裏切りによって他の人を殺そうものなら、あなたはその者を私の祭壇からでも連れ出して死に処すべし。
> 自分の父あるいは母を打つ者は誰であれ死に処せられるべし。
> 人を誘拐する者は誰であれ、その人を売ったにせよ、所有しているにせよ、死に処せられるべし。
> 自分の父あるいは母をののしる者は誰であれ死に処せられるべし。[8]

こうした著述によれば、正義がなされるのは法を犯す者に報復が加えられるときである。報復は概して過酷であり、場合によっては、親をののしることに対して死の報復が加えられるというように、少なくとも現代の感性からすれば不釣り合いなまでに過酷である。

人々が直接神に対して関与する犯罪への刑罰として神が加える、あるいは認める報復もあれば、人間が互いに対しておこなう犯罪のために人間が加える報復もある。しかしまた、こうした報復に加えて、ヘブライ語聖書は第三のカテゴリーを描いている。すなわち、貧しい者や弱い者のために正義を守ることをし損じる人々ないし支配者たちに対して神が加える報復である。このテーマは預言者の書に顕著である。次に挙げるのは、主な預言者のうちの二人のものから引いた例である。

> 主は見られた、そして主の御目からみてそれは悪しきものであり、

それに正義はなかった。
主は救うべき人がいないのを見られ、
誰ひとり執り成ししないことにあきれられた。［…］
主は復讐の衣をまとい、
嫉妬の怒りの上着で身を包まれた。
主は報復の高き神、
主は仇に怒りをあらわにし、
敵に目いっぱいに報復をされる。[9]

これをヤコブの者たちに告げよ［…］
彼らは富み、強大になり、
太り、悪意を抱いている。
彼らの考えは悪に満ち、
孤児の訴えを聞き入れず、
貧しい者を正しく裁かない。
このことのために、私が彼らを罰せずにいるべきか、
このような者たちに
復讐をしないでいるべきか、
と主は言われる。[10]

ヘブライ語聖書においては、それ以前のメソポタミアの書物の場合と同様、正義が報復あるいは復讐を通じて

実現されるのは、害を受けやすい者の権利——力のある者の権利とかならずしも同等ではない——が侵害されるときである。

無頓着な読者はここで、バビロニア法の場合と同じように、預言者が貧しい人や害を受けやすい者のために正義を強調するのは平等主義的な向きを示しているのだと思うかもしれない。まもなく見るであろうことだが、ヘブライ語聖書（心に留めておくべきことだが、この書物は紀元前一千年紀の間の数世紀にわたって書かれた多様なテクストの集成からなる）に見出されうる正義についての見方と、上で注目した、さらに大昔のバビロニア法における正義についての見方との間には、重大な違いがある。しかしながら、これらの書物には、現代の社会正義の構想の多くには明白にある平等主義的な感性の証拠となるものはない。根本的に言って、バビロニア法と同様に、ヘブライのテクストが構想している社会正義は、弱者が既定の階層のなかで権原を持つ法的身分、財産権、経済的条件を不公平な仕方で奪われないよう守ることなのである。

とはいえ、次のことに注目するのは重要である。すなわち、ヘブライ語聖書においてはっきり述べられている貧しい者や弱い者に対する義務は、慈悲の義務だと考えた解釈者もいたが、そうではなく、それは正義の義務であるのだということである。多くの箇所がこうした義務を呼び起こすが、それは正義を表すヘブライ語（*mishpat*）を用いることによってである。数多くの該当箇所がはっきりと裁判にかかわる用語で議論している。『イザヤ書』では、神がソドムとゴモラの支配者たちに、「裁き〔justice〕をもとめ、抑圧された者を擁護せよ。孤児に権利をあたえ、寡婦の訴えを弁護せよ」[11]と言いつける。預言者マラキは次のように伝えている。

裁きにおいて、私はあなたたちの前に現われ、即座に不利な証言をする、妖術師、姦通する者、偽誓する者を、雇われの者や寡婦や孤児を虐げる者を、居留外国人を押しのけ、わたしを畏れぬ者を、と万軍の主は言われる。[12]

バビロニア法と同様に、ヘブライ語聖書は、アルカイックなものとはいえ、一種の社会正義の構想として認識できる社会秩序のヴィジョンをはっきりと表している。そして、これまたバビロニア法と同様に、この構想は平等性よりも、弱く抑圧された人の権利を含め、権利に焦点を当てている。こうした権利の保護をめぐる多くの箇所で、寡婦、孤児、異邦人その他がひときわ目立つのは、こうした人々のほうが大多数の人々よりも自分の権利を侵害される大きなリスクを負っているからである。彼らの権利がなしているのは、慈悲ではなく正義の主張である。しかし、それらは平等性の主張をなしてはいない。古代のヘブライの律法およびその他の著述は不平等な社会秩序の文脈のなかで書き著されており、この秩序の不平等性は不正であるとの示唆は、これらの著述には存在しない。

ヘブライ語聖書は貧しい者、弱い者、またさもなければ害を受けやすい者の存在を異論なく想定するが、それに加えて、法的、社会的関係を扱った、同程度ないしそれ以上に古い時代のほとんどすべての書物と同様に、ヘブライ語聖書は男性と女性との間の関係について、はっきりとした階層を認める描写をおこなっている。アブラハムやイサクのような家長にあたる人物はしばしば一人より多くの妻を得ており、聖書のなかで描かれる、妻との関係における夫の役割はしばしば、配偶者の役割というよりも財産所有者の役割とほとんど同然である。アブラム（多くの子孫を得るであろうという神の約束を認めて、のちにアブラハムと呼ばれる）はネゲブの飢饉をのがれて妻サライ（のちのサラ）とともにエジプトに旅するが、そのとき彼はサライに、エジプト人には自分がアブラムの妻ではなく妹であると話すように指示する。エジプトの支配者ファラオはサライを王室に呼び入れ――彼女を囲おうとしてか――、サライのことを理由にアブラムを厚遇し、そうしてアブラムは幸いを得る。だが、サライはその子孫が神に選ばれた民となるであろう女性である。神はファラオの宮廷を病気で襲い、そうすることでサライの事実上の醜業に不快を示す。それでファラオはアブラムとサライを一緒に送り出すが、アブラムは取決めにより十分な利益を得る。[13] ヘブライ語聖書における女性の人物がしばしば強さと狡猾さを示すのは真実だが、彼女らがそうするのは男性による支配、男性への従属の関係が受け入れられている文脈のもとでのことである。ヘブライ語聖書はまた奴隷制度を認め、その正当性を受け入れ、それに顕著な法的認知を授けている。ヘブライ人の父親は、自分の子供——男でも女でも——を奴隷として売る権原を有していたし、律法はそうする人もいるだろうと想定していた。神がイスラエルの民に公布すべくシナイ山でモーセに伝える律法には、奴隷の売買と解放の条項が含まれている。権力や身分の階層の普及と容認については、奴隷の慣行を律する法規以上に際立った証拠をみつけるのは難しいだろう。

だが、古代のヘブライの律法において黙認されている不平等は、これよりはるかに古いメソポタミアの文献において法典化された不平等とは著しく異なっている。次に挙げる、神がモーセに口授する律法の条項について考えてみよう。

あなたがヘブライ人の奴隷を買うとき、その者は六年間あなたの奴隷でいなければならないが、七年目には無償で自由になってよい。〔…〕

人が自分の娘を奴隷として売るとき、彼女は男の奴隷が自由になるのと同じように自由になってはならない。もし主人が彼女との交わりを持っておらず、かつ彼女が主人の気に入らないとすれば、彼は彼女が買い戻されるようにさせてやらなければならない。彼は彼女を不公平に扱ったのであり、それゆえ彼女を外国人に売る権利はない。〔…〕もし彼が別の女をめとる場合、最初の女から食事、衣服、夫婦同居の権利を奪ってはならない。もし彼が彼女にこれら三つのものをあたえなければ、彼女は何も支払うことなく自由になってよい。〔…〕

人が自分の男奴隷あるいは女奴隷の目を打ち、それを損なうときには、その目の代償として彼は奴隷を自由にしてやらなければならない。人が男奴隷あるいは女奴隷の歯を折ったときには、その歯の代償として彼は奴隷を自由にしてやらなければならない。[14]

男の奴隷と女の奴隷とを差別して扱うことがこの箇所の最初のほうで想定されているが、これはこの条項のなかでもっとも注目に値する特徴の一つである。しかしながらまた注目に値するのは、ここで述べられている条項が奴隷に与えている権利が、バビロニア法あるいはその他古代の大半の法典において与えられていたものにくらべて、きわめてしっかりしたものだということである。もし（明らかに「もし」というのが大きいのだが）これらの条項が効果的に施行されていたとすれば、古代のイスラエルの民の間での奴隷のほうが、数世紀にわたってアフリカの人々に課されていた比較的近代の奴隷の形態よりもはるかに残酷でなかったにちがいない。

さらに、ヘブライの律法は、悪事をしてもその結果として受けることが和らげられるという法的特権をもった貴族階級を認めるという、バビロニア法その他古代メソポタミアの法律がしているようなことをしてはいない。次に挙げる箇所は、有名な十戒を除けば、シナイ山で口授された律法のうちでもっともよく知られるものである。

> どこに傷害がなされようと、命には命、目には目、歯には歯、手には手、足には足、やけどにはやけど、あざにはあざ、傷には傷をあたえなければならない。[15]

『レビ記』二十四章や『申命記』十九章でそっくりそのまま繰り返されるこの公式には、同害刑法〔*lex talionis*〕という符牒〔label〕が与えられてきた。この名称は、同等のバージョンのものが初期ローマ法において中心的位置を占めていたことに由来する。これについてもっとも注目に値することの一つは、これが種々別々の階級の犠牲者ないし加害者に種々別々の刑罰を命じてはいないということである。なるほど、この法典の別の条文が規定しているように、奴隷の目を損なうことに対する刑は、その奴隷所有者の目を損なうことではなく、奴隷を自由にするという損失である。明らかに、ヘブライの律法によって奴隷に割り当てられた権利と責務は、その他の者に割り当てられた権利と責務とは異なっている。しかしながら、バビロニア法とはちがって、シナイ山で口授された法典は、イスラエルの民の宿営にいる成人男性たちの間にそれ以上の区別をおこなっていない。古代のヘブライの律法が、近代の幾人かの社会正義の提唱者が想像するような意味での平等の体制を思い描いていないとすれば、それが実に踏み出しているのは、少なくとも自由な成人男性にとっての法の前での平等に向けての重要なステップなのである。

次のこともまた注目に値する。すなわち、報復はヘブライ語聖書における中心的テーマであるが、一般的なルールとして、これより以前のメソポタミアの法典の場合にくらべ、これらヘブライ語聖書のテクストにおいて命じられる刑罰は、この刑罰が科される当の悪事とおおよそ釣り合いがとれているということである。その一例が以下である。

人が牛あるいは羊を盗んで、それを屠るか売るかしたときには、牛一頭の代償に獣五頭、羊一頭の代償に羊四頭を償わなければならない。彼は完全に償わなければならない。もし彼にその手段がなければ、彼はその盗みの償いをするために売られなければならない。ただし、牛であれ、ロバであれ、羊であれ、動物が生きたまま彼の手もとに見つかったなら、彼はその二倍を償わなければならない。[16]

ここで示唆される五対一ないし四対一（もとの動物が取り戻されうる場合には、二対一）という賠償比率は、先に見たバビロニアのテクストにおいて同種の犯罪について述べられた三〇対一、一〇対一という比率からは甚だしい隔たりがある。同様に、要求される賠償を払う余裕がない犯罪者は奴隷に売られるべきであるという条項――先に見たように、おそらくは六年の服務ののちに解放という見込みで――は、バビロニア法により命じられる死刑にくらべ、家畜一頭を盗むという犯罪におおよそ釣り合っている（あるいは少なくとも、この犯罪に対してそれほど不釣り合いではない）ようにみえる。

現代の視点からすると、古代のヘブライの律法が父や母をなぐるなりののしるなりするどんな人にも命じる死刑（先にあげた『出エジプト記』からの一節で規定された）はこうした一般的ルールに対する例外である。こうした例外がある理由は、神と選ばれた民との関係、そして親と子との関係という、二つの関係の間にある並行関係がヘブライ語聖書全体を貫いていることを考慮すれば、より明らかになる。十戒は二つの部分に分けられ、そのうちの一つ目はイスラエルの民が神に対して負う根本的な義務を口授する部分であり、二つ目はイスラエルの民同士での義務を命じる部分である。一つ目のほうの中心的なメッセージは、イスラエルの民が自分たちの神をたえず、またもっぱらこの神だけを崇拝しあがめるようにという要求である。二つ目のほうは、「あなたの父と母を敬え、あなたの神、主があなたに与えることにしておられる地であなたが長生きするためである」[17]という有名な掟から始まっている。子との関係において親に与えられる身分は、神が自らの民全体との関係において有する身分に似ている。こうした並行関係からみると、親を侮辱することに対して命じられる刑が、イスラエルの民が神に背くことに対して神が民に科す刑罰と同じくらい厳しいものであるのは、驚くべきことではない。

ヘブライ語聖書で描かれる、神と選ばれた民との間の命令・服従の強固な関係は、次のような事実を説明するのにおおいに役立つ。すなわち、古代のヘブライの律法はバビロニア法にくらべると、身分や権力の階層にそれほど承認をあたえているわけではないという事実である。すでにみたように、バビロニア法は格別の承認を国家と宗教組織にまで拡張している。それは国家や宗教組織に対して犯した罪に対する過酷な刑が示すところである。そして、それはまた人を貴族階級と一般階級とに区別する。ヘブライの律法は大部分においてこうした特徴のいずれにも倣っていない。というのは、この文献において中心となる階層関係はイスラエルの民と神との間のものであるからである。

したがって、一般的に、古代のヘブライの律法における応報的正義の条項は犯した罪と命じられる刑との間の釣り合いの感覚に基づいている。この律法の傾向は、相互性の原理——命には命を、目には目を、歯には歯を、等々——へと向かっている。

振り返ると、他の古代の史料でも同じような原理がはたらいていることを見抜くのは難しいことではない。バビロニア法では、同じ身分の人に人身傷害を加えたある個人に命じられる刑は、目を損なうことには目を損なうことを、骨を折ることには骨を折ることを、などというように、同じ傷害を受けることである。『イリアス』では、アキレウスがこぼした最初の不平は、アガメムノンがその貢献ぶりとの釣り合いで受けるに足る分より多く戦利品の取り分を得たということである。アキレウスはこう論じる。すなわち、彼アキレウスはいつももっと貢献しているのに、いつもアガメムノンがより大きな報酬をつかんでいる。その結果、貢献ぶりと報酬との間の釣り合いがバランスを欠いており、それゆえ相互性の規範に合わせられていない、と。トロイアの敵が捕えられ命乞いする戦闘の場面で、アガメムノンはメネラオスが報復における相互性の原則にためらいを見せているといって叱りつけている。つまり、トロイア人はギリシア人に善ではなく害を加えた、だからトロイア人の捕虜に対してその命を助けてやるという善を施すことは不正行為となるだろう、ということである。

それゆえ、相互性の観念はこれらすべての古代の正義の構想において中心的な役割を演じているようにみえる。事実、諸々の異文化比較研究が示唆するところでは、知られているすべての社会が相互性に妥当する価値にかなりの重きを置いている。[18] そのため、われわれが期待すべきは、現実の世界における諸々の慣行に密接につなぎ留められているほとんどありとあらゆる正義の構想に組み込まれているこの観念を見出すことである。人々には受けた利益〔恩恵 benefit〕に報いる〔reciprocate〕という一般的な義務があるという主張を、複数の世紀をまたぐ多くの哲学者たちが裏書きしてきた。ローマの哲学者キケロは、「親切に対してお返しするという義務以上に不可欠の義務はなく、〔…〕どんな人も利益を忘れる者を信用しない」[19] ということを示唆している。二十世紀の初め頃に書かれた『道徳思想の起源と展開』のなかで、エドワード・ウェスターマークは「利益をお返しすること、ないし利益を授けてくれる人に感謝することは、少なくともある種の状況下では、おそらくはいたるところで義務とみなされている」[20]と論じた。事実、一貫して正義の役割とみなされ、普遍的な道徳条項として広く尊重されるものとみなされるような考え方としては、相互性の観念以上のものは存在しない。

一般に、相互性は似たものに似たものを、あるいは少なくとも等しい価値に等しい価値を交換することをともなうと想定されている。しかしながら、社会学者や人類学者が長く指摘してきたように、実のところ相互性の観念の適用範囲は等しいものから決定的に等しくないものへの交換にまで及ぶ。（等しいものから等しくないものまでの）連続のうちの極端なところでは、ある集団は、受けた利益のお返しに何も与えないでもよいのである。[21]関与するすべての人が、自分が授けるものと等価の利益を受けとる交換のことを、バランスのとれた相互性〔balanced reciprocity〕の事例と呼ぶことにしよう（交換は二つ以上の集団をともないうるということ、また交換される「もの」は利益でも害でもありうるということを念頭に置いて）。この等価という条件を満たさないあらゆる交換については、バランスを欠いた相互性〔imbalanced reciprocity〕というフレーズを採用しよう。

同等の人々にとっての正義が求めるのは、こうした人々が相互におこなう交換が少なくとも長期的に見ればバランスのとれた相互性という性格をみせることだということを、古代と現代いずれの書物もたびたび示唆している。『イリアス』冒頭にみられる口論のなかでのアキレウスの議論は次のようなものである。すなわち、戦闘への彼の貢献ぶりはアガメムノンを含む他のすべてのギリシア人にまさっている、そのため、アガメムノンがギリシア軍のリーダーとして認められた人物であるとはいっても、戦利品を分配するためには、彼（アキレウス）はアガメムノンと同等か、あるいは少なくともほぼそれに近いように扱われるべきであるし、それゆえほぼ同等の戦利品の取り分を受けとるべきなのだ、と。バビロニア法では、貴族で他の貴族に――言い換えれば自分と同等の人に――人身傷害を加える者は、等価の害を受けるようにされることと規定される。そのため、この人たちの間での交換（今のケースでは、害と害との交換）はバランスのとれた相互性の条件をみたすであろう。古代のヘブライの律法は、悪事を犯す者は自分と同等の人に加えたのと同種の傷害を受けることと規定しており、これにより、古代のヘブライの律法も同様に、人身傷害をともなうケースにおいてバランスのとれた相互性の原理に則る傾向にある。交換されるものが利益であれ害であれ、同等の者同士の間でのバランスのとれた相互性の観念――原理と呼ぶのが適当かもしれない――は、歴史的に、かなりの賛同を集めてきたのである。

しかしながら、通常、バランスのとれた相互性の原理が正義の原理とみなされてきたのは、同等とみなされる人々の間でなされる交換に関する場合だけであった。人間の歴史の大半にわたって、ほとんどすべての社会がその成員を権力、身分、富において不平等な諸々のグループに分けてきたし、多くの社会ではこうしたグループがまた実績において不平等なものとみなされてきた。この種の厳しい不平等が、古代メソポタミアの諸々の社会において、また古代ギリシア人の間で、優勢であった。また、古代イスラエル人の間でも、こうした不平等はバビロニア人の間でなされたのと同じようにして律法として成文化されこそしなかったにせよ、存在しなかったわけではなかった。同じような不平等は、その後の大多数の社会でも同様に生まれ、残りつづけた。

同等でないとみなされる人々の間では、一般にバランスを欠いた相互性が正しいとみなされてきた。バビロニア法では、完全な自由民は一般人より上位の者とみなされ、一般人の境遇はある面では賤民の境遇と同類であった。そして、これらのグループのうちの一つに属す成員が他のグループの成員に対して犯した悪事のために処方される法的救済は、したがって釣り合いを欠いていた。『イリアス』にみられる古代の英雄時代のギリシアの文学表現において、バランスのとれた相互性に基づく処置をめぐる議論は、要求する者が平等であるという前提を基礎としていた。実際、この文学風景のなかには、同等でない〔unequal〕者同士の関係が何か不平等〔unequal〕でないものであるべきだと考える者はいない。古代のヘブライの律法は、自由な成人男性同士の法の前での平等という観念に近づいていたから、この時代では例外的だった。だが、この律法でさえ、身分の違いを認めており、この身分の違いが、男女間の関係にかかわるものを含む多くの重大なケースにおいてバランスを欠いた相互性を支える理論的根拠を与えていた。バランスを欠いた相互性という考えに基づく正義の規範は歴史的に、バランスのとれた相互性の考えに基づく正義の規範と同じくらい強力であり、また同じくらい普及していたのである。

これらの（バランスのとれた相互性、バランスを欠いた相互性という）考えのいずれも、苦もなく現実の諸々のケースにあてはめることができるわけではない。避けて通れない実際的な理由から、いずれの考えもさらなるツールが加えられないことには正義の構想の基礎として役立ちえない。

正義がなされたかどうかを確かめること、あるいは正義がいかにしてなされうるかを決定することに対して、バランスのとれた相互性の原理があてはまりうるのは、ある基準が交換される利益ないし害を比較する際の基礎として利用可能である場合だけである。そのもっとも単純なケースが見出されるのは、当の利益ないし害が同種のものである場合である。たとえば、同害刑法〔*lex talionis*〕においては、命じられる刑罰——目を損なう、骨を折られる、等々——は、こうした刑罰が科されるところの害と同一の種類のものである。

当の利益ないし害の種類が異なるとき、バランスのとれた相互性の考えがあてはまりうるのは、それら利益ないし害が共通のものさしで測られうる場合だけである。多くのケースでは、できるのはせいぜいおおよその比較、おおざっぱな比較である。仮に私があなたの酪農場を賞賛する記事を発表してあなたの評判を高め、あなたがビジネスを引き寄せるのを助けるとすると、あなたはそのお返しに私にタダで牛乳を提供しましょうと申し出てくれるかもしれない。この場合、私とあなたとが互いに与え合った利益が等価であるかどうか述べることは難しい。同様に、仮に私が自分の飼い犬にあなたが所有する家畜の何かを襲わせてしまい、そのことであなたに害を加えるとすれば、あなたはその仕返しに水の流れを私の土地から逸れさせて、そうやって私の貴重な給水を奪うかもしれない。あなたがおこなう仕返しの行為はあなたが被った害と等価だろうか。共通の価値基準がなければ、この問いに答えることはできないのである。

この問題に対するもっとも重要な応答は共通通貨の導入である。もちろん、通貨には複合的な目的がある。正義の諸目的のための共通の基準の必要を満たす手段としては、通貨の採用は二つの重大な困難を負っている。第一に、善の通貨価値が市場システムによって決定されるかぎり、その善の通貨あるいは市場での価値と、個々のケースにかかわる人にとってのその善の価値との間には、重大な食い違いが起こるかもしれない。第二に、しばしば信じられているところでは、善でものによっては相互に通約できない、あるいはできないとみなされるべきであり、そのため、原理的には、そうしたものの価値は共通の基準に還元されない、あるいはそうされるべきでないとされる。たとえば、愛をお金で買うことは不可能であるべきだ、と言われることがときにある。同じように、いくつかの集団決定が投票の手続きを通じてなされる政治システムにおいては、票が売りに出されるべきではないという原則は広く受け入れられている。また、ふつう考えられているところでは、レイプ、言い換えると婦女暴行のような、それに対する金銭的価値を割り当てることができない（あるいは、そうすべきでない）犯罪がある。交換について本来的な、あるいは定められたこうした障壁は、通貨が種類の異なる利益や害の価値を比較する基礎として役立ちうる範囲を限定する。それにもかかわらず、その範囲はなおも相当に広い。そして、この範囲の外にある利益や害については、正当に処するためにその範囲を拡大すべく、諸々の前提条件が採用されうる。それは（たとえば）中傷的な発言をするという害に金銭価値が結びつけられる場合に起こるようなことである。

したがってほとんどの場合、ふつうは商業的な価値づけがなされない利益や害に金銭的価値を割り当てることを見越した慣習的な前提条件とあいまって、通貨の採用はある交換がバランスのとれた相互性という条件を満たしているかどうかを決定することを可能にする。

バランスを欠いた相互性の場合はもっと複雑である。ある交換がバランスのとれた相互性の原理にしたがって公正であるかどうかを決定するためには、交換される善ないし害の価値を確かめなければならない。ある交換がバランスを欠いた相互性の観念にしたがって公正であるかどうかを決定するためには、交換される善ないし害を確かめ、そしてある交換が正しいとみなされることになる場合にその善ないし害の交換が適合すべき不均等な釣り合いを同定しなければならない。ある交換がバランスを欠いた相互性の観念にしたがって正しいかどうかを決定する際にかかわる変数のほうが、ある交換がバランスのとれた相互性の原理にしたがって正しいかどうかを知るためにその価値を確かめなければならない変数よりもたくさんある。同等でない者同士の間でのバランスを欠いた相互性という規範を支持する社会は、多様に異なる利益や害の価値を比較するための基準を案出するという問題を解決しなければならないし、かつ、善ないし害がそのもとで交換されるべき（不均等な）釣り合いを決定するための基準を作り出さなければならないのである。

　何であれ正義に関連するとみなされる変数（ふつうは身分か、実績とされるものか、あるいはその両方か）に関して同等でない諸々のグループに成員を分ける社会においては、こうした問題は、主要なグループのそれぞれに身分による権原と責務を定める一連の役割規定によって解決される。こうした権原と責務は社会の「地勢図〔terrain〕」というような一種のマップを構成する。それはつまり、その社会に住む人々の全体に分散する、特権が付与されているところと奪われているところの位置関係の案内であり、そしてこうした諸々の差異が時を経て再生産ないし再構成されるパターンの案内である。この種のマップがなければ、バランスを欠いた相互性の観念は明確な形をとることができないし、正義――バランスを欠いた相互性として構想される正義――がなされたかどうかという問いに答えることはできない。

　重要な証拠が次のことを示唆する。すなわち、階層と敬意に付属する価値は、相互性と公正さに付属する価値と同じくらい、人間の諸々の文化のいたるところに広くいきわたっているということである。[22]正義についての古代の考え方のなかで階層が強調されるのは、近代ヨーロッパの社会正義の観念によって形作られた二十一世紀の観点からすれば目を引くようにみえるが、こうした強調は歴史全体、文化全体という立脚点からすれば例外的なものではない。もちろん、ほとんどすべての社会、とりわけ古代の社会についてのわれわれの情報源の大部分がそれらの社会のうちの特権的な層を起源としていたことは、けっして忘れられるべきではない。書かれた記録が保存されている四千年以上の人間の歴史のほとんど全部にわたって、ほぼあらゆる社会において、そこに住む人々の大部分は読み書きができなかった。たとえ、ときにはそれほど特権的でない層の成員がうまく読み書きを学びうることがあったとしても、より特権的な層にある人の指揮のもとでないかぎり、そうした人が文書を作り保存するための資源を持っているということはありそうもないだろう。この理由から、古代の史料から見出される正義についての考え方が古代の社会のなかのより弱い、より害を受けやすい成員の見方をしめす正確な案内であると想定することはできない。だが、異文化比較による証拠が示唆するところでは、たとえある特定の特権がしばしばその特権を否定された人々の憤慨を呼び起こしてきたにしても、権力や身分、富、実績とされるものの明白な階層を支持する諸々の社会の成員の大部分は、こうした区分を道徳と正義の問題について考える基礎として受け入れていたのである。

一般的なルールとして、社会の地勢図が正義について判断する基礎を与えるのは、この地勢図が正常〔normal〕なものとして受け入れられるからであって、必ずしもそれがそれ自体として正しい〔just〕からであるわけではないということは、強調に値する。順応についての心理学的研究が示唆するところでは、いかなる安定した事態も、少なくともそれに代わるものがそのなかでずっと生活を送る人々に容易には生じてこないという意味で、時を経ることで受け入れられるようになる傾向にある。ことによると、ある地勢図を構成する権原と責務が征服か、あるいはそれと似たような強制的な手段によって課されたという理由で、最初は不正とみなされてきたような、そういった地勢図はしばしば、時を経ることで神聖化した伝統の地位を獲得するであろう――それはちょうど、十一世紀のノルマン人の征服者たちが当時あったアングロサクソン民族の政治・社会秩序に取って代わって、ノルマン人の都合に合う新しい政治的・法的ルールを敷いてから、そののちにイギリスの政治制度や法制度が徐々に伝統の地位を獲得したようなものである。征服その他諸々のかたちの押しつけを通じて地勢図が変化させられると、そのあとにはしばしば、新しい秩序が「自然」で正常なものに見えるようにしようとする、持続的なイデオロギー的キャンペーンが起こる。こうしたキャンペーンが成功するか失敗するかが、新しい秩序がどれだけ長続きするかに大きくかかわってくる。

典型的に、高度に階層的な地勢図が持つもっとも目立った特徴は、力のある者と弱い者との間を包括する「取引」である。この場合、力のある者は、弱い者が彼への服従と敬意を約束する見返りとして、弱い者の保護を申し出て、しばしばそれに加えてさらに財を約束し、その補いとする。実質的には、これが、ハンムラビがバビロニア人に口授する取引である。それはまた広く言って、神がイスラエルの民に申し出る取引である。イスラエルの民が神に従い、忠誠をつくし、崇拝する見返りに、神はイスラエルの民に保護と豊穣、繁栄そして国の独立を約束するのである。

〔力のある者と弱い者との間を〕包括するこの種の取引のなかで、相手に与えるのがより多いのがどちらの集団で、より少ないのがどちらの集団なのかを述べるのはいつも容易とはかぎらないとはいえ、この種の取引はそれ自体、バランスを欠いた相互性の一つの形態である。害を受けやすい者のために正義を擁護し、それに失敗する者をおどすことを約束する古代のバビロニアやヘブライのテクストは、ノブレス・オブリージュの原則にしたがってこうした約束を拡大する。こうした約束では、貧しい者の諸権利の保護は強い者から弱い者への贈り物である。だがこの贈り物は階層関係を強くし、それゆえ強い者の特権的地位の維持を助長する。強度に中央集権化した権威が再分配をおこなう社会においては、物資の流れは一般的に貧しい者や弱い者を益し、そのため、厳密に物質的な意味では、相互性の関係は貧しい者に味方するかたちでバランスを欠いたものとなる。だが、中央集権化された再分配のプロセスそのものは中央の権威と交わり、それに従属する儀礼としてはたらき、支配者の重要性と権力を強くするのである。

有史以来の人間社会のほとんどすべてが、そしていくつかの点では文字通りそのすべてが、階層的に組織化されてきた。だが、これらの社会で普及した諸々の組織化の方式の間には非常に大きな違いがある。それぞれの社会が特徴的な地勢図を示し、その地勢図には高いところと低いところ——特権が付与されている位置と奪われている位置——が、位置関係が変わり高さが変わるなかで見出される。さらに、連綿と続く歴史と単一のアイデンティティがあると主張できる社会のなかでさえ、地勢図の分布状況〔topography〕は通例、時を経るなかで相当変化してきているのである。

ある社会のなかで普及する正義の構想が同等でない者同士の間でのバランスを欠いた相互性の観念に基づくとすれば、そしてそうした社会の成員たちの間での不平等が社会秩序のなかでの地位ないし立場に基づくとすれば、その秩序、あるいは地勢図の変化はその社会のなかで受け入れられている正義についての考え方の変化へと至るであろう。同様に、一つの社会の地勢図——あるいはその成員たちによって共有されたものとしてのその地勢図の構想——が別の社会において普及する構想とはっきり異なっているとすれば、それら二つの社会における正義についての考え方もまた異なるのだと、われわれは期待すべきである。

正義についての考え方の歴史は、その大部分が社会の地勢図が構想されてきた仕方の変化の歴史である。有史の時代の前半におけるその始まりから、この歴史がどのように展開したのかを、われわれはこれから見ていくことにしよう。そのために、古代メソポタミア人やイスラエルの民、ギリシア人が持っていた哲学以前の考え方から離れ、ギリシアの哲学者たちの諸作品に見出されうる、はるかに体系的な正義についての考え方へと向かうことにしたい。

第二章　プラトン『国家』における目的論と教育

I

プラトンの『国家』は、どんな言語であれ私たちが知る書物のうちで最初に書かれた総覧的な政治哲学の作品である。プラトンの著作活動の中期にアテナイで書かれた『国家』は、彼の他の作品と同じように――彼の師ソクラテスが支配的ではあるのだが――対話篇であり、対話篇内部の年代は創作の時期よりも数十年前に設定されている。その設定年代においては、プラトン（紀元前四二九―三四七年）はまだ十代にすぎず、アテナイはスパルタとの長期戦の直中にあった。『国家』は驚くべき著作であり、そこでは、徹底的に階層的な政治秩序観に基づく独特な正義の構想が展開されている。

私たちがすでに見たように、アルカイック期のギリシア思想では、正義は、ホメロスの叙事詩のなかで戦士の特質と密接に結びついていたアレテー〔*arete*〕（「徳」や「卓越性」）に比べると、少なくとも個人の資質としては重要性に劣ると考えられていた。ホメロス的な価値体系のなかでアレテーが突出していたのは、防衛の必要があったためである。中央集権的な政治権威や法の支配をもたず、家々が散在している社会では、力、狡猾さ、そして武器使用の技能といった、傑出した戦士のような特質をそなえた個人が（拡張した）家にもっともよく安全を提供することができたのであり、それゆえ、これらの特質は最高の称賛対象であった。アレテーと戦場での成功のために要求される特質とのこのような結びつきは、ギリシア文化の後の段階で緩やかになった。詩人ヘシオドスの『仕事と日々』では、主題は、いかにして農民として成功するか、いかにして飢饉を避けるか、そしていかにして繁栄するかであり、アレテーの概念が帯びる軍事色は、初期の英雄的な詩に比べて間違いなく薄くなっている。しかしどちらの場合も、アレテーは正義と本質的にはつながっていない。さらにどちらの場合も、正義は、アレテーほどには、人間の資質として高く評価されていない。

この評価序列の変化に関しては、紀元前六世紀末ごろの詩人テオグニスに帰せられている二行連句にその初期の徴候を見ることができる。

正義［*dikaiosune*］のなかにこそ、すべての徳［*arete*］が集約されるのだ。
あらゆる人は善である、キュルノスよ、彼が正しく［*dikaios*］あるならば。[1]

このくだりは、ずっと後にアリストテレスが一般に受け入れられたものとして、またありふれたことわざとしてさえ扱ったものではあるが、この詩が作られた当時はおそらく少数派であった見解を表現したものである。作者は、正義が単に徳の必要条件であるだけでなく、十分条件でもあると主張しているようである。こうした主張はホメロス的な価値とは相容れない。都市の発展がギリシア社会の特徴を変化させてしまっていた。都市は、住民のなかに同意を形成し順守することによって、また互いに危害を加えるのを避けることによって協働する傾向があるときにもっともよく繁栄するのだが、こうした実践は、傑出した戦士の徳を称える価値体系とは簡単には調和しない。このような見方は、とりわけ、主要な商業勢力になるまでに、また、民主的制度を実験する坩堝になるまでに発展したアテナイにこそあてはまる。作者はこの問題を把握していたように思われる。それゆえ彼は、当時のギリシア文化において支配的であった価値の著しい改変を提案したのである――その改変は、ギリシアの倫理的宇宙の中心に正義を置くというものであり、正義の本質に関するプラトンのより拡張的な省察の舞台を準備するものであった。

表面上は対話篇であるものの、実際『国家』の大部分は事実上のモノローグである。そこではソクラテスが、正しい人間と正しい都市について、各人に要求される教育と訓練の種類について、さらには不正な（そして劣った）魂と政体の主要なタイプについて、手の込んだ見解を展開している。しかし、ソクラテスがこれらの詳しい説明に着手する前に、彼に対して正義に関するいくつかの予備的な考察が提出される。年老いた資産家ケパロスは、論題を提起し、自身の断片的な考えを正義とは何かに関するより十全な説明に発展させるという課題を、息子ポレマルコス――この会話は彼の邸宅でなされている――に譲り渡す。次にソフィスト（「知恵」、議論の方法、一般教育に関する遍歴の専門教師）であるトラシュマコスは別の見解を提案する。その見解は正義といったようなものが実際に存在することを否定しているようにも読める。最後に、第二巻（伝統的に『国家』は十巻に分割されるが、この分割はプラトン自身によってではなく、後のギリシア研究者によって導入されたものであろう）の冒頭で、プラトンの実の兄弟であるグラウコンとアデイマントスがもっと手の込んだ正義の理論を描写し、ソクラテスにそれが誤っていることを証明するよう要求する。こうした描写は、ソクラテスが解説に着手するための踏み台になっている。

『国家』の研究者たちは、しばしば、上記のような正義の予備的な構想を「一般道徳」に関するさまざまなバージョンであると述べてきた。これらの構想は、普通の人々が通常支持する、正義に関する常識的な見解を表現しているにすぎないとされている。このような記述は間違いではないが、これらの見解を表現するプラトンの技巧を見落としている。ポレマルコスの口を通じてプラトンが提出する解説を考察してみよう。対話のなかでポレマルコスが語るところでは、彼は紀元前六世紀後半から五世紀初頭にかけてギリシアで著名な詩人であったシモニデスの権威に依拠している。この見解によれば、「正義の本質は、［…］それぞれの人に対して、その人に負っているものを返すことである」（331e）。この発言について詳しく述べるようソクラテスに迫られ、ポレマルコスは次のように説明する。「友が友に負っている義務とは彼らに利益を与えることであり、どんな危害をも加えないことである」（332a）のに対して、「敵が敵に負っている適切なものとは、いわば害悪をなすことである」（332b）。端的に言って、ソクラテスがここで「技術」（*techne*）と呼ぶ正義は、結局のところ友に利益を与え、敵に害を与えることである（332d）。ソクラテスのさらなる追求は、以下のようなやり取りを導く。


どんな必要や獲得のために、平時において正義が有用であると君は言うのかね？

契約のためですよ、ソクラテス。

では、契約ということで君は共同関係を意味しているのではないか、それとも何か別のことかね？

共同関係のことです、確かに。（333a）

ソクラテスがポレマルコスの見解を徹底的な批判にさらした後、トラシュマコスが荒々しく会話に乱入し、「正義は強者の利益に他ならない」（338c）と宣言する。彼が詳しく説明するところ、彼が言わんとするのは、それぞれの都市ではより強く支配的な集団が自分自身の利益になるように法を作り、その法が正義だと宣言し、それに従わない者を不法や不正として罰するということである。ポレマルコスの見解が少なくとも初歩的な公正の観念に基づいているように見えるのに対して、トラシュマコスの説明は正義に関しては公正などまったくありえないと示唆している。「正義」とは、人間が社会の基礎にある刺々しい権力関係を覆い隠したりぼやかしたりするために用いる名目にすぎないのである。

それでは、第二巻でグラウコンがそれをもってソクラテスに挑戦する正義の描写を考察しよう。

彼らの言うところでは、不正義を犯すことは自然本性的に善であって不正義を被ることは悪なのだが、不正義を被ることはそれをおこなうことが善である以上に害悪なのです。その結果、人々が互いに悪事をなしその被害を被った後で、さらに両方を経験した後で、一方を避けることができず、また他方を獲得することができない者たちにとっては、不正義を犯さず被りもしないように合意形成をするのが有利であるように思われるのです。そして、彼らはこう言うのですが、これが立法と同意の始まりであり、そのうちに人々は法の制定を正しく、合法的であると呼ぶことを学んだのです。このようなものが、正義の起源でありその真の本性であると私たちは聞かされています。そして、そのような正義は、罰を受けずに不正義を犯すという最善のことと、報復する力のないままで不正義を被るという最悪のこととの中間に位置するのです［…］。（358e-359a）

続けてグラウコンは、可能なかぎり多く獲得し保有することで他者を出し抜こうと欲するのは人間の一般的な特性であると主張する。抑制されなければ、こうした特性は協働関係を掘り崩し、永続的な対立へと導くだろう。それゆえ正義は、抑えられないままであれば根本的に反社会的な結果を導いてしまう人間の本性的な傾向を抑制するために設計された、人間の発明品なのである。

グラウコンの説明は、ポレマルコスとトラシュマコスの見解に含まれる諸要素を統合している。それは、トラシュマコスと同じように、正義をまったくの人工物として描いているが、その人工物は強者が弱者に押しつけるのではなく、同意を通じて作り上げられる。それは、ポレマルコスの説明に見られた正義と公正の結びつきを保持している。事実グラウコンの正義の理論に関して以下の三点が注目に値する。第一に、グラウコンの説明は、人間が現世的な利益を促進したいという欲求によって主に動機づけられていることを前提にしている。ケパロスが正義という論題を導入したのは魂が肉体の死後直面する運命に憂慮する文脈であったのだが、この観察はまた第一、二巻における他の正義の予備的な構想にもあてはまる。第二に、それは明らかに、等しい者たち――言いかえれば、等しい立場にある個々人――の関係についての説明である。それが正義の基盤として描いている法と契約は、わずかにかあるいは中程度にしか力を保有しない者たち――力においては少なくともおおよそ等しい者たち――の同意の産物である。また、著しく力のある者がそのような同意を固守すると期待するのは理に適っていないだろう。第三に、グラウコンの説明（とポレマルコスによって提供される説明）の中心テーマは、バランスのとれた相互性である。ポレマルコスの説明は、利益によって利益に報いることと、害によって害に報復することを強調している。グラウコンの説明は、互いに害を与えるのを避けるために結んだ同意が相互的であることを強調している。グラウコンの正義の理論は、ポレマルコスの説明のなかで基礎づけられた諸制度を、バランスのとれた相互性という基底的なテーマから逸脱することなしに発展させ、磨き上げている。

ソクラテスが『国家』の大部分で提出する正義の理論は、以下のすべての点にわたってグラウコンの見解から劇的に逸脱している。ソクラテスが論じるところでは、正義に関係する利益とは、人々が日常生活のなかでしばしば動機づけられている世俗的な利益ではなくて、むしろ私たちの究極的な利益である。正義の第一の目的は個人の内なる秩序を陶治することであり、そうした秩序のなかでは理性と知恵が人の衝動や感情を厳格に支配している。さらにソクラテスが論じるところでは、人々は自然本性的に著しく不平等である――おそらく力においてではなく、自己支配と他者支配のために重要な特質において。そのため、正義の考えが人間関係に適用されるかぎり、それは不平等な者たちの関係に本質的にかかわっている。最後に、ソクラテスは、バランスのとれた相互性の考えに対して、彼独自の考えを引き立たせるものとして以外はほとんど関心を見せていない。彼の見解では、人間間の正義の関係は、不平等な者たちの間の命令と服従の関係である。この関係は、影響を受けるすべての当事者にとって、正しくあるために有益な――当事者たちの魂を、そうでなかったときよりも、正義によって規定された秩序により適合するように仕向けるという意味で有益な――はずである。だが、相互的という語の通常の意味を相当引き伸ばさなければ、この関係を相互的と呼ぶことはできない。

II

『国家』第一、二巻で描写する正義の予備的な諸構想から、著作の残りの部分でソクラテスの口を通じて長々と展開される独自の正義の理論へと移行するなかで、プラトンが実際に主題を変換していることに人々はずっと前から気づいていた。この観察は、しばしば、プラトンの議論を批判するための根拠として用いられてきた。けれども、これらの予備的な構想は誤ったものであるから正義に関する真の考えを突き止めるための唯一可能な道は主題の変換である、というのがプラトンの言外のねらいなのである。

ソクラテスは第一巻の早い段階で、正義の説明を定式化しようとするポレマルコスの試みに応答する際、彼自身の理論の性格に関してヒントを提供している。ポレマルコスが正義は友を利し敵を害するような事柄を含んでいる——この定式は、ギリシア思想において長きにわたって重要な役割を果たしてきた英雄的な規範を甦らせるものである——と論じた箇所で、ソクラテスは正しい人間の機能は誰かを害することではありえない、それゆえに害を与えるのは正しいことではないと主張する（335e）。私たちは通常正義を善い事柄と考え、害をなすことを悪い事柄と考えているのであるから、ソクラテスの主張は、取るに足らないほど明白であるか、退屈であるかのどちらかであるように見えるかもしれない。だが、実際はそのどちらでもない。というのも、バランスのとれた相互性という考え——この考えは、長らく正義について考えるための基盤であり、さまざまな定式の下でポレマルコスとグラウコンによって支持されていたものである——は、善には善を返すということと害には害によって報いるということの両者を含んでいるからである。ソクラテスの主張は、この標準的な定式の少なくとも半分を否定している。

プラトンは、一方において彼が『国家』の冒頭で描写する正義の予備的な諸構想と、他方において彼がソクラテスの口を通じて展開する正義の理論との間にある溝をさまざまな間接的なやり方で強調している。たとえば、誰かを害するのは正しいことではないと結論づけるとき、ソクラテスは、自分とポレマルコスは「もし誰かが、シモニデスや、ビアスや、ピッタコス、あるいは他の知恵と教養のある人たちが」それと反対の見解を主張したと「言うのであるならば、共に戦わなければならない」（335e）と提案している。注目すべきことにソクラテスは、シモニデスや他の尊敬されている権威たちが実際に言ったことではなく、彼らに帰せられるかもしれない見解に焦点を合わせている。この提案は、ソクラテスが想像する理想的な正しい都市では詩人たちを検閲し最終的にはそこから追放しようという後の提案を予示しているのだが、そこに込められているメッセージは、文学作品や他の尊敬されている権威によって形成された実践的な推論は堕落しており真実ではないというものである。対話篇はまた、ソクラテスとトラシュマコスが、互いのやり取りのなかで相反する目的を持って語っていることを明らかにしている。トラシュマコスは、人々は他者を上回る利益を獲得することに不変的に関心があると想定するのとちょうど同じように、議論で勝利を収めることにも――要するに、演説の末尾で勝利者であると宣言できるほどに十分なポイントを稼ぐことに――関心がある。対照的に、人々は究極的には秩序の最高位にある関心事に引きつけられると主張するソクラテスは、正義の実在を発見することに関心がある。議論が進むと、トラシュマコスは、不承不承、事実上、意に反してソクラテスの論法に引きずられる者として描かれ、最終的には、言葉の上だけではあるが、受け入れたくない主張を容認してしまう。議論に対するアプローチの違いは、彼らの正義の構想の違いを象徴しているのである。

正義の予備的な構想が示された後、グラウコンとアデイマントスがソクラテスに対して二つの挑戦を提起する。グラウコンは正義の起源と自然本性についての理論を描写し、ソクラテスにもし可能ならばそれを論駁するよう要求する。アデイマントスは、ソクラテスに人々はなぜ正しくあるように動機づけられるべきなのか説明するよう迫る。ソクラテスは、両者を密接に結び合わせることでこれら二つの挑戦に応じていく。

ソクラテスの最初の一手は、個々人の正義と都市全体の正義とを区別し、まず後者を探求することである。彼が想定するところでは、「より小さな」個人と「より大きな」都市には類似性があり、そのため、後者の正義の探求は結局のところ個人における正義の問いに答えることにつながる。彼の第二の一手は都市の始まりを仮説的に再現することである。ここでは、こうすることによって、（思考実験において「観察」できるように）正義と不正義が生じてくる様子を観察できるだろうと想定されている。

続いてソクラテスは、人間の必要を満たすべく設計された都市の構成要素を記述する。初期段階の都市には、農民と大工、織工と靴職人、貿易商、小売商人、そして労働者がいる。グラウコンは、この都市は健全ではあるけれども構成員に対して生活に最低限必要なものしか提供していないと指摘する。そこでソクラテスは、探求の幅を押し広げ、彼の都市（これは通常「豚の都市」として言及されるものである）を、猟師、芸術家、詩人、使用人、そして医者といった人々を含むところまで拡大する。[訳注1] 拡大した都市は初期段階の都市よりも広大な土地を必要とするだろうから、この贅沢な都市はまた、戦士——「守護者」——を必要とするだろう。彼らの役目は、領土を獲得、保持し、そして都市を侵略者から防衛することである。最後に、守護者が受けるべき訓練と教育——肉体のための身体的訓練と魂のための音楽と詩（376e）——についての広範な議論の後で、ソクラテスは、完成した都市は、さらにもう一つ別の階級に属する人々が、すなわち支配者として職務を遂行する人々が必要だろうと結論づける。これらの人々は、都市の善に対する献身に基づいて守護者の階級から選抜される（412d–e）。彼らは、数学やその他の科目に関して追加的な教育を受けなければならず、そのような教育は哲学の訓練で頂点に達する。それゆえ、カリポリス——私たちが生成を目の当たりにしてきたこの理想都市——は、究極的には三つの主要な階級を含むことになる。第一の階級は支配グループを構成している。このグループに属する人々は、ひときわ優れたかたちで、都市の利益に献身し、さらなる訓練、とりわけ哲学における訓練にも応じる。これらは、少なくともカリポリスの仮説的プロジェクトにおいては、もっとも十全かつ真の意味での支配に要求されるとソクラテスが信じるものである。この階級は、適切な意味での守護者、あるいは哲学者－支配者から構成される。第二の階級は、戦士階級である。彼らの役目は都市のために戦うことである。彼らを「守護者」と呼んだ後で、ソクラテスは、彼らを第一の階級の構成員から区別するために「補助者」(414b, 434c)という名称を採用する。第三の階級は、農民、職人、商人、賃金労働者からなり、彼らは都市の構成員に生活必需品を提供する。ソクラテスは、このような人々を商業的な、あるいは金儲けに携わる階級と呼んでいる(434c)。

この議論の最初の方でソクラテスは、異なる人間は、都市における正義の探求に関連のある仕方で、異なる適性を持って生まれてくると述べる。

君が語っているまさにそのときに、ぼくは次のようなことに気づいたのだ。つまり、そもそも各人はあらゆる点で同類と同じように生まれてくるわけではなく、自然的資質において異なっている。そして、ある者はある一つの仕事に対して、別の者は別の仕事に対して適性を持っているのだ。君はそう思わないかね?

確かにそう思います。

それでは、ある者は、多くの活動に従事するときと、自分自身を一つの活動に限定するときとではどちらがより成功するだろうか?

一つに限定するときです、と彼［グラウコン］は答えた。

ではさらに、ぼくが思うに、次のことも明らかだ。つまり、ぼくたちが仕事をするのに時宜を逸してしまったら、その仕事は無に帰してしまうということだ。

そのとおりです。

というのも、ぼくの考えるところでは、事業というものは、それを引き受ける者の暇を待ってくれはしないからだ。そうではなく、働く者は仕事を第一の関心事として、そこから離れてはならない。

そうしなければなりません。

ここから、ぼくたちは次のように結論づけることにしよう。すなわち、すべての人が他の営みを離れ、自身の自然的素質に従いながら、時宜に適った仕方で一つの事柄をなす場合に、さまざまな品物はもっとも豊富に、よりよい品質を持って、さらにはより容易に生み出されるのである。

疑いなくその通りです。(370a-c)

「時宜に適った仕方で一つの事柄」をなすことには、一見してそう思われるより、多くの意義がある。都市の起源を描写したすぐ後で、ソクラテスは次のように述べる。

ぼくたちは靴職人が同時に農民や織工や大工になろうとすることを許しはしなかった。それは、靴作りの仕事がうまくなされるためなのだ。そして、ぼくたちは、他のすべての働き手たちにも同様に、各々に一つの仕事を割り当てた。その仕事は、彼に自然本性的に適合したものであり、もし彼が他の営みに背を向け、全生涯にわたって時宜を逸することなく打ち込むならば、成功裏に成し遂げるだろうものだ。(374b-c)

都市の職務割当に関するプラトンの構想は、アダム・スミスの分業の観念とは異なっている。職人が「全生涯にわたって」一つの仕事に取り組み、他のすべての生産的な仕事を試みてはならないとする想定は、スミスが擁護し、スミスの時代以来ほとんどの経済学者が市場原理から支持する「自然的自由の仕組み」とはまったく相容れないものである。スミスや他の多くの近代の思想家たちと異なり、プラトンは、人々は劇的にまた不変的に異なる素質を持って生まれてくると信じていたように思われる。彼にとってここから帰結するのは、秩序だった都市は、住民に彼ら独自の素質を練磨するよう強制するだろうし、また彼らが他の方向に走って自分たちの努力を無駄にしてしまうことを妨げるだろうということであった。

カリポリスにおけるプラトンの正義の構想がこのような想定を反映したものであることは、何ら驚くべきことではない。都市の主要部分の描写を完成させた後で、ソクラテスは都市の起源を分析するように彼を導いた課題、つまり、都市のなかにある正義を見つけ出すという課題に戻っていく。彼が論じるところでは、もし彼が記述してきた都市が完全に善きものであるなら、それは四つの徳、すなわち、知恵、勇気、節制、正義をそなえているはずである。私たちがこれらの徳のうち最初の三つのありかを発見すれば、消去法によって四つ目の徳を見出すことができるはずだとソクラテスは提案する（427e）。彼が描写してきた都市の守護者や哲学者－支配者は知恵を持っている。そのため、この階級は都市のなかでおそらく最小のものだけれども、それが知恵を持って都市を支配するならば、私たちはその都市は善き判断力と知恵を持っていると言うことができる。勇気は補助者階級（戦士）に特有の徳である。そのため、もしその階級がそうあるべく構成され訓練されたならば、都市は勇気を持つことになる。知恵や勇気とは異なり、節制は、都市のさまざまな構成員に異なる仕方で現れるけれども、都市全体に行き渡っている。支配者は「素朴で節度ある欲求を持っているが、それはもちろん知性と正しい意見に調和し、理性の指導下にある」。他方、「一般大衆の欲求は高貴な少数者の欲求と知恵によって抑制される」（431c-d）。それゆえ、ソクラテスが論じるところでは、正義は残りの要素であり、他の三つの徳が都市のなかで隆盛であることを可能にする。そして、これら三つの徳は、各人各階級が、他の階級の仕事に干渉したり他の者たちからの干渉を耐え忍んだりすることなく、自身を自身の仕事に捧げるときにのみ隆盛であるから、正義というものは各階級（さらに、金儲けに携わる階級の内部においては各手工業者）が自身の仕事をなし、他者の仕事に干渉しないことから成り立っているということになる。プラトン的な正義は、「誰も他人に属するものを盗んだり自分自身のものを奪われたりしてはならない」（433e）という規則が守られているとき――そして、人（あるいはある階級の人々）に「属する」ものが、とりわけ、分業におけるそうした個人や階級の機能を意味すると解釈されるとき――に達成される。そうした機能は、それが農民、手工業者、商人、戦士のものであれ、哲学者や支配者のものであれ、各市民の自然本性的で不可変の素質を基礎にして厳格に割り当てられている。

都市における正義の自然本性に関してこうした結論に到達すると、ソクラテスは個人における正義の問題に立ち戻る。彼が論じるところでは、都市と同様、個人の魂も三つの主要な部分に分割される。（当時のギリシア思想における魂の観念は後のキリスト教的観念よりも幅広く、魂が不死であるという考えは、『国家』の第十巻で描写されているにもかかわらず、当然のこととみなされてはいなかった。）三つの部分の最初は理性的部分であり、知識や知恵を獲得する人間の能力の基礎である。二番目は魂の気概的部分である。それは怒りの源泉であり、さらには、卓越性、栄誉、名誉獲得の衝動の基礎であるのみならず勇気の基礎でもある。三番目は肉体的欲求の中枢であり、それには空腹や渇きといった必要不可欠な欲求と、さまざまな放縦と快楽にかかわる不必要な欲求がある。

ソクラテスは魂の各部分とそれに対応する都市の階級を結びつける。農民や手工業者、商人、賃金労働者の階級に属する人々は、主に欲求に駆り立てられている。補助者の魂は気概的部分に支配されている。支配者、もしくは哲人王においては、魂の理性的部分が傑出している。さらに、これら諸部分間の自然的で正しい関係は、都市における三つの主要階級間の正しい関係と類似している。理性的部分は、正しいやり方で、他の部分の欲求と衝動を節度あるものにし全体を支配するべきである。魂のこれらの部分はしばしば互いに争うことがあるけれども（何度かソクラテスは「魂の内戦」について語っている［440e; cf. 444b］）、よく秩序づけられた魂では、気概的部分が他の部分にも増して理性的部分と連携し、その結果、全体を調和のとれた状態に保っている。よく秩序づけられた魂という考えは、ソクラテスの探求にとって一つの頂点である。

実際のところ、正義はこの種の原理なのだ。しかし、その原理とは、どうやら、人の活動のなかでも外的なおこないにかかわるのではなく、内的なおこないにかかわっているようなのだ。その内的なおこないとは、まさに真の意味で、その人自身と彼の義務に関係するものだ。それゆえ、正しい人間は、魂のどんな部分でも、それが隣接部分の仕事に手を出すことを許さないだろうし、自己の内部にあるさまざまな機能が互いに干渉し合うことも許さないだろう。だが、本当の意味での自分の家を秩序づけ、己の主人となったならば、彼は自分自身に対する法となり、自分自身と平和な状態になるだろうし、さらには、三つの要素を調和的に結びつけるだろう。あたかもそれらの要素が音階における三つの音、すなわち、低音、高音、中音であるかのように、あるいは他のどんな音であれそれらの間に入ってくるならばそのような音であるかのようにね。そして、彼がこれらの要素を結合させ、あらゆる点で多から一になったとき、彼は節度があり完全に調和した自然本性をそなえることになり、そうして彼は行為するようになるのだ［…］。（443c-e）

Ⅲ

『国家』の最初の巻から最後の巻にかけて次第に展開していく議論のなかで、ソクラテスは——最初はためらいがちに、しかし最終的には何の弁解もなく——次のように説明している。すなわち、都市と個人の正義に関する彼の理想が達成されるのは、私が文化的浄化あるいは教化と呼ぶものを支配者が厳格に追及する場合のみ、さらに、支配者が正義の規定を被支配者の同意を引き出す必要なしに彼らに適用しようとする場合のみである。私たちが見たように、教化擁護論は、ソクラテスが、シモニデス（あるいは他の知恵があるとされる者）が実際に何を言ったかにかかわらず、正義には誰かを害することが含まれるという見解を彼らに帰することが間違いだと断言したところから始まっている（335e）。ソクラテスによれば、正義は害を与えよと命じることができないので、高く尊敬されている思想家たちにそのような見解を帰することは、混乱を招くであろうし無用である。

ソクラテスは文化的浄化の擁護論を徐々に発展させていく。彼の主張では、ホメロスやヘシオドス、そして他の詩人たちは偽りの物語を創作しており、それらは守護者の教育という目的のために検閲されねばならない（377-

403)。ある種の偽り——文字通りの意味では真実でない物語を通じて、根底的な真実を伝達するようなもの——は、それを聞く者たちの魂に有益な効果を与えるがゆえに役に立つ、とソクラテスは説明している。こうした偽りは奨励されるべきであり、そのなかには有名な「金属の神話」が含まれている。この神話を通じてソクラテスが提案するのは、正しい都市の住民はすべて大地のなかでそれぞれ異なる金属を持って養育されてきており、その金属は彼らが割り当てられる階級に対応しているのだと彼らを説得することである（414b-415d）。彼は、悲劇作者は政体のなかで最悪の二つ、すなわち僭主制と民主制を称賛しているため、この種の作品は正しい都市から追放されねばならないと提案する（568）。最後に彼は次のように結論づける。すなわち、神々への賛歌と善き人々への称賛だけが正しい都市において許されるべき種類の詩である。なぜなら、他のすべての種類の詩は（ホメロスの詩も含めて）魂の低劣な部分に栄養を与え、高次の理性的な部分を損なうからである（595a-608b）。端的に言って、正しい都市の文化は、究極的な諸実在に対して誠実であるために、検閲を通じてコントロールされねばならない。プラトンにとってこの諸実在は価値で満たされているため、真理を突き止めることは物事の正しい価値評価を把握することである。それゆえプラトンの真理の構想を、事実の正確な表現（と私たちが考えるかもしれないもの）と混同してはならない。

正しい都市の支配者が持つ、あるいは少なくとも創設者が持つ道具類のなかでも、強制は——教化と並んで——必要な工具の一つである。もちろん、強制権力の要素はあらゆる形態の政治支配に共通している。しかしながら——彼自身の時代の実践と比べるのではなく——現代民主社会において広く保持されている、強制の正当な使用についての考えと比べると、強制の正当な使用についてプラトンが抱いた思想は驚くべきものである。正しい都市の創設を論ずる過程で、ソクラテスは次のように提案する。

一人であれそれ以上であれ、真の哲学者が［…］正義をあらゆる事柄のなかでもっとも重要でもっとも不可欠なものとみなして、都市の実権を持ち、自分たち自身をその奉仕に捧げるとき、[…]彼らは十歳以上の全住民を田舎へと追放するだろうし、さらには子供たちを親たちが順守している既存の慣習の影響から隔離するだろう。子供たちはこうして引き取られ、哲学者は真の哲学者の様式と原理に従って彼らを育てるのだ。(540d–541a)

都市からすべての成人を排除することは、ソクラテス(あるいは、権力を獲得した彼の哲学的同族)に対して、そのように形作られうる少数の男や女を、もっとも完全な意味で正義を体現する、内面的に調和し厳密な意味で自己統御された個人へと形作る自由を与えるだろう。この排除はまた彼や彼らに、都市の文化、すなわち思想の習慣とその実践を、不平等な者たちの命令と服従の関係としての正義という考えと一致するように作り上げることを可能にする。不平等な者たちのそのような関係とは、プラトンが正しい都市における個人間の正当な関係として思い描いたものである。

理想的に正しい都市は調和的に秩序づけられた全体のなかにある三つの階級から構成され、そこでは、多数者の欲望は少数者(哲学者)の知恵によって抑制される。結局こうした主張は、プラトンの時代のギリシア人たちに馴染み深かった、政治集団の主要形態に対する鋭い批判になる。前五世紀の間に、アテナイはギリシア世界で支配的な商業勢力となり、民主的諸制度を試す一種の実験場となった。第三階級(農民、職工、商人、賃金労働者)に関する『国家』の記述がプラトンの若かりし時代におけるアテナイ人の生の現実に確固とした根を持っていることを見てとるのに、それほどの想像力は要求されない。プラトンは、生産や商取引にも、(おそらくは)賃金労働にさえ反対しなかった。しかし彼は、このような活動に捧げられた生を営み、さらにそのような職業を促す欲求に魂を導かれている人々が実権を持つ政体には確かに反対していた。同様に、戦士や「補助者」階級に関するプラトンの議論は、『国家』での対話が設定されている時代にアテナイおよびその同盟都市と戦争状態にあった、スパルタの軍事政体へのほのめかしに満ちている。スパルタ的な価値とエートスに対するプラトンの評価はアテナイの民主的価値に対する彼の見解よりも好意的であるけれども、『国家』は、スパルタの政体もまた彼が思い描いた正しい都市にはほど遠いということも明らかにしている。プラトンが民主政体の特徴であると信じた無分別で気まぐれな性格を辛辣に描写するなかで、彼は次のように言っている。

ともかくも軍事職に惹かれたならば、彼は脇目もふらず戦士になり、成功した財産家を称賛するなら、金儲けに没頭する。端的に言って、彼の振る舞いに秩序や法は存在しない。彼は、自らが心地よく自由で幸福と呼ぶこうした人生を送りつづける。(561d)

プラトンがここで描いた方向感覚の欠如と方向性の誤りは、仮説的な哲学者－支配者に彼が割り当てた知恵や合目的性と鋭い対照をなしている。

プラトンの魂三分割理論は、正しい都市の三分割の構想よりも、彼の目的にとってずっと中心的である。魂の部分のそれぞれが理想の都市における個々の階級に対応する（欲望的部分が金儲けに携わる階級に、気概的部分が戦士階級に、理性的部分が哲学者－支配者階級に）という点に加えて、第八、九巻でプラトンは、魂の劣った二つの部分、すなわち気概的部分および欲望的部分と一連のより劣った形態の政体とを対応させている。彼は理想的な都市に「優秀者支配制」（最善の者たちによる支配）というラベルを貼り、優秀者支配制に移行していく同じように有徳な政体のために「王制」というラベルを取っておく。続けて彼は、徳の面で徐々に劣化していく政体の諸形態（名誉制、寡頭制、民主制、僭主制）を素描し、各政体に特有な人々の性格を描き出す。名誉支配制（あるいは名誉制）は、気概的部分に統べられた魂を持ち、その結果、名誉とよき名声（*time*）への欲求に動機づけられた人々によって支配される都市である。寡頭制は、必要な欲求に支配された魂を持つ人々によって支配される政体である。民主制と僭主制では、支配者の魂は不必要な欲望に統べられている。プラトンは、気まぐれで方向性を欠いた、あるいは方向性を誤った、これらの人々の性格を長々と風刺しており、第八巻のほとんどを民主制の議論に、第九巻のほとんど全体を僭主制、すなわち、あらゆる政体のなかで最悪のものに捧げている。

Ⅳ

プラトンの説明から一歩引き下がり、それを彼が相続したギリシア文化の文脈に置いてみると、彼の魂の理論が、多くの世代にわたってその文化内部で優勢であった、性格に関する規範と理想に対する批判であることが見えるようになる。注意深い読者は、プラトンの民主制の記述が持っている政治的に熱のこもった特質を見落とすことはないし、情報通の読者は、そのような描写をプラトンの若い時分に栄えたアテナイ民主制と結びつけ損なうことはない。気まぐれな性格の人々とは、彼が民主制的人間として表現した人々であり、堕落した欲望に掻き立てられ、事実それに隷属しているような人々である。こうした性格描写は、紀元前五、四世紀のほとんどを通じて、商業的利害関心を持ってアテナイ政治を支配した人々に関するプラトンの認識から引き出されたものである。

しかし、プラトンのもっとも痛烈な批判の対象はさらに過去へとさかのぼり、より広い領域へと拡張していく。その対象は、ホメロスや他の詩人、劇作家が普及させ称賛した英雄的理想、すなわち、『イリアス』で物語の主要な登場人物であるアキレウスの人物像を中心にして原型的に描かれる理想である。ギリシアの英雄文学の研究者はどんな魂の概念をもホメロスに帰することを拒否するが、アナクロニズムの危険を冒しながらも、私たちは、アキレウスと仲間の英雄たちの魂が二つの重要な部分から成り立っていると考えてもよいであろう。他のすべての人間と同じように、英雄たちは欲望を持ち、それを満足させるよう掻き立てられる。アキレウスが戦利品の一つとしてブリセイスを獲得したとき、彼はまずもって自分の情欲を満たすべくそうしたのである。彼女がアガメムノンとの重大な争いの焦点となるのはその後のことにすぎず、その争いのなかで、別の動機が役割を果たすことになる。しかしながら、他の人間の魂とは対照的に、英雄の魂は他者からの傑出した承認——可能であるならば、何代にもわたって彼らの名声が記憶に残る原因となるような種類と程度の承認——を獲得したいという欲求に支配されている。この種の欲求は、プラトンの魂の分割でいう気概的部分の特徴を有している。もちろん、ギリシア文学における英雄的な人物には計算も論理的推論も可能である。もっとも有名な例はオデュッセウスである。彼の試練を物語った『オデュッセイア』は、少なくとも彼の戦場での強さや技能と同じくらい、彼の狡猾さの描写で有名である。だが、ギリシアの英雄文学では、論理的推論はひとかどの人物になることへの欲求に圧倒的なまでに隷属している。それは、固有の動機づけの性格をそなえた、魂の固別的な部分にはならない。それゆえ、事実、もしプラトン独自の用語法を拡張できるのだとしたら、ギリシアの英雄文学は魂の「二」分割を促進していたと言うのがよいであろう（魂の構想をこうした文学にあてはめることができるかぎりにおいてだが）。その二つの部分とは、あらゆる人が共有し普通の人にとって支配的な欲望的部分と、もっとも称賛に値しもっとも英雄的な人物たちの魂を支配する気概的部分の二つである。

魂に関する、あるいは、「魂」（*psuche*）という概念が生じる以前に魂を考えたやり方に関するこの構想は、ホメロス的な価値体系におけるアレテーの優位性の支えとなり、またプラトンによる批判の中心的な対象である。ある意味でプラトンの正義の構想は、より初期のタイプへの回帰である。アレテーは、傑出した個人の性格のなかに完全に実現される理想であると解釈されていた。都市、商業活動、そして秩序ある政治制度が発展するとともに、こうした理想は、ギリシア的価値秩序のなかで、権利と取引を規制すべく企図された一連の規則という考えに道を譲りはじめた。この規則を通じて人間は自身の利益追求を調整するのである。これらの規則——紀元前五、四世紀にアテナイで定式化された正義の諸規則——は、プラトンが『国家』冒頭で論じた正義の予備的な構想を構築するための多くの材料を提供している。アレテーという理想が傑出した個人に焦点を合わせていた一方で、正義の考えはあらゆる人に等しく適用できるものであった。プラトンは焦点を、あらゆる人の活動を規制すべく意図された規則から明らかに遠ざけ、さらには、理想的な性格へと、すなわち、そのような理想を獲得できる傑出した少数者を中心に据える行為者中心的な構想へと向けかえる。

だが、そのようにしながらも、プラトンはそうした価値の中身を根本的に変更することを提案する。『国家』は、魂に関する仮説的な二分割理論――そこでは栄光の気概的追求が支配している――によってその主要な特徴を捉えることができる戦士‐英雄という理想を、哲学者‐英雄という理想に置き換える。この哲学者‐英雄は、魂の理性的な部分によって支配され動機づけられた、よく秩序づけられた魂に関するプラトンの三分割理論によって描写される。この理論はプラトンの正義の構想の核である。彼の正義の構想は、世俗の事柄にまつわる現実的な行為にはほとんどかかわらず、性格的に究極的真理を獲得するための生来の能力を持つ、少数の個人によるそうした真理の追及によりいっそうかかわっている。第九巻の末尾でソクラテスが述べているように、「理解力をそなえた者は、人生のすべての活力をこの目的に捧げるだろう［…］彼は自らの魂に徳を刻印するような研究を崇め、他のものを軽蔑するだろう」（591b-c）。たとえもし、哲学的性格を涵養するために企図された都市が地上のどこにも存在していなくても、あるいは存在しないであろうとも、そうした都市像は哲学的生が可能な者たちにとっての実際的な理想としてそれでもなお屹立しうるのである。

少なくとも［…］おそらくは天上にその範型が掲げられていることだろう。それは、望む者が観察し、それを眺めながら自分自身のなかに都市を建設するようなものなのだ。しかし、この国家がどこかに存在するかどうか、あるいはいずれ存在するかどうかといったことは問題ではないのだ。というのも、彼は自身の行為を他でもなくその都市の様式に従って規制するだろうから。（592b）

こうしたプラトン的な正義の構想と、それに先立つギリシアと他の文化双方における正義の考えとの間には際立った対照関係がある。第一に、正義に関する初期の考えでは応報の概念が中心的な役割を果たしていたが、プラトンの理論にはそうした概念が役割を果たす余地はない。すでに見たようにプラトンは、正義のために強制力を用いるべきだと提案することに躊躇しない。しかし、彼が思い描いた強制力の使用は、処罰や応報という目的のために意図されているのではない。強制力は、正しい秩序、すなわちプラトンが自然的事物であり、また人間による構築の産物でもあると考えた（なぜならそれは熟慮に基づく人間の努力なしには生じえないから）地勢図を創設し維持するために用いられるのである。プラトンにとって、『国家』では正義は技術（*techne*）の対象である。彼は、正義の状態を健康の状態になぞらえ、また支配を医者や彫刻家を含めたさまざまな技術になぞらえている。都市と魂における正義の獲得は、身体における健康の獲得のようなものであり、正義を獲得する手段は二次的な重要性を持つにすぎない。目的は、正しい地勢図の構築を助けることであり、究極的には、この目的を達成するのに適した手段なら何であれ、それによって諸個人の性格を改善することである。こうした手段が強制的であるかぎり、それらは正確には、応報における力の使用よりも、問題を解決し暴力紛争を妨げるために政治家が訴える力の使用に比せられるかもしれない。こうした手段が文化的浄化をともなうかぎり、それらは、生徒の性格と徳を改善するために教師が用いる手段であると考えられる。しかし、プラトンの哲学者－支配者は、患者の健康を維持しあるいは回復させるという目的のためにしばしば痛みをともなう手段を行使する医者に、おそらくはもっとも適切に比せられる。プラトンの正義の構想は、国民の改善を企図した厳格な教育の構想であり、単に支配の強制を意図した行動制御の構想ではない。

プラトンの正義の構想はまた、社会正義に対していかなる関心のそぶりも見せないという点で際立った特徴を持っている。すでに見たように、古代の考えのなかに社会正義概念の前兆を発見することは可能であるが、そうした前兆は馴染み深い近代的な社会正義の観念とは著しく異なっている。古代世界における「社会正義」の目的は、社会的平等をもたらすことではなく、弱者や傷つきやすい者を保護することであった。だが、プラトンは、貧者、傷つきやすい者、あるいは弱者に対していかなる注意をも払っていない。プラトンが都市の一部の者たちの家族と私有財産の廃止を提案したことは真実である。その一部の者たちとは、都市の防衛者を生み出すべく訓練を受ける者たちであり、彼らのなかから哲学者－支配者階級が選抜される者たちである。これらの提案は、しばしば、近代の社会民主主義の、あるいは社会主義の考えの先駆けであると解釈されてきた。狭い意味では、プラトン的な制度の考えと近代的なそれとの類似性に焦点を置いたこの解釈は間違いではない。しかし、プラトンの提案の目的は、近代的な考えの目的とはほぼ正反対である。

プラトン固有の正義の構想と、彼の理論に先立つ（またはそれに続く）より広く表現された正義の考えとのもっとも重大な相違点は、後者が正義の主要目的は人間の現世的な利益を規制するための枠組みを提供することにあると前提していたのに対し、プラトンの構想がむしろ超越的な目標を持っている点にある。プラトンにとって、正義の目標は都市における——そして、もっとも重要なこととして、魂における——秩序の涵養であり、その秩序は正義の理想形態と一致している。この理想形態は一つの階層秩序を規定するのだが、その階層秩序のなかでは、哲学的な知恵と判断が、個人（厳格な自己統御が可能な人々にとって）と都市全体（あらゆる人にとって）の双方において、他のすべての人間的衝動や能力を支配している。一般的な構想——プラトンが、ケパロス、ポレマルコス、トラシュマコス、グラウコンに帰した予備的な見解のなかでさまざまな形で提示される構想——によれば、正義の主題は権利、取引、そしてより一般的には人間の世俗的な利益を規制することである。そうであるから、ケパロスは正義がごまかしや欺瞞を避けることにかかわっていると示唆するのだし、ポレマルコスは正義は共同関係を形成し維持するのに役立つと論じ、トラシュマコスは正義の考えとはあからさまな自己利益の追求を覆い隠す単なるヴェールにすぎないと主張し、そして、グラウコンは正義を立法や契約上の同意と結びつけるのである。これらの予備的な構想は互いに著しく異なっているけれども、正義の第一の主題が現世的利益の追求であり、正義の構想の第一の目的がそうした追求の枠組みを明示的に表現することであるという想定を共有している。この見解とは対照的に、プラトンは、正義の第一の目的は究極的な関心事の追求であると提案する。「正義」は、神的で自然的な秩序を指し示すために彼が用いる名称であり、国家と有能な個人双方の憧れの対象である。国家と哲学的個人に宿るディカイオシューネー〔*dikaiosune*〕に関する彼の構想は、都市に宿る女神ディケー〔*Dike*〕の観念と近しい関係にある。

V

すでに見たように、プラトン以前の古代的な正義の考えには、現代の観点からすると注目に値する二つの特徴がある。一つ目は、応報への強い関心である。二つ目は、権力、地位、富の階層秩序にすすんで承認印を押すことであり、この階層秩序は社会の地勢図を定め、代替的な生のあり方に馴染みのない住民に自然的なものとして一般的に受け入れられていた。これらの特徴は、古代ギリシアの英雄文学と同様に、古代世界の他の文化に見出される、広範囲にわたる物語や法的文書にも顕著である。

紀元前五世紀にアテナイが商業勢力へと、さらには民主的諸制度の実験場へと発展したことによって、長きにわたって正義に関する思考が持っていたこれらの特徴を侵食する、一連の考えが生み出された。社会の地勢図――特権の所在やその剝奪の輪郭、そしてさまざまに異なる状況におかれた構成員の関係を規制する規範――が自然的であるとの考えは、社会的取り決めはまさに人間の工夫と慣習の産物であるという代替的な見解が優位になるにつれて衰退した。紀元前五世紀の思慮深いアテナイ人たちは、正義に関する思考の第一の目的は人間の現世的利益の追求を規制すべく意図された枠組みを定義づける一助になることだ、という想定をもっと古い著述家と共有していた。だが、彼らには、これらの著述家よりも、不平等や階層秩序に基づく諸関係を普通で自然的なものと受け入れる傾向は薄かった。権力、地位、富における格差は残っていたけれども、それらの格差は、人間の社会的取り決めの前提であるよりも、その産物とみなされるようになっていた。正義に関する思考はバランスのとれた相互性の考えに引きつけられ、正義の概念は平等な者たちの関係に対して第一にあるいは唯一適用可能なものとみなされるようになった。[2]（推定上の）平等な諸個人の契約的な関係は、不平等な個人や集団の階層秩序に基づく関係に取って代わり、正義の場の大部分を占めるようになった。バランスを欠いた相互性はある場合には正義がとりうる適切な形態であると依然として考えられていたけれども、バランスのとれた相互性が正義の範型的な形式であるとみなされるようになった、すなわち、そこから逸脱したならば特別な理由によって正当化されねばならないような、基底的なものとなったのである。

こうした状況からプラトンは正義の予備的な構想を引き出し、独自の正義の理論を出発させるための踏み台として用いた。その理論は、アテナイにおける先達や同時代人から彼が受け取った諸見解を逆さまにするものである。これらの思想家とは対照的に、プラトンは現世的利益にはほんのわずかの注意を払うのみである。彼にとって、正義の第一の目的は正しく秩序づけられた魂の涵養であり、第二の目的は、正しく秩序づけられた魂を涵養するために、秩序づけられた都市を建設し維持することである。そのような都市は、もっとも重要なことに、平等な者たちの契約的諸関係ではなく、素質と徳の点で不平等な者たちの階層的な諸関係に基礎を置いている。同様に、バランスのとれたものであれ別のものであれ、相互性の概念は、彼の正しい都市像のなかで、たとえあったとしてもわずかな位置しか占めていない。プラトンの構想にとって中心的な人間たちの正義の関係は、不平等な者たちの命令と服従の関係である。この関係は当事者すべての性格に有益である場合にのみ正しいのであるが、強調して言うならば、それらは相互性の関係ではない。

プラトンによる正義の再想像には二つの重大な革新が含まれており、それぞれの革新は後世における正義の考えのダイナミクスのなかで重要な役割を果たしている。第一に、プラトンの理論は、正義を考えるための中心的な参照点としては、相互性の観念を事実上放棄している。初期の思想家たちは一般的に、正義を権力、地位、富のうちのすべてかそのいずれかの点において平等な者たちのバランスのとれた相互性の問題、または不平等な者たちのバランスを欠いた相互性の問題であると考えてきた。プラトンにとって、鍵となる正義の形式は、よく秩序づけられた魂の諸部分の、そして異なる才能をもった人々からなる都市の諸階級の階層的な関係である。詩的創造力を働かせるならば、この関係は、初期の正義の考えの継続性を保存するようなやり方で、バランスを欠いた相互性の形式をかなり誇張したものであると言える。だが、実際のところ、この関係についてのプラトンの構想は、決して相互性の概念に基づくものではない。正義を体現すると彼が考えた関係は命令と服従の関係であって、不平等な間柄であったとしても相互的な交換ではない。正義に関する初期の著作は決まって、平等者間のバランスのとれた相互性という考えを適用できる余地を残していた。他方プラトンは、バランスのとれた相互性には関心を示さないし、さらには、いかなる意味でも相互性にはまったく関心を持っていない。その理由は、古代の見解と同時代の見解のどちらとも異なり、彼の正義の理論が推定上の高次の目的に容赦なく焦点を合わせていることである。それは目的論的な理論であるが、その意味は、それが世界に対して、あるいは少なくともその理論に一致して形成された都市とそれを理解する個人に対して、規定されたそれらの目的との調和をもたらすということである。

第二に、プラトンの理論は、社会の地勢図自体が正義の構想に根差した吟味と批判に服するものだという考えを広めるのに役立った。たいていの場合、古代の思想家は、既存の社会的地勢図は正義に関して判断するための適切な基盤を提供すると想定してきたが、それは彼らが、そのような地勢図は自然的であると信じあるいは信じていると称していたからであり、とりわけ、彼らが代替案を思い描くことができない、あるいはすすんで思い描くことをしなかったからである。地勢図内にいる個人や集団に与えられる特別な権原と義務は、正義に関して判断するための容認された基盤として機能していた。なぜなら、他の基盤が手元になかったからであり、たいてい、そのような代替的な基盤は想像されることさえなかったからである。紀元前五世紀アテナイにおけるソフィストや他の者たちは、プラトンが哲学者として著作活動を始めるずっと前に、この伝統的な想定をすでに拒絶していた。彼らは、アテナイや他の諸都市で受け入れられている諸制度は人間の利便性のために人間が考案したものであると考えていた。だが結局のところ、プラトンの『国家』は、社会的地勢図が正義の考えにしたがって再形成されうるという観念を――とりわけ、ルネサンス期とそれ以後――伝えるのに、ソフィストの著作よりも影響力のある伝達手段であった。

プラトンの『国家』というテキストの大半は紀元前四世紀にギリシアで編まれた後しばらくは流通していたようであるが、千年近く経つとそのテキストのほとんどが事実上流通しなくなり、ルネサンス期になってようやく再発見され、書物のかたちで出版された。この作品が実際よりも数世紀早く幅広い研究のために利用できていたとしたら正義の考えがたどったであろう歩みについては、私たちは推測することしかできない。私たちが確実に知っていることと言えば、社会の地勢図全体の再想像を含むプラトンの正義へのアプローチが、結局のところ正義に関する近代思想に重大なインパクトを与えるようなかたちで再登場するということなのである。その近代思想には――プラトンの意図にもかかわらず――社会正義の考えも含まれている。

第三章　アリストテレスの正義の理論

I

プラトンと同じようにアリストテレス（紀元前三八四―三二二年）も、人々は自然本性的な能力の点で劇的に分かたれているため、支配する、あるいは支配に参加する資質を持つ者もいれば、支配されることだけが適している者――人類の大部分を構成する者――もいると信じていた。プラトンと同様に彼にとっても、この二つのカテゴリー（アリストテレスによれば、後者は、さまざまな異なる集団から構成され、そこには女性、子供、理性的な能力に限界があるために自然本性的に奴隷に向いている人々が含まれる）間の正しい関係は、命令と服従の関係である。しかし、アリストテレスにとって、根本的に不平等な者たちの関係は正義の第一の主題ではない。アリストテレスの理論における正義の概念は、自由で相対的に平等な者たちの一連の関係――『国家』の議論ではきわめて小さな役割しか果たしていない関係――に主に適用される。

アリストテレスの正義の理論の主な典拠は『ニコマコス倫理学』第五巻であり、この書物は彼の『政治学』と対をなし、解釈的な順序から言ってそれに先立つものである。『倫理学』は、本質的には、善き人間的生の本性を、特にそれに不可欠な徳を探求したものである。彼の正義の理論は、こうした（彼にとって）より大きな枠組みのなかで表現される。

説明を始めるにあたって、アリストテレスは、「完全な」（あるいは「一般的な」）正義と「部分的な」（あるいは「特殊な」）正義とを念入りに区別している。彼が言うところでは、ある意味で「私たちは、政治共同体のために幸福や幸福の部分を生み出したり保全したりする事柄を正しいと呼んでいる」（1129b）。正義はこの意味で「隣人との関係における［…］完全な徳、ないしは卓越性である」（1129b）。アリストテレスはここで「正義のなかにこそ、すべての徳が集約されるのだ」という詩句を詩人テオグニスから引用している。それゆえ、相互行為が政治共同体全体の構成員のために善き生を促進したり幸福を導いたりするかぎりにおいて、完全な正義は性格に付随するもの、すなわち、他者との関係のなかで人間たちによって示される徳である。

対照的に、部分的な正義は、個々人が受け取る利益の割当と彼らが引き受ける負担の割当にかかわっている。部分的正義がかかわる利益のなかでも、アリストテレスはとりわけ名誉、物質財、安全に言及している。彼は、利益に比べると負担については強調していないけれども、部分的正義が、諸個人が引き受ける負担や損害にも関係していることは明白である。部分的な意味での不正義がなされるのは、ある個人が利益や負担の不公正な割当を受け取った場合である。

アリストテレスは異なるタイプの正義に関するこうした区別から議論を始めるという決断をしているが、この決断は彼の哲学的方法の典型的な例であり、プラトンの哲学へのアプローチからの逸脱を含んでいる。『国家』のなかでプラトンは、正義は一つのものでしかなく、その現われすべてにおいて常に同一であると主張している。それゆえ、プラトンによる正義の探求は、論駁と排除の方法によって、すなわち、正義とは何であるかに関する一義的な見解に到達するために正義とは何でないかを示すことによって進められる。対照的にアリストテレスのアプローチは、正義がさまざまに異なったものであるかもしれないこと、とりわけ、正義が多くの異なったやり方によって見出されるかもしれず、その各々が重要な真理を含んでいるかもしれないことを受け入れている。

アリストテレスの完全な正義の観念はきわめて広範である。それは現代英語の正しさ〔rightness〕の考えにおおよそ一致し、おおまかに言って、何らかの仕方で公正であるかあるいは善い判断力を行使しているかにかかわらず、人々を正しい〔right〕事柄に導く資質や諸々の資質を表している。対照的に、部分的正義の観念は相当狭いものであって、英語で言うところの、正義や公正の通常の概念におおよそ一致している。完全な正義の観念は徳に関する彼の説明にとって重要なものではあるが、『ニコマコス倫理学』第五巻の中心的な主題は部分的正義である。部分的正義は完全な正義の一部、すなわち公正に関係する部分である。この章で私は、正しさ〔rightness〕という幅広い主題とは区別される、部分的正義、つまり私たちが今日「正義」と呼ぶであろうものに焦点を当てることによってアリストテレスに従う――しかし、彼の議論のより広い文脈は完全な正義の考えによって与えられていること、そして、アリストテレスが完全な正義の考えを定義するのは政治共同体全体の構成員にとっての善き生の考えに言及することによってであることを心に留めておこう。単純化するために、「正義」というラベルを通常はこのトピックに割り当て、より扱いにくい「部分的正義」という用語を使うのは控えることにしよう。

正義についてのアリストテレスの見解を論じる際には、彼の論説の順序に従うのが通常のやり方である。完全な正義と部分的正義とを区別し、後者に焦点を合わせるという意図を表明した後に、アリストテレスは部分的正義の二つの形態、つまり配分的正義と矯正的正義の区別へと進んでいく。続いて彼は、これに加えてさまざまなトピックを論じている。それらは、正義と相互性の関係、政治的な意味における正義、その他の問題などである。ほとんどの注釈者は、配分的正義と矯正的正義に対するアリストテレスのコメントに焦点を合わせ、それに続くトピックが彼の記述のおよそ三分の二を占めているにもかかわらず、そうした後の議論を付属的なものとして扱っている。このアプローチは、とりわけ正義と相互性に関するアリストテレスの議論を扱う際には、奇妙な困難を導くことになる。多くの解釈者はこの議論を変則的なものだと結論づけてきた。その議論は紛れもなく場違いであり、正義に関する議論の文脈とは異なる別のどこかに置くべき脱線だと決めてかかる者もいる。

実際には、正義と相互性の関係についてのアリストテレスの議論は、個々人の割当が公正であるという意味での、彼の正義の理論全体にとっての碇である。相互性の概念は、彼の（部分的）正義の考えが潮の満ち引きのごとく変化したり条件を付されたりしながらも一つにつなぎとめられる定点である。それゆえ私たちは、配分的正義と矯正的正義に関する彼の考えを考察する前に、アリストテレスの相互性の構想が持つ基本的性格を理解するためにしばらく時間を割いてみることにしよう。

アリストテレスは、相互性と正義の関係についての議論を、「ある者たちは［…］相互性は無条件に正しいと考えている、なぜならピュタゴラスは、正義とは相互性であると無条件的に定義したからである」（1132b）と記すことで始めている。彼はすぐさま続けて、この正義の理解は正確ではありえない、なぜなら多くの場合相互性と正しいものとは同一ではないからだと述べている。たとえば、一般市民が警察官や他の公職者を彼らの職務中に殴りつけたならば、その公職者が単に一撃お返ししたとしても正義がなされたことにはならない。私人としての市民が、義務を果たそうと行為する公職者から殴られたとき、彼に殴り返したとしても正義がなされたことにはならない。アリストテレスにとっての要点はおそらくこういうことだろう。つまり、当事者の関係がある仕方で階層的であるか不平等であるとき、正義は相互性の形態をとらない——あるいは、もっと正確に言えば、それは、受け取ったものと同じ価値を持つ利益や損害を返すことを含意する、（私がそう呼んだところの）バランスのとれた相互性の形態をとらない。

多くの読者は、アリストテレスが正義と相互性のピュタゴラス的な結びつきを却下していることで問題は終わっており、彼が読者を導きたい唯一の結論は正義の本質が相互性にはないということだと結論づけてきた。けれども、この結論はテキストとの整合性がない。上で触れた議論のすぐ後で、アリストテレスは次のような発言をしており、そのすべてが、私たちはどのように正義を「無条件的に」考えるべきか、という彼の冒頭の問いの文脈のなかに位置づけられる。

相互交換に基づく集団では、統合の紐帯となるのはこの種の正義、すなわち算術的平等ではなく比例的平等に一致した相互性である。事実、比例的な応報によってこそ、都市は結合するのである。人々は悪をもって悪に報復する。さもなければ、彼らは自分自身が奴隷にまで貶められてしまったと考えるからである、あるいは人々は善をもって善に報いることを求める。さもなければ、いかなる相互貢献もないし、相互貢献によってこそ人間は結合するのだから。（1132[b]–1133[a]）

これら決定的な主張を細かく考えてみよう。この一説でアリストテレスはどのような点を伝えようとしているのだろうか。

第一に、アリストテレスは、（彼がそうであると主張する）算術的に等しい価値の交換としてのピュタゴラス的な相互性の構想とよりも、むしろ「比例に一致した相互性」と正義を結びつける。言い換えると、ある交換が正しくなるのは、交換されるものが交換の当事者たちの持つ実績、功績、貢献に比例する場合である。もし、問題となっている当事者たちが厳密な意味で平等であり、その上で相互交換の関係に入っていくとするならば、正義がなされるのは、交換される利益が等しい価値を持つときである。この場合、二つの当事者間の正しい関係は、バランスのとれた相互性である。他方、もし当事者たちが取引に関連した実績の点で不平等であるならば、正義がなされるのは参加した当事者たちが持つ異なる実績に比例して、交換される利益の価値が異なるときである。この場合、この当事者たちの正しい関係はバランスを欠いた相互性であり、そこでは、バランスを欠く程度は彼らそれぞれの実績を比較することで決定される。正義はまさに相互性の問題なのであるが、そうした相互性は必ずしも（アリストテレスが呼ぶ）「算術的なもの」、あるいはバランスのとれた種類のものではない。

第二に、アリストテレスはここで、人々が交換目的のために互いに結びつく集合体に焦点を当てる。さて、アリストテレスにとって真の意味での政治共同体は相互交換に基づく集団であり、その構成員は相互交換によって一つの集合体として繁栄し自足することができる。そのような集団は、少なくとも誰もが自然本性的に他者に命令する権利を有していないという意味で、自由人として生まれ相対的な平等関係にある人々から構成されている。政治共同体の構成員のなかで少なく見積もっても相対的に平等でない人間、たとえば、女性、子供、奴隷たちは、比例的相互性を基礎にするアリストテレスの正義の枠組みの当事者ではない。以下で見るように、条件つきの意味での正義も存在し、その意味では自由人の成人男性と、アリストテレスが自然本性的に彼らに根本的に劣っていると信じる者たちとの関係について、それが正しい、あるいは不正であると言うことができる。しかし、中心的で無条件的な正義概念は、相対的に平等な者たちの比例的な相互性の関係にのみあてはまる。

それゆえアリストテレスにとって、正義の――つまり、個々人の公正な割当を扱う種類の正義の――考えは、誰もが自然本性的に他の誰に対しても命令する権限を持っていないという意味で、自由で平等な人々の関係に中心的にかかわっている。この考えは、個々人が受け取る割当に焦点を当てる――そのような割当には、名誉、物質財、安全などといった利益の割当だけでなく、負担や損害などの割当も含まれる。そして、どんな妥当な正義の理論も相互性の概念につなぎとめられている。

II

アリストテレスは、正義――個々人の割当における公正さとして理解される――を、配分的なものと矯正的なものという二つの形態に分割する。これらの形態は相互性という概念が持つ二つの異なる変種に基づいている。最初に、配分的な形態の正義を見てみよう。

アリストテレスは、次のように述べることで配分的正義の主題を導入する。

　［配分的正義は］名誉、財産、あるいは共同体の構成員の間で分けられる何か他のものの分配のなかに示されている。というのも、そういった事柄に関して人々は、他の人の割当と比べて平等であったり不平等であったりする割当を受け取るだろうから。（1130b）

　この導入部には二つの重大な留保をしなければならない。第一に、アリストテレスは政治共同体の文脈のなかで正義を分析することに特別な関心を持っているけれども、相対的に平等な者たちが作り上げる、相互交換に基づく集団は政治共同体だけではない。配分的正義の概念は、そのような集団であるなら、政治システムにだけでなくどんな集団にもあてはまる。第二に、ここで「平等」「不平等」と訳した *isos* と *anisos* という用語は、ある文脈では「公正」「不公正」とも訳すことができる。それゆえ、アリストテレスは実のところ、ある人は隣人の割当と比べて公正なもしくは不公正な割当を得ることができるが、その場合、「公正な」割当は必ずしも「平等な」割当ではないと言っているように思われる。

　アリストテレスは、単純な実例を描くことで配分的正義の考えを説明する。彼が指摘するところでは、正義は少なくとも四つの項、すなわち二人の個人と二つの割当を含んでいる。配分的正義は、「一人の個人対別の個人が、一つの事物対別の事物と同じになる」（1131a）ときに——言い換えると、問題となっている事物の間の比が個人間の比と同じになるときに——達成される。もし二人の個人が平等であるなら、彼らの割当は配分的正義の問題としては平等であるべきである。もし二人の個人が不平等であるならば、彼らにとっての正しい割当は彼らの不平等の程度に比例して不平等なものになるだろう。（アリストテレスにとって、配分的正義に関して何らかの役割を果たす個人はすべて、誰も他者に命令をする権限を持たないという意味で相対的に平等であるということを忘れないでおこう。にもかかわらず、このような相対的な平等者たちは、実績や功績の点で不平等であるかもしれないし、しばしば実際にそうである。）

アリストテレスは、個々人の平等や不平等を決定するための基礎に関してはきわめて抽象的な説明しかしていない。彼は次のように論じている。

配分にあたって正義は功績（や実績）に基づいて決定されるべきだとすべての人が認めているが、彼らは功績に関して同一の基準を持っていない。民主主義者はこの基準は自由人としての生まれであると主張し、寡頭制主義者は富、ときには生まれであるとし、貴族制主義者は徳や卓越性だとする。（1131a）

ここでの議論では、アリストテレスはこれらの代替的な功績の基準に対して何ら判定を下そうと試みていない。この課題は、彼のずっと後の思索の産物であるように思われる『政治学』に託されている。『ニコマコス倫理学』第五巻のなかでは、彼は配分的正義に関する問題を考えるための大雑把な枠組みしか提供していない。けれども、アリストテレスは配分的正義の基礎について完全に沈黙しているわけではない。「公的所有物の配分に関する正義は、上で述べた比例に常に支配される」と言明した後で、彼は続けて次のように述べる。

公的資金が配分される場合、その配分は構成員の貢献に比例してなされるだろう。そして、こうした正義に対立する不正義とは、そのような比例の侵害である。（1131b）

ここでアリストテレスは、少なくとも資金の事例では、配分的正義の理論が曖昧でない結論を指示すると示唆している。その結論とは、共同の企てに参加する者たちは、その企てに対する彼らの貢献に比例して利益を受け取るべきだというものである。

アリストテレスは配分的正義の考えを数多くの共同の企てに適用できると確信しているが、彼にとってもっとも重要な企ては政治集団である。政治集団は、自足を維持し善き生を獲得するために共同的な生を共有する人々によって構成される。これらの目的は、種類において必然的に異なる貢献を通じてのみ達成される。物質財の生産はそうした貢献の一種であり、サービスの提供もそうである。しかし、人間の繁栄は一定の範囲内の活動――たとえば、友愛の特徴をもった活動を含む――を通じて構成されるのであるから、政治集団の目的は、これらの経済的な貢献が一定の範囲内にある非経済的な種類の貢献によって補完される場合にのみ達成される。

したがって、政治共同体の目的は種類の異なる貢献を通じてのみ達成できるのであるから、共同体における功績の基礎に関する意見の相違は、その根本を見るに、政治共同体における共同の企てに対してさまざまな種類の貢献が持っている、相対的な価値に関する相違だと推論するのが妥当である。正義と相互性の関係を論じた章で示しているように、アリストテレスは、種類において異なる事物の価値を量的に意味ある仕方で比較することは困難だと気づいている（1133[b]）。異なる種類の財を生産する人々の交換関係では、この困難は金銭の導入を通じて対処できる。金銭はさまざまな財が持つ価値を単一の基準によってはかることを可能にするからである。これこそ、資金の配分を含む事例で、配分的正義の理論から曖昧でない結論を導くことができる理由である。しかしながら、金銭的観点からの価値評価を拒否するような政治共同体への貢献の場合には、そのような共通の基準をたやすく得ることはできない。これはおそらく、「平等でない事物を持ち所有している平等な者たち、あるいは平等な事物を持っている不平等な人々がいる結果、争いや不満が生じる」（1131[a]）一つの理由である。競合する主張を判定する際に訴える共通の基準が存在しないなかでは、そうした抗争は不可避であろう。

アリストテレスの配分的正義の理論は、後に貢献原理と呼ばれるようになったものの一様式に支えられているように見える。その原理は、（大雑把に言って）ある共通の企てに貢献した価値に比例して、人々がその企てから利益を得ることは正しいとするものである。十九世紀にこの原理を支持したすべてではないにしてもある者たち（ハーバート・スペンサーはその一人である）は、あらゆる貢献は金銭的観点から量化でき、貢献原理は抑制のない自由市場システムを通じてもっともよく実現されると考えていたように思われる。私たちがアリストテレスに帰すかもしれない貢献原理の様式は、こうした市場に基づく構想とは完全に異なる領域を占めている。実際、さまざまな貢献が持つ価値を比較する共通の基準がないなかで、こうした曖昧でない原理は同様に曖昧でない実践的な規定を導かないだろうということ、そしてそのような規定が公正に案出されるのは政治過程を通じてのみであるということは彼の理論においてきわめて重要な点である。とはいえ、アリストテレスの配分的正義の理論に関してもっとも妥当な解釈の要となる点は、ある様式の貢献理論であり、そこでは、貢献の概念が狭い経済的観点よりも広く解釈されている。

Ⅲ

　アリストテレスの矯正的正義の説明に向かうことにしよう。彼が思い描いたこの概念は、二つのタイプの私的取引に適用される。自発的な取引は、すべての当事者が自発的に参加する取引である。アリストテレスは金銭にかかわるものの例でこのカテゴリーを説明する。その例とは、売買、利子つきであるいはそれなしでの資金の貸与、賃貸、担保、信託預金などである。第二のカテゴリーは非自発的な取引から成り立つ。現代英語では、私たちは通常「取引［transactions］」という用語を自発的交換にあてている。しかしアリストテレスにとっては、利益や損害の移転を含む、二人のあるいはそれ以上の人々の相互行為はどんなものであれ、正義の原理が適用される取引である。

　非自発的な取引には二種類ある。彼の説明によると、一方は、盗み、姦淫、毒殺、暗殺、売春斡旋、奴隷に逃亡をそそのかすこと、偽証などといった秘密の行為にかかわっている。別の種類の非自発的な取引は、力の使用にかかわっている。たとえば、暴行、監禁、殺人、強盗、傷害、名誉棄損、中傷などである。

　配分的正義の議論を終えたすぐ後で、アリストテレスは、「もう一つの種類の正義は矯正的な種類である」

（1131[b]）と言うことで矯正的正義の説明を始めている。この主張は、正義を二つ（二つだけ）の形態、つまり配分的なものと矯正的なものに分けた以前の発言と相俟って、一部の読者を誤解させるように思われ、そしておそらく多くの者がこれに続くこの章の議論――すなわち、テキストの大部分――を正義に関する中心的な議論の一連の付属物として扱ってきた主な理由である。事実、取引上の矯正的正義に関するアリストテレスの説明は、正しい取引の構想を前提としている。というのも、取引が矯正されるのは、何か正道からはずれたことがなされたときだけだからである。アリストテレスが配分的正義と矯正的正義に焦点を合わせるとき、彼が念頭に置いているように見えるのは、行為者の意識的な行動によって成し遂げられる種類の正義である。そのような行為者とは、配分的正義の場合、名誉、物質財、安全等の配分に責任を持つ個人や諸個人である。矯正的正義の場合、それは裁判官や仲裁人である。後者の場合、行為者の意識的行動が正義の問題として要求されるのは、矯正を求められる取引に不正があったときだけである。

最初に、自発的な取引に関連した矯正的正義について考察しよう。この種の正義に関するアリストテレスの構想を把握するため、私たちは最初に、正義と相互性の関係を扱った章で詳しく述べられている、彼の正しい取引についての考えを理解しなければならない。それゆえ私たちは、「無条件的な」正義は比例的な相互性から成り立つという（上記第Ⅰ節で議論した）彼の主張をより深く掘り下げて厳密に調べなければならない。

アリストテレスの記述の細かな点に関しては本書の範囲を超えるけれども、彼の見解のおおまかなアウトラインは十分はっきりしている。アリストテレスは、一連の例を通じて、比例に基づく相互的な交換の観念を説明する。その例とは、大工と靴職人による家と靴の交換、医者と農民、靴職人と農民である。平等かつ公正であるために、これらのどの組のどのような交換も比例的でなければならない。特にアリストテレスは、比例的相互性は「靴職人の生産物対農民の生産物の比が農民対靴職人の比と同じになるときに達成される」（1133[a]）と論じている。アリストテレスが想定するところでは、異なる職業や商売における生産者は彼らの間での比較を許容する程度に不平等である。というのも、「共同体が形成されるのは二人の医者の間ではなく、医者と農民、そして一般的に言えば、異なる不平等な人々の間である」（1133[a]）からである。同様に彼は、生産物には固有の価値があり、質的に異なる生産物の価値は共通貨幣という媒体を通じて意味ある仕方で比較できると想定しているように見える。（どのような基準であれ、異なる職業の生産物を比較可能にする基準によってはかられた）建築家の値打ちが靴職人の値打ちの二倍であるとしよう。（アリストテレスにとって、建築家、農民、そして靴職人はすべて相対的に平等である――つまり、彼らのうちの誰も自然本性的に他者に命令を下す権限を有していないという意味で自由かつ平等である――ということを心に留めておこう。）アリストテレスの定式によると、彼らの間で家と靴の交換が公正になるのは、建築家が受け取る靴固有の価値が、建築家が靴職人に引き渡す家固有の価値の二倍になる場合である。建築家と靴職人の関係（二対一）はそれゆえ、交換される靴と家の関係（二対一）に対応する。

アリストテレスは、建築家と靴職人の相対的価値を、あるいはどんな組み合わせであれ、ある職業や商売に従事する人々の相対的価値を決定するための基準を説明していない。けれども彼が、これらの職業や商売に従事する人々が政治共同体の構成員に利用できる財やサービスの全体的なストックに対してなした貢献について考えていたとみなすのは理に適っている。右の例に出てきた建築家に靴職人の二倍の生産力があるとしよう。この建築家が持つ高い生産力は、彼に靴職人よりも高い価値があることを説明する。このことはまた、正義の問題として、なぜ建築家には、靴職人に引き渡す家の二倍の値打ちがある靴を靴職人から受け取る権限があるのかを説明する。建築家は、靴職人に比べて二倍の価値をもって全体的な財のストックに貢献し、したがって靴職人が受け取るものの二倍の価値を持つものをお返しに受け取る権限を正義に適った仕方で持っている。これこそ、アリストテレスが「算術的平等ではなく、比例的平等に一致した相互性」ということで意味したことだと私は思う。比例的相互性は、この文脈ではある形態の貢献原理であり、そこでは貢献の概念は幅広く解釈されている――この原理は、彼の配分的正義の理論を支えているように見えるものと同じ原理である。

今や、私たちは取引上の矯正的正義に関するアリストテレスの説明に戻ることができる。この矯正的正義は、取引で何らかの不正義――交換における比例的相互性という原理からの何らかの逸脱――が起こったという想定に基礎を置く正義の形態である。矯正的正義の主な特徴は、比例的平等ではなく、アリストテレスが「算術的」平等と呼ぶものに基づいていることである。政治共同体を結合させる相互交換を下支えする種類の正義とは異なり、さらには配分的正義とは異なり、政治共同体の全体的なストックに対する当事者の貢献が持つ相対的価値は、矯正的正義の構成を確定するためにはどんな役割をも果たさない。「善人が悪人に詐欺をはたらこうが、悪人が善人に詐欺をはたらこうが違いはないし、姦通するのが善人でも悪人でも違いはない」(1132[a])。ある人が他者に詐欺をはたらいた場合、それはあたかも線が二つの不等な部分に分割されるようなもので、加害者の方が長い部分を持ち、被害者が短い部分を持っている。犯された不正義を矯正する裁判官は、加害者から超過した部分を取り上げ、それを被害者に回復させる。その際、当事者の性格や彼らの貢献の価値については一切考慮されない。

アリストテレスの想定では、争いごと（そこでは、共通の企てに対する当事者の貢献が持つ価値によって値打ちが決定される）の当事者が持つ値打ちは、不正な取引がなされる前に彼らが持っている財の割当を確定する際すでに考慮に入れられている。したがって、争いごとを仲裁する過程でこの要素を再度考慮するのは正義の乱用である。矯正的正義は、当事者各々が不正な取引がなされる前に公正な割当を持っていたと前提している。仲裁者や裁判官の目的は、不正がなされる前に当事者間に存在していた均衡を回復させることである。裁判官がこれを成し遂げるのは、利益を得た当事者から不公正な利得を取り上げ、不当に扱われた当事者に不公正な損失を回復させることによってである。本書より前の章で提案した用語で言うならば、自発的取引に関するアリストテレスの矯正的正義の理論の土台となる原理は、バランスのとれた相互性の概念に基づいている。

今や、私たちは非自発的な取引に関するアリストテレスの矯正的正義の考えに向かうことができる。多くの研究者たちは、彼は正義の理論のなかで、刑罰や応報的正義という争点に関して何も語っていないと述べてきた。

こうした研究者たちのなかでも、この点をよくても奇妙であり、最悪のところ深刻な省略であるとみなす者は少なくない。だが、実際に奇妙なのは、多くの人に読まれた一九二六年版の『ニコマコス倫理学』[1]にまで少なくとも遡ることができるこうした見解が、今日までずっと広まりつづけてきたことである。誤りはおそらく、犯罪と不法行為の近代的な区別を、そのような区別をもたない社会に生きたアリストテレスの著作に時代錯誤的に押しつけてしまう傾向から生じている。アリストテレスは応報的正義の観念を肉づけする例をほとんど提示してはいないけれども、比例的相互性（彼が部分的正義一般を考えるための基礎）と矯正的正義双方を論ずる際に、彼が応報的正義を念頭に置いていたことは十分明らかだと思われる。「相互性」と訳される *to antipeponthos* という語は、文字通りには「自らの行為の報いを受けること」を意味し、意味的には応報的正義におけるよく知られた相互性のルール、「目には目を、歯には歯を［…］」に近い。相互性としての正義を論じはじめるにあたって、アリストテレスはラダマンテュス（ゼウスとエウロパの神話上の息子）のルールを引用している。そのルールとは、「ある者が自分のなしたことの報いを受けるならば、まっすぐな〔right〕正義が達成されるであろう」（1132^{b}）というものである。しかし彼は、このルールのピュタゴラス主義的解釈を支持してはいない。私人が公職者を殴る場合には単純でバランスのとれた相互性は正義のルールとして不十分であると論じるとき、彼はその人に対してはある形態の刑罰が正しいと示唆しているように思われる。そして、矯正的正義の議論（私たちは以下でこれをより詳細にみていく）のなかで、アリストテレスは次のように述べている。

> 一方が殴り他方が殴られたとき、一方が殺し他方が殺されたとき、行為と損害は不等な部分に分割される。そして裁判官は、前者から差し引くことによって利益と損失を等しくしようと努める。（1132^{a}）

ここでのアリストテレスの推論は、犯罪への正しい応答は犯行によって乱された均衡を回復することであるとの観念――彼の時代までは、応報的正義の主題に関して長らく支配的思考法であった観念――を呼び起こす。彼がこの主題を軽視していなかったことは十分なほど明らかであるように思われる。

正道からはずれており、それゆえ矯正を必要とする自発的行為と同様に、アリストテレスは、非自発的取引がなされる前に、その取引に関与する各当事者が争点となる財に関して公正な割当を持っていたと想定している。同じように、非自発的取引に関する彼の矯正的正義の考えは、問題となる「取引」がなされる前に、それに関与する当事者が互いに正義の関係にあることを前提としている。アリストテレスは、盗み、暴行、殺人、そして加害者が不本意な被害者にあるいは被害者が知らないうちに損害を与えるような他の行為が不正義であることは自明だと想定している。

非自発的取引に適用される矯正的正義は「当事者を平等に取り扱い、一方が不正義を与え、他方がそれを被ったかどうかを考慮する」（1132[a]）。他者を傷つけたり殺したりした犯罪者の場合、この平等化――あるいは、均衡の回復――はその犯罪者に損害を与えることで達成される。アリストテレスは、犯罪者に与えられる損害の種類や大きさを精確に決定するための原則を提供していない。彼にとって鍵となるのは、加害者が被害者に不正に与えた損害は、お返しに加害者に科される損害によって報いられるという点である。「というのも、さもなければ、彼ら〔犠牲者〕は自身が奴隷にまで貶められたと考えるからである」（上記引用参照）。しかし大雑把に言うと、彼は、不正な損害を与えた加害者に科すべき刑罰や損失の大きさは、その加害者によって与えられた損失や損害の大きさに「算術的」に比例する（つまり、価値において等しくある）べきだと示唆している。

非自発的な取引に関するアリストテレスの矯正的正義の理論――彼の応報的正義の理論――をもっとも妥当な仕方で解釈するには、目には目をのようなあるいは同害刑法〔*lex talionis*〕のような何かを、または、より一般的な形態では、バランスのとれた相互性を必要とする。矯正的正義の両部分を下支えする基本的な原理は、バランスのとれた相互性の概念に根差しているように思われる。

正義の考えは相対的な平等者からなる、相互交換に基づいたどんな集団にも適用可能であるけれども、正義のもっとも重要な場は政治共同体である。

Ⅳ

私たちが求めているのは無条件的な意味での正義だけでなく、政治的正義、すなわち、欲求の充足を目指して共に生活する、自由で（比例的にあるいは算術的に）平等な市民の正義でもある。（1134[a]）

アリストテレスは、政治的意味での正義を二つのカテゴリーに再分割する。それらは、自然によって正しいものと慣習によって正しいものの二つである。この区別はアリストテレスの解釈者にとって大きな戸惑いの源であった。

自然によって正しいもの（あるいは「自然的正」）に関するアリストテレスの考えをもっとも一般的に解釈したものは、それを自然法のストア的、キリスト教的、そして理性主義的な構想と同一視する。これらはすべて、自然法を正義の永遠普遍で不易の基準であるとみなす。この見解によれば、アリストテレスの理論は、どんな特定の法システムからも独立した正義の構想に関する初期の――おそらくは最初期の――定式化であり、それは、既存の法規を評価し、批判し、ときには不正であると非難するために引き合いに出されるものである。

アリストテレスの正義の理論が特定の既存の実定法システムであるならばどんなものでも超越しようとする考えの光の環に実際に彩られていることを、私たちは以下で見ることになる。しかし、自然によって正しいものに関する彼の考えは、こうした光の主要な源ではない。自然法のストア的な考えや後の時代の考えと結びつく輝かしい光線と比較するならば、この考えはせいぜい微かな輝きを放っているにすぎない。この観念の二つの特徴を考察することによって、その理由を理解できる。

第一に、彼の時代のギリシアの著述家も含めた他の多くの著述家と違って、アリストテレスは自然によって正しいものを、政治的な意味で正しいものの下位区分に分類している。もしその観念が、よく比較対象になるストア的な考えや後の時代の考えと地位において似ていたならば、それを政治的意味で正しいものから独立し、ある意味ではそれに先立つものと特徴づけることは、アリストテレスにとってずっと理に適ったことであっただろう。彼がそうしていないことは、自然によって正しいことに関する彼の観念が、自然法や自然的正の考えが後代の多くの観念体系で演じる役割を果たそうとしていないことを強力に示唆している。

第二に、アリストテレスは、自然によって正しいものは変化する――実際、自然によって正しいものは慣習によって正しいものと同じくらい変化する――と言明している（1134^b）。この主張――これは、トマス・アクィナス以来、アリストテレスを自然法理論の源あるいは創設者と見る解釈者たちにとって躓きの石であった――は永遠不易の自然法に関する通常の構想とは相容れない。

アリストテレスがなした区別に関する最善の解釈は比較的単純である。慣習によって正しいものは、同意や慣習の問題だとみなしうる一連のルールがなくても、私たちが無関心でいるような事柄にかかわっている。アリストテレスは、犠牲に適した獣（山羊か羊か）の選択という例を挙げている。これには、車で道路の右側を走るか左側を走るかの選択という例を付け加えることができるかもしれない。本質的には、犠牲に捧げるために山羊を選ぼうが羊を選ぼうが違いはないし、同様に、運転するのに道路の左側を選ぼうが右側を選ぼうが違いはない。しかしいったん同意したならば、そうした選択は慣習になり、その違反は不正義となる。この場合、正義と不正義は慣習の採択から成り立つ。

反対に、自然によって正しいものとは、たとえ同意したルールが存在しなかったとしても、私たちが無関心ではいられない事柄にかかわっている。私たちは、暴行や殺人に関しては、たとえそのような行為を禁止し罰する法規がまったくなかったとしても、無関心ではないだろう。もっと一般的に言えば、人間の繁栄に貢献する行為——社会的政治的共同体のために幸福を生み出しそれを維持する行為——は自然によって正しいが、共同体の保存と幸福を損なう行為は自然によって不正である。政治共同体の保存と幸福に貢献する行為は時代と状況によってさまざまであるから、自然によって正しい（不正な）ものは変化する。さらに、そしてアリストテレスにとってはおそらくより重要なことであるが、特定の政治共同体は、各々何らかの点で他のどんな政治共同体とも異なっている。ある種の政治共同体の保存に貢献する行為は、他の種類の政治共同体の保存に貢献するものとは異なる。そのため、ある種の共同体において正しい行為は、他の共同体では不正になるかもしれない。けれども、ある特定の時代と状況においては、人間の繁栄に貢献する行為は比較的明らかである。アリストテレスが言うように、自然によって不正な事柄と、慣習によってのみ不正な事柄を区別することは、おそらくはそれらの境界部分を除いて、難しいことではない（1134^{b}）。

もしアリストテレスの自然法の構想が、正義の永遠普遍で不易の基準を構成することを意図していないのならば、彼の理論のなかには、既存の法の正義と不正義を判定するために引き合いに出すことができる基準を提供するものがあるのだろうか？　あるいは、アリストテレスの正義の概念は法の概念に寄生しており、彼にとって正義は事実上法と同義なのだろうか？

『ニコマコス倫理学』のいくつかのくだりは後者の結論を示唆している。たとえば、第五巻冒頭近くで、アリストテレスは「「正しいこと」には合法的なことや公正なことが含まれ、「不正なこと」とは非合法なことや不公正なことである」（1129^{a-b}）と論じている。数行後、彼は「すべての法がある意味で正しいということは明白である。というのも、法は立法の産物であり、そして私たちは立法の産物それぞれが正しいと認めているからである」（1129^{b}）と述べる。それゆえアリストテレスによれば、ある意味で合法的なものは正しいのである。

しかし、他の箇所の議論によると、正しいものと合法的なものは厳密には一致しないという意味での正義の観点から、現実の実定法は不完全であり、場合によってはまったくの不正であることは明らかである。（アリストテレスにとって正義は多くの異なった仕方で思い描かれ、それぞれが重要な真理を含んでいることを思い出そう。）たとえば、アリストテレスは「法はあらゆる事柄に判断を下す［…］あるものを命じれば別のものを禁じる。正しく制定された法はこれを正しくおこない、いい加減に制定された法はまずい仕方でおこなう」（1129b）と述べている。彼はここで、現実の法にはときに欠点があり、立法者が善良な意図を持つ場合でさえそうであると認めているように思われる。さらに、アリストテレスが指摘するところでは、最善の法でさえ、具体的な事例に適用される場合、不完全なことがある。法は本性的に一般的な規定や命令であるが、「一般的な言明をすることができない事例がある」（1137b）。だからこそ、裁判官がある特定の事例で法が道理に適っていないと判断したときには、厳密に法に基づいた結論は衡平の観点から正当にも脇に置かれるのである。「衡平なものは正しいが、それは法的正義ではなく、その修正である」（1137b）

さらにアリストテレスはこう記している。

> 人々が考えるところでは、不正に行為するのは自分次第なのであるから、正しくあることは容易である。しかし、これは事実ではない［…］［同様に］人々が想定するところでは、正しい事柄と不正な事柄を区別するのに特別な知恵は必要ではない。なぜなら法が規定する事柄を理解するのは難しくないからである。しかし、法が規定する行為と正義が命じる行為が一致するのは単なる偶然にすぎない。正しくあるためには、ある特定の仕方で行為がなされ分配がなされなければならない。そしてこれらの事柄を為すのに要求される知識は、人々を健康にするための知識よりも獲得が困難である。（1137a）

この一節でアリストテレスは、最善の場合でさえ法は本質的に正義の不完全な表現でしかないことを明らかにしている。正しいことと不正なことを理解するためには、単に法の知識だけでなく知恵が要求される。なぜなら、法は本質的には正しいものではなく、慎重かつ懸命に作られることによってのみ正しくなるからである。

法と正義の間にもっとも深刻な食い違いが生じるのは、政体が「無条件の」正義を支えるために必要である重大な特性、すなわち、自由で互いに相対的に平等な人々の共同生活を欠く場合である。正義と法のためのこうした基盤がなければ、

政治的正義は存在せず、見せかけの正義が存在するだけである。というのも、正義は相互の交渉を支配するために法を持つ人々の間でのみ存在し、法は不正義が起こる場所にのみ存在するからである。（1134[a]）

ここでアリストテレスが僭主制を念頭に置いていることは、すぐ後に続く言葉から明らかである。僭主的政体が法を採用しそれに基づいて支配することは可能である。けれども、こうした法は正義を体現してはいないだろう。なぜなら、それらは自由で相対的に平等な人々の関係の産物ではないからである。アリストテレスにとって、狭い意味では合法的なものは正しいのだけれども、正義と法は厳密には同義ではないということは明らかである。

政治共同体に関するアリストテレスの考えは彼の正義の理論にとって、とりわけ、正義の理論の核心にある相互性の役割の構想にとって不可欠である。事実、共同体（*koinonia*）は相互性の議論の根底にある原理である。彼は、相互性に関する章のなかだけで *koinonia* という用語を六回使っており、共同体が相互的な交換の主要目的の一つであることを明確にしている。相互性の議論の冒頭で彼が言ったことを思い出そう。

相互交換に基づく集団では［…］この種の正義、すなわち、算術的平等ではなく比例的平等に一致した相互性［によってこそ］［…］都市は結合する。［…］というのも［…］相互貢献によってこそ人間は結合するのだから。

（1132^b–1133^a）

彼は『政治学』でも同じ点に触れている。

単一の有機的全体を構成する諸部分は種類において異なっていなければならない。それゆえ、すべてのポリス〔*polis*〕を保持するのは相互的な平等の原理であり、これについて私はすでに『倫理学』のなかで述べている。というのも、この原理は自由で平等な個人からなる社会においてさえ必ず通用するものだからだ。（『政治学』第二巻第二章 1261^a）

アリストテレスにとって、取引上の正義に一致する交換行為はそれぞれ、共同体がさまざまな構成員に対して、さらには生産物やサービスに対して設定した価値を再確認する。相互性は、共同体を一つの統一体へとつなぎとめる規範を支えている。同様に、矯正的正義の行為はそれぞれ、正道からはずれた自発的取引に適用されるか非自発的行為に適用されるかにかかわらず、正しい行為と不正な行為の根底にある規範とその理解を強化することによって、集団をまとめ上げる紐帯を維持するのに役立つ。アリストテレスは、私たちが永遠不易の自然法を基礎にして既存の法の正義と不正義に関して判断を下せるとは思っていない。なぜなら彼は、政治的な事柄にとっても法的事柄にとってもそのような法が存在するとは信じていないからである。事実、彼はこうした自然法の考えについて考慮しさえしていなかったように思われる。しかし、法の正義や不正義を評価する際には、相互性の概念が、引き合いに出すべき基準を提供するということを彼は確かに信じていた。なぜなら、あらゆるポリスの福利は相互性の関係を維持することに依存しているからである。

V

アリストテレスが著作のなかで繰り返し確認しているように、彼の見解では、正義の概念は主に、自由で相対的に平等な人々の関係に適用される。彼は、この関係と絶対的に不平等な者たちの関係とを鋭くそして首尾一貫したやり方で対照させる。無条件的な意味の正義に関する議論のなかで鍵となっていた言明の一つを思い出そう。「人々は悪をもって悪に報復する。さもなければ、彼らは自分自身が奴隷にまで貶められてしまったと考えるからである。あるいは人々は善をもって善で報いることを求める。さもなければ、いかなる相互貢献も存在しないからである［…］」（1132b–1133a）。平等者の健全な関係は相互性の実践に根を持っており、その実践は、相対的に平等ではあるけれども、共同生活に貢献できる仕方が異なる人々に対して共同体意識を促進する。アリストテレスにとって、相互性の実践こそが政治共同体を結びつける。

健全な政治集団を構成する、正義と共同体双方に関するアリストテレスの構想は、この問題に関するプラトンの考えと鋭い対照をなしている。ちょうど彼が、正義は一であり一つのものでのみあらねばならないというプラトンの主張を、自身の正義の議論を正義でありうる異なる種類の事柄を説明することから始めることで暗に批判するように、彼はまた、最善の種類の政治共同体は最大限の統合を果たしたものだと論じたプラトンを批判する。対照的に『政治学』では、アリストテレスは「しかしながら、ポリスが成長しよりいっそう単一になるならば、それはもはやポリスであることを止めるだろう」（第二巻第二章 1261a）と論じている。政治共同体は、異なる能力を持った異なる種類の人々から構成されなければならない。彼らは種において異なるから、これらの人々は相互性の関係によって結びつけられなければならず、その関係は共同体の基礎的な規範を承認し強化する。

私たちが見るところアリストテレスは、政治支配に関する議論のなかで、これに関連した議論を同じようなプラトン批判とともに提出している。プラトンの見解を要約しながら、アリストテレスは以下のように語る。

これが事実であること、つまり靴屋や大工が常に靴屋や大工であることが最善であるのと同じように、政治集団においては明らかに、同じ者が可能ならば永続的に支配者であるのが最善である。（第二巻第二章 1261[a]）

しかし、自身の見解に話題を転じると、彼は次のように述べる。

しかしながら、すべての市民が自然本性的に平等であるためにこうしたことが不可能な場所では、また同時に、特権であれ負担であれ支配が全員に同じように共有されるべきだと正義が要求する場所では、平等な者たちが支配と服従を交代でおこなうことで、本来的な不同性という条件を模倣しようとの試みがなされる。ここでは常に、ある者が支配の地位につき、別の者がその支配に服する。しかし、あるときに支配者であった者は別のときには被支配者であり、逆もまたそうである。あたかも彼らの実際の人格が変わってしまったかのようである。（第二巻第二章 1261[a]）

取引上の正義に関する理論と同様に、相互性は、アリストテレスの支配の構想——平等者間で支配と非支配が交代でなされる——においても鍵となる役割を果たしている。どちらの場合でも、相互性は、相対的に平等であるが種において異なる人々から成る共同体を維持するのに中心的な役割を果たす。アリストテレスの見解では、健全な政治共同体——真のポリス——は異なる種類の人々を共有する利益のなかにまとめあげ、その共通の利益は共通の規範によってつなぎとめられる。

アリストテレスは正義の概念を主として自由で相対的に平等な人々の関係に適用しているけれども、絶対的に不平等な者たちから成る健全な集団が命令と服従の関係に基礎を置くという点ではプラトンに同意している。一方における相対的に平等な者たちの間の相互性と、他方における絶対的に不平等な者たちの間の階層秩序はアリストテレスにとって二つの根本的な人間関係のタイプなのである。

平等者の関係が正義の理論の焦点であるにもかかわらず、アリストテレスは、彼の見解では自然本性的に階層的な、絶対的に不平等な者たちの関係に対しても、条件的な意味ではあるが、正義の概念を適用している。「自分自身のものに対しては厳密な意味で不正義はありえない」、なぜなら「奴隷や、ある年齢に達し独立する前の子供はいわば自己の部分であり［…］［そして］熟慮に基づいて自己を害することを選択する者などいないからである」（『ニコマコス倫理学』1134b）。ここでアリストテレスは、核心的意味における正義は「法に基づいており、法が自然的制度であるような人々の間でのみ、つまり［…］支配することと支配されることにおいて平等であるような人々の間でのみ存在する」（1134b）という中心的なテーマを再び述べている。けれども、正義の概念が男性家長と家政のさまざまな構成員の関係にも適用されることには重大な意味がある。アリストテレスの見解において、家政の内部では、夫と妻の関係は自由で平等な市民たちの相互的な関係にもっとも近い。なぜなら、女性は男性ほどには理性をそなえてないけれども、子供よりも、あるいは理性が不足しているため自然本性的に奴隷だとされる人々よりも、はるかに理性をそなえているからである。さらにアリストテレスが結論づけるところでは、奴隷の主人にとって正しいものと子供の父にとって正しいものは、自由で平等な者たちの関係において正しいものに、同じではないけれども類似している。

主人と奴隷あるいは父と子の関係についてアリストテレスは、それらが自由で平等な人々の関係に類似していることよりも、それらと異なっていることをより明確にしている。そのため、絶対的に不平等な者たちの間での正義の中身に関して彼がどのようなものを思い描いたかについては、ほとんど推測の域を出ない。彼の主張は、絶対的に不平等な者たちの関係では優れた側が劣った側を理性に従うかたちで害することはありえないので、そうした関係にも正義に似たものがあるということだと思われる。

正義を扱った巻（『ニコマコス倫理学』第五巻）の結びの議論でアリストテレスは、この類似性を個人の理性的部分と非理性的部分の関係にまで拡大する。魂の一方の部分が他方の部分の欲求を阻むことは可能であると彼は記している。プラトンをほのめかしながら彼が述べるところでは、ある人々は「これらの部分には［…］互いの間に、支配者と臣民の関係に似たある種の正義があるのかもしれない」（1138^{b}）と推論している。一方でアリストテレスは、魂の理性的部分が非理性的部分を支配することが正しいというプラトンの見解に完全に同意するものの、彼がプラトンの正義の構想をほのめかす際の中心的なねらいは、自身の理論を師の理論から再び引き離すことである。プラトンは正義の概念を魂の諸部分の階層的な関係にまずもって適用し、ただ二次的な意味でのみ（類推によって）支配する資質を持つ者と支配されることに適した者との階層的な関係に適用する。プラトンは平等者の関係にまつわる問いにはほとんど注目しておらず、現世的利益という主題にもほとんど関心がない。プラトンにとって正義の目的は知恵の獲得であるが、彼の正義の構想の核は命令と服従の正しい関係を記述することである。

アリストテレスの正義の理論はこうした強調点を逆さまにする。彼にとって正義の概念は、自由かつ平等であって、素質において異なる人々の関係に主に適用される。その素質は彼らに異なる仕方で政治共同体に貢献することを可能にするのである。その概念はまた、限定的な意味のみではあるが絶対的に不平等な者たちの関係にも適用され、そして、さらに限定的で拡張された意味で自己の諸部分の関係に適用できる。正義は、命令と服従の適切な関係にまつわる構想にではなく、相互性の構想につなぎとめられる。

アリストテレスがほのめかしているように（『政治学』1261^{a}）、プラトンにとってポリスは高度に階層的な事象であり、むしろ軍事組織のようなものである。プラトンの正義の構想は、政治共同体についてのこうした階層的な理解を反映している。対照的にアリストテレスにとって、ポリスは相対的に平等な者から成る共同体であって、そのうちの誰も自然本性的に他者に命令を下す権限を持たないし、各人は支配と非支配に交代に参与すべきである。彼の正義の構想は、取引上の正義と配分的正義の場合には比例的な相互性の概念に、自発的取引と非自発的取引のための矯正的正義の場合にはバランスのとれた相互性に基づいている。この正義の構想は、著しく異なった彼の政治共同体理解の産物である。

広い意味では、プラトンの思考においてよりもアリストテレスの思考においての方が、目的論の果たす役割ははるかに大きい。アリストテレスの哲学は初期の生物学の習得に深い影響を受けており、ある種族の個体を完成形態に成長するまで導く生命過程に詳しいことが、政治学を含めた他の多くの主題への彼のアプローチを形作っている。けれども、相互性の概念に基づいて打ち立てられる正義の構想——ギリシア哲学の登場以前、正義に関するあらゆる重要な考えの基礎であった概念——と、正義を目標や理想の獲得との関係で解釈するプラトンのような構想とのおおまかな対照の枠組みのなかでは、より明確に目的論的な思想家なのはプラトンであり、正義を考えるための適切な基礎として相互性を支持するのはアリストテレスである。アリストテレスは新しくきわめて重要な正義の理論を表現したが、彼がそうしたのは、プラトンを例外としてあらゆる正義の主要な考えのなかで中心的な役割を果たしてきた（そしてプラトンの思想のなかでさえ、中心的な引き立て役の役割を果たしてきた）、相互性の概念に磨きをかけることによってであった。プラトンの理論が正義の慣習的な理解に手広く攻撃をしかけるところで、アリストテレスの理論は正義の感覚に不可欠な相互性に関する直観に多大な敬意を払って形成される。

理論の定式化とともにアリストテレスが作り上げたのは、正義に関する西洋的思考の後の歴史において広く普及する、数多くの主要な考えが展開する場であった。配分的正義の問題を考えるために、彼は図式的ではないにしろ、体系的な枠組みを発展させた。この主題は彼以前にはほとんど注目されてこなかったものである。彼は正道からはずれたことがなされた際、自発的取引に対して矯正がなされるための条件に関して、また応報的正義の基礎に関して明確な分析を提示している。彼は取引上の正義に関して洞察に満ちた分析を提供している。これらすべての考えの基礎には相互性の構想があり、それは後に貢献原理（あるいは功績原理）として知られるようになるものである。何世紀もの間、この原理は後にヨーロッパ人として知られるようになる人々の想像力を強力に拘束しつづけた。実際現在でも、それは多くの人々の想像力を力強くつかんでいる。その知的基盤が近代的洞察——とりわけ、複雑な分業によって社会に生じたすべての富は、事実上、個々の生産者の別個の生産物の合計としてではなく、社会的生産物として理解した方がよいというアダム・スミスの洞察——によって動揺しているという事実にもかかわらずそうなのである。アリストテレスの理論のなかに私たちは、今日まで西洋的な考えを形作ってきた、正義に関する数多くの主要な概念、カテゴリー、そして主張を認めることができる。私たちの正義の考えにこれほどまで大きな影響を与えた単独の思想家は他にいない。

第四章　自然から人為へ
――アリストテレスからホッブズへ

アリストテレスの正義の理論はすぐれた功績であり、この主題についての考え方の歴史を形成する役割を果たしたし、またいくつかの点では今日もなお活きている。とはいえ、この理論は次に挙げる三つの主な前提に基づいている。この前提が、今日では、人によっては、世界各地の多くの大博物館を飾る古代ギリシアの壺並みにアルカイックなものと思うかもしれないといったものなのだ。第一の前提として、アリストテレスは、当時のギリシアにおいてポリスとして知られる特殊な形態の政治共同体だけが、正義が意味を持つ唯一の場であると考えていた。彼の著作が提供するのは、正義の概念はポリスの外部にある人同士の関係に適用されうるという最小限の示唆だけであり、それがギリシア世界を越えて適用されうる、あるいは適用されるべきであるという示唆はまったくない。第二の前提として、アリストテレスは、プラトンをはじめ、彼以前の多くの思想家たちと同様に、人間が自然に持つ能力のさまざまな違いは絶対的なまでに大きいと信じていた。そこで、次のようなことが帰結すると、アリストテレスには思われた。すなわち、他の人々と絶対的に異なる能力を持つ人々は社会のなかでそれぞれはっきり異なる機能的役割を割り当てられるべきであり、その役割にはそれぞれ異なる責任や権原が結びつけられるべきであるし、またそれが社会秩序のなかでのさまざま異なる、平等でない地位を伴ったのだ、と。最後の前提として、ポリスは自然本性的なものであるとアリストテレスは考えていた。彼がそう考えたのは、ポリスとその構成部分には、それらを区別する輪郭や性格を授ける目的が、自然によって賦与されるという意味においてである。

一般化された形式においては、以上の前提はすべて、アリストテレスが生きた時代やそれ以前にはありふれたものだった。バビロニア人は正義の概念をバビロニア人同士の関係だけに適用したし、ギリシア人もそれをギリシア人同士の関係だけに適用し、しかも通常はある一定のポリスのギリシア人市民同士の関係だけに適用した。古代の法典や文献的典拠は一様に、権力、身分、富の階層を容認していたし、通常は何の疑いもなくそうしていた。そして、ソフィストという注目すべき例外を除くと、古代の実質的にすべての思想家たちが、それぞれが属す社会的世界にもとからある輪郭は自然、あるいは人間ならぬ動因〔agent〕によって規定されているとみなしていた。

アリストテレスの生涯は計り知れないほど生産的なものであったが、その後に続く数世紀のなかで、いま述べた前提はそれぞれ異議にさらされ、ついには少なくとも部分的には西洋政治思想の中心的位置から追われることとなった。この中心的位置に台頭した公理が、西洋の正義についての考え方を劇的に変化させてしまったのである。

I

正義に基づく規範に従属するのは政治的ないし文化的なアイデンティティを共有する人同士の関係だけであるとみなす傾向は、アリストテレスが生きた時代やそれ以前の古代世界では普遍的であった。たとえば、ヘブライ語聖書では、正義について考えるための基礎を形成したと伝えられる律法は、神によって古代イスラエルの民に与えられたと言われていたが、それはイスラエルの民は神の律法への服従に同意し、神は選ばれた民を祭司の王国、聖なる国民とすると約束するという、二当事者間の独特の関係を築いた契約の本質的部分として与えられたのだと言われていた。イスラエルの民は特別な民であるというのが、これらの叙述で強調される主題である。他の民族に対する彼らの関係には、欺き、不信、暴力的衝突といった、通常の意味での正義の基準に従うようにはみえない特徴がある。古代ギリシアの文献に見られるギリシア人と非ギリシア人の関係の描写でも、正義という考えは同じく欠けている。実際、この関係でもまた、欺きや衝突といった正義の基準におさまらないものがその典型的な特徴となっている。このように、紀元前四世紀以前の書物では、正義という考えは意味のある共通の紐帯を共有する人同士の関係に限定して適用されているのである。

イスラエルの民にとっての神の裁き〔justice〕は普遍的であるという観念を誘うようないくつかのヒントが『詩編』に見られるというのは、その通りである。たとえば、『詩編』一〇三には次のような連句がある。

主がおこなわれるのは義なること、
主は虐げられているすべての人に裁きをおこなわれる。[1]

しかしながら、この連句でいわれる「すべての人」は、明らかに世界中のすべての人にあてはまるものではない。むしろそれには、裁きは、イスラエルの民のうちで、強き者と同じく弱く抑圧された者にも完全にあてはまる、という思想――ヘブライ語聖書のうち、裁きをめぐる箇所の主要テーマのひとつである思想――を伝える意図があるというほうが、もっともだと思われる。

もうひとつ、魅惑的な一節が『詩編』九に見出されうる。

主は声をとどろかせ、裁きの庭たる御座を据えられて、
とこしえに御座に着いておられる。

世界に正しく裁きを与え、
国々の民を公平に裁かれるのは、主であられる。[2]

この一節に、イスラエルの民にとっての神があまねく世界の人々に裁きを割り当てるという示唆があるのは明白である。ところが、こう示唆される直前の数行は次のようなものである。

国々の民を叱咤し、不信の者をくじき、
その者たちの名をとわに消し去られる。
敵の砦は永遠の滅びに至り、
町々は廃墟となり、その記憶はすべて消し去られた。[3]

この数行で描かれる「裁き」は、イスラエルの民の律法で描かれるような人々の関係の基準とはほとんど似ていない。すでに見たように、イスラエルの民の律法は、同等な者同士でのバランスのとれた相互性と、同等でない者の間でのバランスを欠いた相互性という規範に基づいている。だが、ここで描かれる神の裁きは、神が自らの敵を消し去ることをともなっている。実際、ここで記述される裁きは、全能であると称する神への絶対服従の関係である。とにかく、正義の観念は神と被造物との関係にあてはまるのであって、人同士の関係にはあてはまらないのである。

アリストテレスの著作でも、彼が生きた時代やそれ以前の時代における正義の考えは政治的ないし文化的紐帯を共有する人同士の関係だけにあてはまるのだという主張とは一見したところ矛盾するように思われる示唆が、時折みられる。アリストテレスは『政治学』のなかで、最善の国制は政治すなわち行為の生を促進するものなのか、それとも観照の生を促進するものなのかを考察しているが、そのなかで彼は、いくつかの国はその体制からして隣国に対する専制支配の遂行をめざしていると述べている。彼はスパルタとクレタを例に挙げ、これらに加えて「他を征服できるだけの強さを持った蛮族はみな、武勇をもっとも尊重する」[4]と指摘する。続けて、彼はこうした見方を批判する。

しかし、政治家に期待されるべきは、隣国がどう思おうが関係なく、支配し圧制する手はずを整えられることだというのは、物事をよく考えようとする人には、おそらくきわめておかしなことと思われるだろう。〔…〕支配する際に、自分のしていることが正しいか、不正であるかを考慮しないのが、一体どうして法に適うことでありうるだろうか。〔…〕しかし、政治のことになると、大多数の人は支配することが真の政治術だと思うようである。そして人々は、他国人に対しては、自分たちの間でなら正しいとも、利益になるとも認めないような振る舞いをして恥じることがない。彼らは、自分自身のことや、自分たちの間のことになると、正義に基づく支配を求めるのに、他国人のことになると、正義に配慮しなくなるのである。[5]

アリストテレスがこう述べるのには、スパルタやクレタのような国の国民が他国民から正当な対処を期待するならば、彼らもまた正当な対処を他国民にまで押し広げる構えであるべきだという含意がある。アリストテレスは、このような国の慣行を「蛮族」の慣行に結びつけることで、こうした見方の逆行性と不十分さを示唆しようとしている。彼は国際間の正義の理論を練り上げこそしないものの、正義の概念が、もっとも完全なかたちで表出される政治的共同体の垣根を越えて呼び起こされうることを明らかにしているのである。そうはいっても、この箇所から、正義の考えをギリシア世界の外部に、あるいはギリシア人と非ギリシア人——ギリシア語の言い回しでは、非ギリシア人はみな「異邦人《バルバロイ》」であった——との関係に適用すべきである、とアリストテレスが示唆しようとしていると推論することはできない。アリストテレスは非ギリシア人のことを、理性に基づくかかわり合いができないといってもよいほど、ギリシア人にくらべて知的に劣るものとみなしていたからである。実際、アリストテレスは、専制支配の野望をもった都市の例としてスパルタとクレタだけを引くことで、自身の見解がギリシアの国家同士や人同士の関係だけを適用範囲とするものだというつもりで述べているような印象を作り出している。アリストテレスにとって、正義はまだ比較的地域限定的な考えのようである。

この前提は、ストア派の哲学者たちの手によって変化しはじめた。ストア派はキティオンのゼノン（紀元前三三五―二六三年）をその教説の創設者としてはじまり、ゼノンはおそらくアリストテレスが没した紀元前三二二年ごろには青年期に入りつつあった。ゼノンの著作『国家』はストア派の最初の政治哲学的作品である。現存しない作品ではあるが、学説誌にある断片や、後世の諸々の著作にみられるゼノンの思想への言及や引用から、『国家』の内容のいくらかは妥当なかたちで再構成することができる。[6] この作品は、プラトンがその著作『国家』のなかで築き上げた政治哲学の伝統とスタイルを継続させていたようであり、ポリスのあるべき政治形態についてのプラトンの主張に対して、スパルタ的な観点から一種の答えを出す意図をきっと持っていたであろうと思われる。ゼノンはポリス――もっとも完全な形態をとるポリス――のことを、賢者の国として思い描いた。この政治体制に特徴的な要素は恋〔love〕であった。しかし、ゼノンが構想する国家の特徴としての恋は、それ自体を超越することをめざす。ゼノンの推論は次のように展開されたものと思われる。すなわち、賢者が恋するにふさわしい相手は、徳をそなえる能力を自然によって賦与されてはいるが、まだ有徳になっていない人である。恋する者（スパルタ的な文脈にそって、ゼノンが恋する者、恋される者ともに男性を想定しているのは疑いない）のほうが恋される者の徳の涵養をうまく助けてやるとすれば、この場合二人にふさわしい関係はもはや恋〔love〕ではなく友愛〔friendship〕である。だから、究極的には、ゼノンの恋の都市は友愛によって、また市民の有徳な性格によって結ばれた都市へとかたちを変えるのである。

ゼノンはポリスとして知られるギリシアに特徴的なタイプの政治連合体を念頭に置いて自らの政治哲学を形成したが、その主張をこのポリスという形式につなぎ留めるものは、彼の議論の論理のうちには何もない。そして、ストア派の伝統におけるゼノンの後継者たちは、ゼノンが議論を構成した際にあった個別主義的前提から急速に離れていった。多くの後継者たちにとって、課題は、ゼノンが築いた伝統から相続した共同体と市民性という考え方を維持しつつ、その一方でそうした考え方に含まれるあらゆる偶然的要素――身体が似通っているとか、相互に知り合っているとかいったことに基づく偶然的要素といった――を取り除いていくことにあった。彼らストア派にとって、なすべきこととなさざるべきことを個々の理性的存在に指示するのは、国家ではなく、正しい理性〔right reason〕だったのである。

キケロはプラトン主義者を公言し、概してローマの支配階級にそってストア派の倫理の考え方を裏書きした人物であり、こうした見方の主要な代弁者だった。古代共和政ローマの衰退期に書かれた彼の対話篇『法律について』は、これから成立しようとしていた帝政ローマが持つことになる普遍主義的な大望を予感させる、きわめてコスモポリタン的な作品である。この対話篇で、キケロは（キケロ自身をあらわす主要対話者マールクスの発言を通して）、その主題を「普遍的な法〔justice〕、および法律〔law〕のすべての問題」[7]であるとし、市民法（すなわち、ローマの個別的な法律）を越えていこうとしていることを明らかにしている。彼は次のように論じる。すなわち、正義の根源は「かの最高の法律であり、それはいかなる法律が書かれるよりも、あるいはまさしくいかなる国家が成立するよりも永劫の昔に生まれたものである」[8]。つまり、その根源は自然本性に、具体的に言えば人間の自然本性にあるのである。

キケロは、「人間についてどんな定義を採るにせよ、ひとつの定義はすべての人間に等しくあてはまる」ということ、そして事実「人類のうちにはいかなる相違もない」[9]ということを強調する。とりわけ、人間はすべて理性の能力にあずかっており、この能力を通じて人間は推論し、立論し、討論することができる。この見解はローマ人であれ異邦人であれ、あらゆる人間にあてはまり、キケロによればそれは、人間を動物から区別するひとつの特性なのである。

人間はすべて理性の能力にあずかるというのが事実であるからといって、すべての人間がこの能力を十全に、あるいは同程度に陶冶するであろうという保証はないというのが真実である。理性の能力は教育を通じて陶冶されるが、その人その人が受ける教育の質や程度には実に大きな違いがある。教育が不足すれば、理性の習得が不十分となり、その結果徳の習得が不十分となる――キケロにとって、徳は理性の養成を通じて陶冶されるからである。それでも、キケロは「いかなる種族の人にも、教導者の助けを得ながら徳に到達することができない者はいない」[10]と主張している。人間はすべて完全に理性をそなえたものとなる能力を有しているが、まさにそれと同じように、等しく有徳になる可能性を有するのである。

キケロによれば、人間は自然によってお互いから正義の理解を獲得し、その理解をすべての人々と共有すべく設計されているということになる。人間は理性を用いることで、正義の諸々の指針の理解を獲得する。人々はみな理性の能力にあずかっている。この能力は自然によってわれわれに与えられている。それゆえ、正義は自然的なものである――キケロはこう結論づける。それはまた人間の間で普遍的に通じるものである。それゆえ、一方では、すべての人間――同国人だけでなく――との関係は、正義の諸々の基準に従属する。言い換えれば、政治的なつながりや国籍といった紐帯を共有しているかどうかに関係なく、われわれは他者とのかかわりにおいて正しくあることを自然によって余儀なくされているのであり、他者のほうもまた同様に、われわれに対して正しくあることを余儀なくされている。他方また、諸々の個別的な制度や法律の如何を問わず、すべての人間に等しくあてはまるただひとつの正義、ひとつのまとまりとしての正義の指針ないし規則だけがあるのである。諸々の個別的な法律は人の意見なり慣習なりの産物であるかもしれないが、一方、正義は反対に自然に根差している。それゆえ、正義は人間たちの間で普遍的なものなのである。

この結論は特筆すべき思想的反転を含意している。アリストテレスやそれ以前の思想家たちにとって、また実にゼノン自身にとっても、正義という考えは、人々の間で確立した個別的な紐帯が存するところにのみあてはまりうるものである。思想的パラダイムとしては、こうした思想家たちにとって、正義の責務をもたらす紐帯とは、都市ないし国家の成員を束ねる紐帯である。人間があらかじめ存在する紐帯でつながっていない相手とかかわりあうとき、こうした他者との関係は正義の諸々の基準に従属するものではまったくない。

キケロの著作に見出すことのできる、ストア派の賢者の国の教説の修正は、こうした理解を一変させた。キケロも、それ以後のストア派でさえも、中心的な修辞的表現として都市という考えをとどめていたというのは、その通りである。キケロが没してからかなり後に、ディオン・クリュソストモスは、ゼノンが最初に考えた恋の都市という考えを後期ストア派のなかで継承して、「宇宙の都市」というとりわけ鮮明なヴィジョンを作り出した。しかし、ゼノンの恋の都市はみたところ地域限定的であったのに、ディオンの描く都市は明らかにコスモポリタン的であった。第三六弁論（ボリュステネス弁論[11]）の冒頭でディオンが語るところでは、彼は遍歴の途にあり、ボリュステネス——クリミアにある古代の植民市であり、ディオンが弁論をおこなった地——に立ち寄ったとき、彼はギリシア世界の境界を越えて、異邦人のもとへと至っていた。彼の弁論は、ボリュステネスがギリシア世界と異邦人の世界との接触点の象徴であり、またこれら劇的に異なる文化の混淆の象徴であることを、十分に明らかにしている。ボリュステネスという特殊な場所とその描写には、彼の言う「都市」のことを、いかなる個別的な場所や文化とのつながりからも自由な仕方で理解してほしいというディオンのメッセージが、皮肉な調子で籠められている。

実は、キケロはストア派の都市の概念の普遍性をすでに強調していた。『法律について』第一巻の末尾近くで、キケロは次のように論じている。

〔自分自身を知る〕者が、天、大地、海、万物の自然本性を調べぬき、〔…〕これらを指揮し支配する神を（いわば）把握し、自分は人間の城壁に取り囲まれ、ある特定の場所の市民としてあるのではなく、あたかもひとつの都市であるかのような全世界の市民であるのだと知ったとき——そのとき、自然のこのような認識と理解のなかで、不死なる神々よ、彼はどれほど自分自身を知ることだろう〔…〕！[12]

それから、紀元前一世紀末までには、正義の基準は比較的地域限定的な環境のなかで——すなわち、政治的、文化的、あるいはその他何らかの種類の個別的な紐帯によって結びついた人同士の関係に——のみあてはまるという観念は、ストア派の伝統のなかで、すべての人間（あるいは、著作家によっては、すべての理性的動物）の間の関係にあてはまる普遍的正義の考えへと進化していった。

正義の概念はすべての人間の間の関係にあてはまりうるし、またあてはまるべきであるという想定は、西洋思想の中心的位置を獲得したが、それはローマ帝国のなかで展開された諸々の著作や運動がもたらした衝撃を通じてのことだった。そうした著作のなかでもっとも重要なのは後期のローマ法の諸作品、なかでも特に六世紀にビザンティンのユスティニアヌス帝のもとで編纂された『学説彙纂』[13]であった。『学説彙纂』は次のような包括的な区別を成文化した。すなわち、人間が起草し採用した、諸々の国家の個別的な法律——とりわけローマそのものの諸々の法律がこれにあたる——と、まさにキケロが思い描いたような、理性から直接由来し、普遍的にあてはまりうる法律として構想された、自然法という区別である。ユスティニアヌス帝の時代の一世紀前に西ローマ帝国が崩壊した後、ローマ法は数世紀にわたって異邦人の法律のうちのいくつかの主要なバージョンと競い合ったように、ローマ法が現実の諸々の法的慣行におよぼす影響力は衰微してしまっていた。しかし、十一世紀以降の数世紀には、ローマ法は『学説彙纂』やその他ローマの法的資料の諸集成を通じて、西洋思想の源泉として、影響力を回復しはじめた。

ローマ法の影響を伝えた主要な導管のひとつはキリスト教会であった。キリスト教会は、アウグストゥスが最高権力を得た後、紀元後一世紀の間にローマ帝国内ではじまった運動のなかで起こった。キリスト教は一番大きな福音の宗教であり、普遍的な忠誠を追求したし――それはローマ帝国自体がおこなっていたことでもあるが――また追求しつづけている宗教である。キリスト教の聖書、なかでも福音書の中心的な教えは、ユダヤ人であれ異教徒であれ、またどれだけ身分が低くとも関係なく、どんな人もナザレのイエスに力を与えた聖霊を受けることができるというものである。イエスが「聖霊の力で武装して[14]〔armed〕」、目撃するすべての人を驚かせる英雄的偉業をどれほど成し遂げることができたかを、福音書は繰り返し物語る。こうした語りを表現する言語――この箇所では、「武装して」や「力」という言葉で語られている――は軽視されるべきではない。すなわち、これらの言葉は緩慢なメタファーとして働くように意図されているのではないのである。また、キリスト教の教えにある真正の普遍主義が見過ごされるべきでもない。キリスト教の運動は、結局は法外なまでに階層的な教会組織を作るにいたった。とはいえ、イエスの訓戒と模範にしたがうことで、人生における出自なり立ち位置なりにかかわりなく、どんな人間も等しく聖霊を受け、またそうすることからくる力を得ることができるという、キリスト教の基本となる教えを伝えつづけたのは、この教会組織なのである。

正義は個別主義的な仕方でよりも普遍主義的な仕方で考えられるべきであるという公理が近世および近代の道徳・政治哲学に伝わっていったのは、主としてこの源泉からであった。この公理は、自然法の伝統のなかで、またこれと近い関係にある自然権の理論の伝統のなかで、きわめて大きな役割を演じた。だが、それがもたらした衝撃は、これらの伝統に限定されるものではない。正義は自然によって与えられる内容を持つという考えと、普遍的正義という考えとは、思考方向によってはどれほど密接に絡み合うにせよ、同一ではない。十八世紀とそれ以降の功利主義者たちを含め、自然法や自然権の考えをまったくなしに済ませていた思想家たちは多く存在したが、彼らにしても、正義という考えはすべての人間に普遍的にあてはまる内容を持っているのでなければならないという主張を奉じていた。

この主張が近代の道徳・政治哲学において広く受け入れられたからといって、その結果それ以前からあった競合する主張が完全に駆逐されたわけではない。近代の影響力ある哲学者たちは、正義による多くの——全部ではなくとも——義務は人同士の間の有意で非‐普遍的な紐帯の存在に依存するという考えを擁護してきた。それでも、普遍的正義という考えの到来は、西洋の正義についての考え方を決定的に変化させる可能性を持つ種子をまいた。この種子が将来において、過去においてそうであったよりも体系的に、うまく育てられるかどうかが、正義について今日われわれが直面する、ただひとつのもっとも重要な問題である。

II

人間はそれぞれ素質が絶対的に異なり、この素質に基づいて社会秩序のなかでそれぞれ異なる同等でない機能的役割を割り当てられるべきだという前提は、古代初期の思想のなかで、普遍的でこそなくとも、広く行き渡っていた。第一章で見たように、古代の史料は一様に、権力、身分、富の階層が、正当な〔just〕政治秩序を具体化したものであることを裏書きしている。古代初期の法典は、不正行為に対する刑罰を、被害者の身分に正比例し、不正行為者の身分に反比例して厳しくすることで、こうした階層を認めている。古代の法典以外の文書も同様に、人間は素質や地位が相互に絶対的に異なるという考えを認め、受け入れている。古代の史料においてこうした認識がもっとも目立って表れている例としては、奴隷制度が正義の問題として少しの困惑も引き起こさないという前提が一般に受け入れられているということがある。女性も同様に、古代の風習や著作においては男性より極端に劣った立場にされていた。場合によっては、正義はバランスを欠いた相互性の関係において具体化されるという見方——これは法的、政治的、社会的な事柄にふれる古代のほとんどすべてのテクストに暗に含まれる見方だが——は、人間は素質や身分が同等でないという前提とつながっている。

アリストテレスは、のちにキケロが考えたように、人間は言語を通じて理解し合う能力に共通にあずかっているとも考えていたとはいえ、こうした前提を心から支持していた。『政治学』のはじめのほうで、アリストテレスは次のように言明している（一部は序論で引用した箇所である）。

人間がミツバチやその他どんな群棲動物よりも高次の意味で政治的動物であることは、以下のことから明らかである。すなわち、われわれが好んで主張するように、自然は何も無目的に作りはしないのであり、人間は言葉をそなえた唯一の動物である。［…］

言葉の目的は、利と不利を、したがってまた正義と不正を表示することにある。というのも、人間だけが善と悪、正義と不正その他を知覚できるということが、人間を他のあらゆる動物から区別する特別な性格であるからである。これら善と悪、正義と不正などが、家やポリスを作る連合の原理である。[15]

この箇所は、言語を使用し理解する能力が人間に特有のものであり、また人間に共通のものであることを示唆している。だが、この共通の特性があるにもかかわらず、アリストテレスは、理性の能力を含む人間のその他の特性にははっきりとした違いがあると、強く論じている。実に、ある人は自然的に奴隷であるべく定められており、またある人は主人であるのが自然でありふさわしいとされる能力を有するというほどに、人間が持つ諸特性の違いは顕著なものである。

古代の多くの法典やその他の文書とは対照的に、アリストテレスの作品において、自然によって奴隷であるのがふさわしい人が存在するという彼の信念が、吟味することなく立てられた前提ではなかったということは明らかである。アリストテレスは、奴隷についての議論のはじめに、どんな奴隷制度も自然に反しているという仮説に言及し、この仮説を却下している。彼の見方では、「自分では理性をもたず、ただそれを理解する程度に理性的な存在であるにすぎない」[16]種類の人が存在し、自然によって奴隷であるべくされているのはこの種の人である。ちょうど「身体が魂によって支配されるのが自然であり、有益である」[17]ように、奴隷には、理性の能力が自分よりまさる主人によって支配されることが自然であり正しく、また有益でもある。実際、主人と奴隷との間の能力の隔たりは大きく、アリストテレスはそれを人間と人間以外の動物との違いになぞらえるほどである。

したがって、人々には二種類あり、身体が魂に劣り、獣が人に劣るのと同じ程度に一方の人が他方の人に劣る場合——その働きが身体を用いた奉仕に尽きるような人たちはこうした状態にあり、彼らはこれより善いことは何もできない——こうした人々が自然による奴隷であり、身体や獣がまさしくそうであるように、奴隷として支配されるほうが彼らにとっては善いのである。[18]

アリストテレスは結論として次のような見解を述べている。すなわち、「それゆえ、自然的に自由な種類の人もいれば自然的に奴隷である種類の人もいるのが明らかであり、後者の人々にとっては奴隷であるという状態が有益でもあり正しくもあるのだ」[19]と。

アリストテレスの作品のなかで、人間たちの間にある主要な自然的不平等として認められるのは、主人と奴隷の区別だけではない。アリストテレスはまたしても師プラトンと袂を分かち、女性は自然によって例外なく、理性をそなえるという点で（自由民である）男性に劣っているとも論じている。のちの時代には、正義の図像表現としてもっとも多いもののひとつは、秤を持ち目隠しをした女性を描くものとなろう。こうした図像はバランスのとれた相互性という考えを喚起し、かつ、人間の間には正義の問題にかかわる絶対的な違いが存在するという観念を認めず拒否することを喚起する。アリストテレスが生きた当時には、こうした時代はまだ地平上に現れていなかった。[20]

ストア派の思想伝統は、イデオロギーの進化のプロセスのなかで、普遍的正義という考えが発展する鍵となる役割を演じたが、それと同じように、人間は素質が相互に絶対的に異なっており、それに応じてさまざま異なる、同等でない機能的役割を割り当てられるべきであるという前提を最終的には潰えさせるという、重要な役割を果たした。アリストテレスもキケロもともに、理性を働かせる能力を、言語を使用する能力に固く結びつけた。しかしながら、アリストテレスの主張では、言語の能力では他の人間たちと同様であり、かつ理性に十分にあずかる能力を欠くがゆえに人間ならぬ動物と同様、あるいはほぼ同様であるというカテゴリーの人間が存在するとされたが、キケロは反対に、すべての人間は、言語の能力を共通に持っているがゆえに、理性の能力を等しく賦与されていると推論した。実際、キケロは、人間がどの程度理性をそなえることが可能かという点に絶対的な区別は存在しないということを強調している。

理性は、われわれを獣より上位のものとする唯一のものであり、理性によってわれわれは推論し、立論し、論駁し、討論し証明することができるのであるが――理性はすべての人に共有され、個々の知識においては異なるが、学ぶ能力においては同じである。すべてについて同じことが感覚によって把握され、感覚を刺激するものは、すべての人の感覚を同じように刺激する。[訳注1] そして先に述べた、心に刻印されるものである理解の萌芽はすべての人に同じように刻印され、心の通訳である言語は、ひとつひとつの言葉においては異なっても、考えにおいては同一である。[21]

この箇所は一見、人間は理性の能力に等しくあずかっているという考えをはっきりと裏書きしているようにみえるが、それにもかかわらず、キケロは奴隷制度を放棄しない。キケロは理性をそなえるという点で人間の間にいかなる絶対的な区別があるとはしないようであるが、その人その人がどの程度まで理性をそなえられるかという点では人それぞれにはっきりした違いがあり、またその結果として命令するにふさわしいかどうかという点ではっきりとした違いがあるのだと断言する。聖アウグスティヌスの著作に残る断片のなかで、キケロは次のように述べている。

最善の者は自然そのものによって支配権を与えられており、それが弱き者にとって最高に有益であることが、われわれにはわからないのか。では、なぜ神が人間を、精神が身体を、理性が欲望や怒気、その他精神のうちの欠陥のある部分を支配しているのか。[22]

キケロにとって、「最善の」人と「弱き」人との違いは、奴隷の慣行において規則化される命令・服従の関係を正当化するに十分なものである。

キケロは、アリストテレスが展開したのと同じ類比——人間に対する神、身体に対する精神（あるいは魂）、欲望に対する理性——を引き合いに出すことで、自分に影響を与えたギリシアの先人がおこなったのと違いのないような線の論法を支持している。だが、この二人の古代の思想家には微妙な違いがある。アリストテレスにとって、奴隷制度は、人間たちの間には自然に根差した絶対的な区別があるのだと認めることで正当化される。一方、キケロにとってそれは、（知性なり明敏な決定力が）強い者であるか弱い者であるかという、絶対的でない区別によって正当化される。アリストテレスからみて、奴隷制度のために自然な論拠を提供するものと思われた一連の考えは、この二人の思想家を隔てる三世紀の間に消失することはなかった。とはいえ、キケロの思考においては、こうした一連の考えは、奴隷制度そのものを潰えさせることはないにせよ、奴隷制度の正当化の根拠をより不確実なものに求める仕方で展開したのである。

こうした展開は、六世紀にローマ法の『学説彙纂』が編纂された時期までにはすでに重要な岐路に立っていた。

この作品は奴隷制度があるという事実もその正当性も問題にしていないが、奴隷は自然によって存在するという主張をきっぱりと斥けている箇所が少なくともひとつある。『法学撮要』から引用した、次のような主張がある。『学説彙纂』には、フロレンティヌスの「奴隷は万民法（*ius gentium*）〔人間が作り出した「諸民族の法」であり、自然法とは区別される〕の制度であり、それによって人は自然に反して他者による所有のもとに服従させられる」[23]

西洋では、奴隷制度は近代までしっかりと存続した。このことは、女性の従属が法的に強制されつづけたことや、より一般的に言って、人々は自然的素質が相互に絶対的に異なり、その結果市民としての身分も絶対的に異なるのだという前提が存続したのと同様である。だが、こうした慣行とその基底にある前提の双方に対する疑念の種子は、すでにまかれていたのである。

こうした疑念の種子は、普遍的正義という考えがローマ帝国から近世の世界へと伝わったのと同じ水路を通じて、水を得た。この経路とはすなわち、一方では『学説彙纂』およびその他ローマ法思想の編纂物、また他方ではキリスト教会の教説や慣行、制度である。なるほどカトリック教会は数世紀を通じて非常に階層的な制度となっていった。だが、この制度は、どれほど地位が低くとも、どんな人間も精霊を受けることができ、神の恩寵を通じて救済を授かることができるという教えに根をおろしていた。実際、キリスト教の聖書には、貧しき人や弱き人のほうが、裕福な人や力のある人――こうした人のほうが、現世的な誘惑で堕落することがはるかに多くありそうである――よりも神の恩寵を受けることがありそうだという示唆がある。『マタイによる福音書』によれば、イエスは弟子たちに、「金持ちが神の国に入るよりも、らくだが針の穴を通るほうが易しい[24]」と語った。イエスに力を与えた精霊をどんな人でも受けることができるというキリスト教の教えは、普遍主義的な教えであると同様に、重要な意味において平等主義的な教えであった。

人間についての新しい、平等主義的な前提の種子を育てていく過程で、キリスト教のイデオロギーはまた、平等と不平等について論じあう際の基礎の変化に寄与した。アリストテレスやその他多くの古代の著作家たちが、人によってさまざま異なる機能的役割や同等でない責任および特権が配分されるべきだという結論をくだした際、その基礎としたのは、人間の多様に異なる素質についての見方、またとりわけ、人間が相互のために果たすにふさわしい、それぞれ異なる機能だった。これとは対照的に、キリスト教は彼岸的な宗教として、ひとりひとりの人間の神との関係にぴったりと焦点を合わせる。古代の哲学者たちが関心を持ったような人間の素質も、これに照らしてみれば、ほとんどとるに足らないことのように思われる。要するに、キリスト教の思想家たちは、人間が持つ多様に異なる素質から、神の前での人間の潜在的に平等な価値へと、論題を変えることを力説したのである。

近世には、こうした論題の変化は、自然による不平等性という前提の基盤を崩壊に至らしめはじめるに足るだけの強さと幅広さをすでに得ていた。こうした解体の過程の帰結は、近世の思想のなかでは何よりトマス・ホッブズの作品においてはっきりと見てとれる。十七世紀に著作活動をおこなったホッブズは、『リヴァイアサン』における彼の主張、すなわち、いかなる国家も「絶対的、専制的」な主権によって統治されるのでなければ、国内の永続的な平和を享受しえないという主張でもっともよく知られている。こうした主張は、それ自体としては新しいものではなかった。ホッブズは絶対主義の時代に生きたが、同時代の多くの著作家たちは、国家内部で決まったように起きる動乱や反乱を鎮圧するためには、強力あるいは絶対的な統治者が必要とされると結論していた。より特徴的なのは、こうした主張を支えるべくホッブズが展開した議論であった。絶対主義の擁護者の大多数とはちがい、ホッブズは自身の議論の基礎を徹底的に個人主義的な前提に置いた。彼の見方では、人間は各々「自然権」を持っている。この自然権が、その人に「自らの自然すなわち自らの生命の保存のために、自らの力を自らが欲するように用いる［…］自由、したがって自らの判断と理性において、そのためにもっとも適切な手段だと考えることを何でもおこなう自由」[25]を与える。各々の人には自然によってこの広範な自由を享受する権原があるので、絶対的統治者を作り出し保持する唯一の方法は、これから成立しようとする国家の成員各人が、絶対的主権者を作り出すための道を開く契約を他の成員たちとの間で交わすことで、自らの自然権のいくらかを放棄することに同意することなのである。

国家（あるいは、ホッブズの言い方では、コモンウェルス）の成員となる各々の人は、国家の成員となる他のあらゆる人が持つのと同等の自然権をもって始まる。そのため、ホッブズは、彼が思い描く契約的同意が可能なのは、こうした成員となる各人が、他のすべての人々のことを、自然によって自分自身と同等なものとしてすすんで認める場合だけであろう、と主張する。この議論を組み立てる際に、ホッブズはアリストテレスを直接標的としている。

私が知るところでは、アリストテレスはその『政治学』第一巻で、自らの教説を基礎づけるべく、自然によって人間には命令するにふさわしい、賢明な種類の者（アリストテレスは自らに哲学があるがゆえに、自らをこの種類の者と考えた）と、仕えるにふさわしい者（頑強な身体は持つが、彼のように哲学者であるわけではない）とがあるとし［…］。

しかし、ホッブズは次のように断定する。すなわち、アリストテレスのこの議論は、

理性に反するだけでなく、経験にも反する。というのも、他人によって支配されるよりもむしろ自分自身を支配しようとするのでないほど愚かな者は、きわめて少ないからであり［…］[26]。

コモンウェルスあるいは国家はその成員すべての合意に基づかなければならないのだから、ホッブズによれば、各々の成員は自分以外のあらゆる成員のことを、自然によって自分と同等のものとして認めなければならないこ

とになる。このように認めないとすれば、政治秩序と持続的平和が拠って立つところの合意を獲得することは事実上不可能であろう。

ホッブズがここで政治的ないし社会的平等を擁護していたわけではないのは、まったく疑いない。彼の議論はむしろ、政治的、社会的不平等は人間の法律や制度の産物であって、前提条件なのではないというものである。各々の人間は他のあらゆる人間が持つ権利と同等の自然権を有しており、したがってすべての人々を統治することになるコモンウェルスを設立するためには、すべての人々の同意が求められるが、とはいえコモンウェルスがひとたび設立されてしまえば、その諸々の制度や慣行は強度に不平等であるかもしれないのである。

それでも、正義についての考え方の歴史の文脈のなかで、ホッブズの主張は重大なものであった。というのも、ホッブズの議論はひとつの世界から別の世界へとわれわれを運び出したからである。すなわち、人間が自然によって賦与された素質において強度に（また通常は絶対的に）不平等であると想定された世界——したがって、バランスを欠いた相互性に基づいて裁き〔justice〕を割り当てるべく法律で成文化された地位や権利の不平等を、それ以上の議論を要することなく正当化できる——から、一方では法的、政治的、社会的な不平等が、これら諸々の不平等の間での緊張関係のゆえに正当化を要求し、他方では、どんな人間も自然によって、他のすべての人間が同じく自然によって賦与される諸権利と同等の諸権利を有するという公理があるという世界へと、われわれを運び出したからである。

古代の哲学者たちの著作で優勢だった不平等の前提を侵食した筋の思考は、ホッブズ以降、二つの方向に向かっていった。アダム・スミスのような幾人かの著作家は、侵食した古代の思想が素質に焦点をあてたことを継続しつつも、ホッブズが示唆したように、人間のそれぞれ異なる階級間にみられる性格や能力の違いは事実上すべて、社会の産物であり、また階級によって得られる（あるいは得られない）教育の機会や、それぞれに特定の分業の産物である、と主張していた。

人それぞれの自然的才能の違いは、実際には、われわれが思っているよりはるかに小さい。人が成年に達したとき、人それぞれのまさに種々異なる天分が、それぞれ異なる職業の人を区別しているようにみえるが、多くの場合、そうした天分の違いが分業の原因となっているというよりも、むしろ天分の違いは分業の結果なのである。たとえば哲学者とありふれた荷担ぎ労働者など、仕事の性格がきわめて異なるものの間の違いは、自然から生じるというよりも、習慣や風習、教育から生じるように思われる。[27]

こう断言することで、スミスはわれわれを、近代の正義についての考え方に対して並はずれた衝撃をもたらすことになる革命的思想の尖端へと至らしめた。ある社会の多様に異なる成員たちの間で日々みられる能力、性格、才能の違いが、自然によって賦与されたものというよりもむしろ圧倒的に社会的取り決めの産物であるとすれば、こうした人為的な区別と結び合っている運命の違いはいかにして正当化されうるだろうか。ホッブズも（どう見てもしぶしぶながら）スミスもこの疑問に答えることができると信じていたが、彼らが出した答えは後世の思想家たちに一様に受け入れられたわけではなかったし、人間の素質の自然的同等性という後世の思想家たちの共通見解が辿りついた疑問は、正義についての考えがさらに進展するなかで中心的な役割を演じた。

こうした筋の思考はもうひとつ別の筋の思考によって補われた。それは、本質的に人間の素質の問題を除外し、各人は同等の価値を有しているのだから、素質がどうであれ、どんな人間にも正義の問題に関して同等に考慮される権原があると主張するものである。キリスト教と同様に、正義について問う際の後者のアプローチは彼岸的、あるいは少なくとも非‐経験的な考えに基づいていた。このアプローチのもっとも偉大な代弁者はおそらくイマヌエル・カントであった。だが、正義の思想をめぐるこれら近代の二つの学派の検討を始める前に、近世の思想のなかで攻撃にさらされた、アリストテレスの第三の前提のほうに向かうことにしよう。

社会的世界にもとからある輪郭——地勢図——は人間の設計に合わせて形を変えられうるという考えは、正義の問題にふれる古代の著作の大部分において、決して現れることがない。たとえば、『イリアス』では、力や身分の階層は当然のこととみなされている。このドラマは、偉大な武将アキレウスが戦士としての卓越性を自負し、また戦闘で抜群の貢献を果たしたことに基づいて、戦利品の取り分に、それまで受けていたよりも多くあずかる権利を主張するところから始まる。もっとも力があり、もっとも強い人が財貨の最大の取り分を得るという権原を主張するという序列の全体が自然なこととして受け入れられており、こうした序列が人間の試みによって改変されることになるようにはみえない。同様に、ヘブライ語聖書では、古代イスラエルの民の社会的世界の地勢図は、きわめて詳細な法典のかたちをとって、文字通りイスラエルの民にとっての神によって命じられている。イスラエルの民が神に対してとってよい態度や行為、イスラエルの民同士で相互に対してとってよい意図や行為、不正行為への刑罰、イスラエルの民が消費を許される食物およびその食べ合わせ——その他見たところわかりづらい数々の事柄とともに——この法典は全体として、これらのことを規定する。社会的世界の地勢図は厳密な意味で人間を起源とする設計に一致するように格づけし直されうるという思想は、古代イスラエルの民、そしてアルカイック期つまり前古典期のギリシア人の想像あるいは精神的地平を越えていたようである。

ギリシア人たちの間で批判的、哲学的思考が現れると、それにより、ゆっくりとした漸進的なプロセスではあったが、こうした思考の限界がなくなりはじめた。おそらく正義についての議論として記録されているもののなかでも最初期のものの一つを表しているテクストのなかで、ソフィストのプロタゴラス（紀元前四九〇—四二〇年）は、あらゆる生き物、人間の文明、人間の営みにおける正義などの起源を語る神話を素描している。[28] 人間たちに生活の手段を与えるためにプロメテウスが専門技術の知識と火を盗み出したことを説明したあと、プロタゴラスは、この時点では人間はまだ政治の知識を欠いており、その結果互いを不正に扱っていたのだと評している。そこで、ゼウスはヘルメスを遣いにやり、人間たちにはつつしみといましめ〔justice〕を、都市には秩序をもたらし、人間たちが友愛の紐帯を築くことを可能にした。プロタゴラスによれば、ゼウスはまたヘルメスに命じてこうした特性をすべての人に分配させた。このことは、ほとんどの種類の知識（たとえば医術の知識といった）が、一般に少数の人だけが持つのにかぎられるのとは対照的である。プロタゴラスの演説で、ゼウスは、すべての人がつつしみと知識にあずかるのでないかぎり、都市は存在しないだろうと論じている。それゆえ、ゼウスは、「どんな人も、自らがあずかるこれら二つの徳を身につけることができなければ、都市の悪疫として死に処せられるであろう」[29]と宣告するのである。

プロタゴラスの物語の登場人物は神々である。とはいえ、この物語が示唆しているのは、人間が互いに正義に従って生きることを可能にするべきものが社会的世界の地勢図であるとすれば、それは熟慮をもとに形成されるのでなければならない、ということである。同様の感性が、おおよそ同時期（おそらく紀元前五世紀後半）から伝わるヘロドトスの『歴史』——すなわち、異国つまり非ギリシアの社会の人類学的説明、およびペルシア王宮でなされる、単独支配制、寡頭制、民主制という三つの統治形態の相対的利点についての一連の仮想演説——のうちに見出されうる。[30]ヘロドトスの作品のうちに認めることができるのは、著者である彼が少なくともある程度は自らの住む世界の外部に立ち、はっきりと異なる文化的、政治的背景をもった人の視点から自分の世界を見ることができるほどに広大な、社会・歴史についての想像のしるしである。ここに、社会的世界の輪郭を想像し直す知的能力が到来したように思われる。

紀元前五世紀、アテナイが商業社会になると、その社会のなかでこうした知的能力が花開いた。社会の既存の輪郭を疑うことなく受け入れる態度は退き、異議と批判のるつぼとなった。その名残りは、劇作、文学、哲学、政治などの、広範な作品のうちにとどめられている。とりわけ、ソフィストたちは、政治制度や社会的取り決めは自然に根を持ち、自然によって正当化されるというよりも、むしろ人間の企図と慣習の産物であるという見方を展開した。こうした信念でもって、社会的世界を徹底的に想像し直すことが可能となったのである。

実際、プラトンは『国家』のなかで、まさにそのようにして社会的世界を想像し直す作業に取り組んだ。プラトンはしかし、人間は社会的世界を、自分たちにふさわしいと思うままに自由に再構想し再構築できるという含みをもたせるのは控えた。プラトンは議論の大半を都市にささげ、都市を哲人統治者が指揮する大規模な再構築の試みの産物として描いているが、プラトンの議論は、この都市の設計は自然のうちに埋め込まれていると主張するにとどまっている。平等でない者たちの間の命令・服従関係としての正義の考えに住民たちを適合させるべく、哲人守護者が住民たちの文化、思考の習慣、慣行などを形作っていくことを、プラトンは思い描いている。しかし、プラトンによれば、その考え――正義そのものの――は事物の自然本性において与えられるのである。

これら二つの見方――社会的世界の基本的な輪郭は自然によって与えられるという一方の見方と、社会的世界は（可能性として）人間が自由に設計する対象であるという他方の見方――は、プラトンの死後長く互いに競い合っていた。しかし、前者の見方のほうがよりすぐれた擁護者を得て、ついには紀元後一千年以降まで優勢であったように思われる。アリストテレスはおそらくこの見方の擁護者たちすべてのうちでもっとも強い影響力を持っていた。アリストテレスは『政治学』のなかで、次のように論じている。

> 単純な連合体――すなわち、家や村――が自然によってあるものだと認められるとすれば、どんなポリスも自然によってあるものである。というのも、それら連合体はポリスにおいて終極に達し、自然は終極を意味するからであり、それは、人でも家でも馬でも、それぞれのものの自然は、生成過程が終極に達したときのその状態と規定されうるからである。［…］以上より、ポリスは自然によってあるものであり、人間は自然によって政治的動物であるとわかる。[31]

アリストテレスにとって、ポリスの地勢図の基本的な輪郭――ポリスの成員たちの間の関係を律する規範と同様に、ポリスの主な諸集団のそれぞれに、身分に応じた権原と義務を定め、特権の付与と剝奪の位置を決定する一連の役割規定――は、自然によって与えられる。それは、十分に成熟した馬の作動部位が自然によって発展するというのと、同じ意味においてである。こうした基本的な輪郭に代わる、人間の想像から発した何らかのことを、人間が実行に移そうと試みることは、きわめて悪質な行為であり、自然への暴力であることになろう。

三世紀の後、キケロがこの見方をとった。先ほどみたように、キケロは普遍的正義の概念――これにより、アリストテレスがポリスに授けた特権的地位を潰えさせた――を主張し、人間は素質に関して絶対的に同等でないというアリストテレスの主張から離れることで、アリストテレスの見方からはっきりと離れていった。キケロはこのようにアリストテレスとは異なる立場であったにもかかわらず、正義の性格を理解するためには自然に目を向けなければならないという見方を心から支持していた。キケロは言う、「わたしの言う法〔justice〕は自然的なものであり[32]」、同様に、「われわれは正義のために生まれ、正義は人の意見によって成り立つのではなく、自然によって成り立つのだということをはっきりと理解すること以上に有意義なことはない[33]」と。

社会的世界の基本的な輪郭は自然によって決定されるという見方は、続く数世紀の間、こうした輪郭は人間による設計に応じるようにうまく作られうるという見方と競合した。しかしながら、西ローマ帝国の崩壊とともに、後者の考えに表れている人間の素質への信頼感は急速にむしばまれていった。中世前期の諸々の著作や慣行は、世界内にある人間――個人としてにせよ、集合としてにせよ――の序列や働きはただ神にのみ知られうるようにみえるという無力感を明らかにしている。この意味での人間の無力さはさまざまな場でみられたが、なかでも特に、ローマ法よりむしろゲルマン民族の法が作り出した慣行である、神判という裁判上の慣行に示されていた。この法のもとでは（実際には多種多様な法のまとまりであり、広範な領土の方々で適用され、その適用のされ方も一様ではなかった)、被告人はしばしば、火なり水なりに投げ込まれるといった「神判(*ordalium*)」を受けることで、自らの無罪を証明する羽目となった。神判はさまざまな形式をとったが、神判の背後にある基本的な道理は、それが神の意志を明らかにするだろうというものだった。被告人が知りつつ不正行為に手を染めたかどうかは問題の中心ではなかった。つまり、被告人が有罪となるか否かは神の意志であり、それゆえ、実際の意図や知識、あるいは行為の如何を問わず、人は有罪となるであろうということを、神判は示すと考えられていたのである。

だが、主にギリシア、ローマの思想の回復を通じて、人間が秩序を理解し、世界に秩序をもたらす能力に対する信頼が徐々に回復していくしるしを、十世紀初頭に見てとることができる。中世のはじめ、ボエティウス(四八〇頃—五二四年)は包囲下にあったラテン世界にギリシアの学問を伝えるという野心を抱いていた。ボエティウスはその野心のほんの一部しか成し遂げられなかったが、アリストテレスの論理学の体系の主な概要をラテン語で利用できるようにすることに成功した。ボエティウスが生まれてから五世紀ほどして、オーリヤックのジェルベールはボエティウスの論理学的著作の体系的な講義を始め、ジェルベールの時代から少なくとも十二世紀初頭までの間、ボエティウスは、学者たちに論理学を知らせるための一番の導管であった。十二世紀までには、教会法の統一的体系化が学者たちや実務者たちによって始められていたが、そのために彼らが繰り返し参照したのはローマの史料だった。同様に、古代ギリシア哲学の多くのテクストが再発見された。それは、まずはじめにアラビア治下のスペインから西洋の学問の中心地に行き渡りはじめたアラビア語訳から、つづいて偉大な人文主義者たちが収集した原文写本からのことであった。そして、これらのテクストが十三世紀以降大量に翻訳されたのである。論理学と法が合わさって生まれた衝撃は、次のことを証明した。すなわち、秩序を見抜き、世界に秩序を置く——そうしなければ、世界は人間の目には無秩序のように映る——ことが、人間が仕掛ける装置〔device〕を通じて可能なのだということである。人間が秩序を理解し、人間の世界に秩序をもたらすという能力に対する信頼を再生させるための基礎が敷かれたのである。[34]

こうした信頼の再生がもたらした効果は、大なり小なり、その後の数世紀にわたって、哲学や文学のテクストにおいても明らかであったし、人間の諸々の慣行の多くの変化においても明らかであった。たとえば、一二一五年、ラテラノ公会議は司祭が神判の執行に関与することを禁じた。このことは、この慣行の価値を下げ、法的処置でこれにかかわる者が、神の審判といううわべの確実性から人間の作用によって到達しうる蓋然性へと転向するよう強いるのに効果的であった。結果として起こった価値の転換は、それから三世紀後、プロテスタントの宗教改革者たち、とりわけマルティン・ルターの著作のうちに結晶となって現れた。当時普及していたカトリック教会の教義や慣行とは対照的に、ルターは聖職者の権威をもっとも広く要求する立場を斥け、キリスト教は第一に個人と神との間の直接的関係に基づく信仰の問題であると主張した。もちろん、ルターは人間の信仰の力を信じる者だったのであって、人間の理性の力を信じる者ではなかった。ルターは敵対者たちにくらべ、精緻なアリストテレス論理学や、あるいはローマ法の秩序だったあり方には大きな関心を持たなかった。だが、彼はこうした思想伝統から、ごく普通の個人が真理を瞥見するという能力に対する大きな信頼を受け継いでいた。こうした信頼はルターが意図したのとは異なる方向に向かい、人間には現実を理解するのと同じく、現実を改造する能力がありうるという考えを多く生み出す助けとなった。

少なくとも、こうした考えのかすかな現われは、プロテスタントの宗教改革の前夜に書かれた、トマス・モア卿の『ユートピア』[35]のうちに明らかに認められる。表向きは旅行者が奇妙な風習や社会的取り決めをもった孤島の国について報告するかたちをとっているが、実際のところ『ユートピア』は十六世紀初頭のイギリスの生活に浸透していたいくつかの主要な制度や価値のうちのいくつかに対する皮肉に充ちた批評である。しかし、モアは、人間の自然本性のうちの最悪の特徴をくじき、われわれのよりよい特徴を可能なかぎりもっとも建設的な方向へと舵取りすべく、成員たちが制度や価値を意図を持って設計する社会を思い描くことによって、その批評を作り上げている。

社会的世界の基本的な輪郭は自然によって規定されるというよりも、むしろ人間の行為の産物であり、人間の設計の対象となる可能性を持つものであるという考え方は、ホッブズの『リヴァイアサン』において近世の思想の舞台の中心に現われ出た。ホッブズは再度アリストテレスを標的として、政治連合体は自然によって目的（あるいは、アリストテレスの用語では「目的因」）を賦与されているという前提を嘲笑した。ホッブズは反対に、政治連合体は人間の人為の産物であると論じている。この産物は意図されざるものかもしれないし、あるいは熟慮されたものかもしれない。また、熟慮されたものだとすれば、その設計がうまくいっていないかもしれないし、あるいはうまくいっているかもしれない。政治連合体が完成されうるかぎり、完成に達するのは、連合体が何か「自然」なものとして想像されたかたちへと発達していくにまかせることによってではなく、人間がおこなう試み、人間の知識、人間の企図を通じてであろう。

ホッブズは、実は自分こそが、政治連合体の設計をいかにして完成させるかを最初に発見したのだと論じている。

私が聞いたかぎり、一部の人たちは次のように述べている。正義は実体のない言葉にすぎず、人が力なり技術なりによって自分のために獲得しうるものはすべて［…］その人自身のものである、と。だが、これが偽りであるのは、私がすでに示したところである。また、主権者を絶対的なものとする本質的諸権利を支持する、いかなる根拠も理性の原理もないとの主張もある。［…］

こうした彼らの議論は誤っており、それはあたかもアメリカの野蛮な人々がそれほどうまく建てられた家を見たことがないからといって、材料が続くかぎり長持ちする家を建てる根拠なり理性の原理なりの存在を否定するようなものである。[36]

アリストテレスはポリスと馬の類比をおこなったが、ホッブズは政治連合体（コモンウェルス）を家になぞらえ、彼は、家の建設がどれほどうまくいくか、あるいはうまくいかないかは、その設計者つまり建築家の知識の如何によるということを示唆する。

時間と勤勉は日々新たな知識を生む。うまく建築する技術は、人類が建築（下手ではあっても）を始めて以来ずっと後になってから、勤勉な人々が材料の性質、形や均整のさまざまな効果などを長く研究してきたことで、こうした人々が見てとった理性の原理からくるものである。これと同じように、コモンウェルスを建設しはじめ、それが不完全で無秩序に逆戻りしがちであっても、政体を［…］永続的なものにしようと勤勉に熟考することで、いずれは理性の原理が見出されるであろう。そして、私が本論で述べてきたのは、このようなことなのである。[37]

ホッブズは、政治制度や社会的取り決めは自然よりもむしろ人間の慣習の産物であるというソフィストの見方に新たな生命と活力を吹き込んだだけではない。彼はこの見方に、十分な知識を持ってすれば、こうした制度や取り決めは人間による試みを通じて完成されうるのだという主張を付け加えたのである。

この主張は、ホッブズの時代から十八世紀とそれ以降の啓蒙主義を通じて、西洋の政治・社会思想の柱となった。近代科学、とりわけケプラー、ガリレオからアイザック・ニュートンにかけての近代機械科学の成功に力づけられ、モンテスキューからルソー、ベッカリアからベンサム、コンドルセといった、十八世紀の偉大な思想家たちの多くが、人間の制度は人間による試みを通じて完全になるというホッブズが宣言したこととほぼ同じ見方をとりいれた。秩序を理解し、その秩序を社会的世界にもたらすという人間の能力への信頼はこのように著しく増したが、それは何の異議もなくそうなったわけではなかった。コークやヘールなど、十七世紀のよく知られた法律家から、十八世紀後半の哲学者にしてまた政界の名士であったエドマンド・バーク、また同様にその他以後の多くの思想家たちにいたるまで、人間の事柄へのより慎重なアプローチを力説する、夥しい数の声があった。これら後者の思想家たちが示した、人間の制度の改革に対して比較的慎重で保守的なアプローチをとる立場と、これに対する啓蒙主義の大胆な急進主義の立場との争いは、当時からわれわれが生きる現代にいたるまで持続してきた。

だが、ホッブズからコンドルセおよびそれ以降にいたるまで、啓蒙主義の思想家たち（私は「啓蒙主義」という言葉を、ホッブズを含む時代にまで広げて用いてきているが、この言葉は通常十八世紀の一連の思想家たちに充てられる）は、正義の問題を論じる諸々の考え方の布置を根本的に変えてしまった。正義についての考え方をめぐるこうした思考法が持つもっとも決定的な衝撃は、新たな問いを示唆することになった。すなわち、人間はいかにすれば、社会的世界の地勢図そのものを正しいものとするように、その地勢図を再設計し再建することができるのか、という問いである。この問いは正義をめぐる考察の主要素として十八世紀に現われはじめ、以来そうありつづけてきた。この問いが提起されてからずっと後になっても、正義の概念は社会的世界全体の地勢図にあてはまりうるということを否定することも、あるいは、人間は熟慮に基づくいかなる設計に合わせてでもこの地勢図のかたちを変えることができるということを否定することさえも、著作家たちにとって可能なことでありつづけたのは真実である。真剣な扱いを望むかぎり、どんな著作家にとっても可能でなかったのは、この問いを不問に付すことであった。

第五章　効用の登場

デイヴィッド・ヒュームの『人性論』の出版（一七三九年）から半世紀の間に、ヨーロッパ思想が支配する全地域に持続的な影響を及ぼすことになる一つの学派が発展を遂げ、ジェレミー・ベンサムの『道徳および立法の諸原理序説』の出版（フランス革命勃発と同じ年の一七八九年）によって最盛期を迎えた。ベンサムは、多くの人々によって功利主義学派では初の厳密な理論家とみなされており、その見方は正しいと言える。しかし彼の著作は、一連の思想家たちが遺した資産を土台としていた。その思想家たちは、彼らにとっては自明と思われる、二つの信念を抱いていたのである。その二つとはまず、制度の影響は人間に及ぶのだから、人間の作る制度によって人間の福利を増進すべきだということ、次に、諸制度が所定の目的に適っているかどうかを評価する際には、もっとも卑しく下層に位置する人々からもっとも傑出した人々に至るまでの、「すべての」人々の福利に及ぼす効果を考慮しなければならないこと、この二つである。それらの思想家たちの多くは、熱心な改革者でもあった。彼らはともに、人間の制度と正義についての思索を発展させていった。ホッブズは、「ポリス」や人間の不平等が自然に由来するというアリストテレスの自然主義的な仮説と決別したが、彼らもまた、その仮説との決別ばかりでなく、アリストテレスが彼以前以後の多くの思想家と共有していた信念、つまり正義論においては相互性の問題が重要であるという信念との決別を目指したのである。

この章で私は、ヒュームやベンサムの著作のみでなく、チェーザレ・ベッカリアとアダム・スミスの著作にも言及する。これらの思想家たちの間には相違点が多く見られる。たとえば、ヒュームの「効用」の使い方は独特で、ベンサムやのちの功利主義者の使い方と同一とみなすことはできない。スミスの共感の観念は、実質的にヒュームのそれとは隔たっている。さらに、スミスの道徳哲学に特徴的なのは公平な観察者という仮想人物であるが、スミスの（正義の理論を含めた）倫理体系全体は、この仮想人物により調和がもたらされている。相当な留保を設けることなしに、ベンサム以外の思想家は功利主義の名に値しないとみなすことには問題もある。とはいえ、のちに見るように、これらの思想家たちはいくつかの仮説や目的を共有しており、それらの同一性によって、これまで考察してきた思想家とは異なるグループだとみなすことができる。しかも彼らは、互いに批判を交わしていたという点でも共通している。

I

アリストテレスは、社会の輪郭や内部構造（ヒュームが、彼の時代の一般的用例にならって「市民社会」と呼んだもの）が本性に内在する諸目的の総体によって決せられるという仮説を立てていた。しかしそれらの思想家は、ホッブズと同様に、その仮説を否定したのである。すでに見たように、アリストテレスにとってそれらの諸目的は、幼年社会を成熟社会に発展させる際の道標となるものであった。その道標が社会を導く仕方は、もともと馬に備わっていた目的が、馬という種の中で各個体の成長（少なくとも正常に成長する個体の場合に）を促す仕方と同じである。このような見解とは対照的に、功利主義の開祖たちは、むしろ社会が人間行為の結果であり、人間の意図するようにその結果に改良を加えることもできるというホッブズの考え方を受け継いだ。彼らは、市民社会と家屋をアナロジーで捉える点でもホッブズと共通していた。なぜならば家屋のできばえは、設計者や建築者の知識や技量によって決まるからである。

私有制度を市民社会の基盤、そして正義という徳の基盤とみなしたヒュームが、この点について次のように説明している。

いつの時代でも、いずれの国においても、同じ種に属する鳥たちは同じ仕方で巣を作る。われわれはここに、本能の力を読み取る。しかし人間においては、時代と場所が異なると家の作り方まで変わる。ここからわれわれは、理性と習慣の影響を読み取る。生殖の本能と所有の制度を対比することによっても、同様な推論が導き出されるであろう。[1]

ヒュームにとって家族は、生殖（性的）本能の産物であり、もっとも重要な自然的――そしてそもそもが本能的な――人間関係、義務、徳性が宿る場所である。この見解によると、配偶者、子供、両親、その他の近親者を贔屓目で見るのは当然であり、しかも身内の種類はさまざまだが、彼らは互いに自然に由来する役割を担っている。これらの役割が、自然の命ずるもっとも重要な道徳的義務とは何かを明らかにするが、完全にこれらの義務に従った行為がなされるとすれば、それは自然的道徳が完遂された結果であろう。ヒュームは、友情という個人的な絆を、それにともなう義務や徳とともに、家族的紐帯と同一のカテゴリーに位置づけた。もっとも彼は、後者の義務や徳が、概して友情のそれよりは強いであろうと信じていた。ヒュームは、人間が自然に、同胞の幸や不幸に対して感受性を高めてゆくとも考えていた。とはいえ彼の見解において、一般の人々への共感は、友人への愛着よりは弱く、まして家族の絆よりもはるかに弱いものであった。

義務や徳という市民社会の基盤は、それらの自然的属性とは対照的なものである。私有財産の尊重は、市民社会の主要な徳、そして市民社会に固有な徳である。しかしヒュームは、それが「人工的な」徳であることを強調する。というのも、自然的な道徳基準に従うと、その者の所有量や所有権がどうであれ財を探し与えねばならぬのは愛する人々のみなのだから。むしろ私有財産への尊重に関係する人工的な義務と徳のおかげで、結果的に人間の行動をも効果的に統率することができるようになり、それゆえ、市民社会を繁栄させることができるようになる。とはいえそれが叶うのは、われわれが個人的なつながりを持つ人々を贔屓目に見るという本能的な性格を、うまく「個人」の領域に限定した場合のみである。そのような限定によって、われわれは人工的な義務や徳が支配しうるような「社会」という領域を創造する。実にその領域の中から、市民社会を含む経済行為や統治制度が発生するのである。

ヒュームの正義についての議論では、私有財産、財の交換、そして契約による取り決めといった主題が中心をなしている。正義の義務は、それらの慣習によって性格が決定されてゆく。正義という徳は、それらに忠誠を尽くすこと、否、それへの忠誠を学んでゆくことに基づいている。所有制度、交換、契約という諸制度は、人間の慣習の産物であり、その慣習は、個人的に親しい人々を贔屓するという人間の自然的な性格に反するものである。それらの慣習が採用され、強化されるのは、人々がそれらを人工的ではあるが有用なものと考えているからだ。ヒュームはそう信じていた。

正義についてのヒュームの論調、とくに私有財産権の基礎づけ論が暗示しているのは、それらの制度が、慎重な人間の意図を通じて改良されうるという仮説である。原理的に言えば、もちろんそれらの制度が、貧弱な計画や不注意な作り方によって腐敗することもある。しかし、「啓蒙」のラベルをまとうすべての思想運動がそうであったように、ヒュームの論調は楽観的であった。ヒュームが、彼の大胆なレトリックの中でアイザック・ニュートンという有名な科学者を引用したのは、市民社会における正義の役割と物体運動に対する重力の役割を対比するためであった。

正義が社会を支えるのに必要であるという事実こそ、徳（正義という徳）の唯一の基盤である。それ以外のいかなる道徳的な傑出性も正義という徳ほど評価を受けない点を考えると、われわれは、以下のように結論しうる。この有用性という事情こそが、一般的に最強度のエネルギーを持ち、われわれの感情に全般的な支配を及ぼしているのだと［…］。ある事例において、ひとつの原理が大きな力とエネルギーを持つことがわかったとしよう。その場合に、他の類似した事例においてもそれが同様なエネルギーを持つと考えることは、哲学の諸原則に、いや常識の諸原則にさえ完全に従っている。実際これがニュートンの主要な哲学原則である。[2]

ヒュームが言いたかったのは、いまやわれわれは人間をその所為に駆り立てる力を把捉するに至ったという点である。この力についての知識から、運動法則に関する体系的な知識を発展させることができる。その法則こそが、人間の行為を説明するのである。さらに、人間の福利を向上させうる基本的制度があるとすれば、われわれは、先述した力についての知識を用いて、その制度の処方箋を発展させることができる。

ヒュームと同様に、チェーザレ・ベッカリアは、市民社会を含む諸制度と慣習が、自然的ではなく、人工的もしくは慣習によるものだと主張した。実際にベッカリアは、『犯罪と刑罰について』（一七六四年）という著作の書き出しで、道徳と政治の原理が湧き出る源泉には三つのものがあるとした。政治的正義の源泉としての人間の慣習、さらに神的、自然的正義の源泉としての啓示と自然法である。[3] とはいえ、犯罪と刑罰における正邪という主題を包括的に論ずるという著作の意図にもかかわらず、彼が啓示と自然法を検討の範囲から除いていることは印象的である。彼がそれらを除外した理由は、それらの源泉が、明らかに「神に由来する正義、そして死後の処罰や応報に直接関係する正義にかかわっていたから」[4]。人間の正義は、厳格な意味では慣習に基礎を置いている。その慣習に対し人間は、相互的な利益を見込んで同意を与えている。ベッカリアはさらに、正義は「実在する」ものではないことを示唆している。むしろそれは、「すべての人々の幸福に計り知れない影響を及ぼすような、事物の認識法なのである」[5]。

スミスもまた、社会が慣習により形成されると主張した。その慣習は、人間行為の、そして人間による無数の明示あるいは暗黙の同意の産物なのである。そのうえ彼は、人間の目的を推進するための入念に計画され執行される改革によって、世界そのものが改良されうると信じていた。スミスは、正義の遵守を促す感情の源泉について、ヒュームとは異なった見解を抱いていた。ヒュームが、その感情を人工的なものと見ていたのに対し、スミスは、『道徳感情論』（一七五九年）において、以下のように論じている。「自然は人類社会の偉大な警護者として、応報の意識、つまり正義の侵犯に科される相応の処罰という恐怖を、人間の胸中に刻み込んだ［…］」[6]。正義の感情が自然的なものであるのに反し、それを促進し強制する制度は自然的なものとは考えられない。それは、人間の行為を調整する他の多くの制度や慣行が自然的と言えないのと同様である。スミスがそれを証明するために用いた例、すなわち『諸国民の富の性格と原因についての研究』（一七七六年）から引用される有名な例は、分業である。分業はもともと、分業が全般的富裕の機会を与えるであろうと「人類の英知」が予言したことの「結果でもなく」、全般的富裕の機会を与えるようにそれが計画したことの「結果でもない」[7]。換言すると、入念に人間が計画したものではない。それらは実に、多年にわたって結ばれた人間による無数の同意の結果である。同意のいくつかは、慣習や慣行を定着させ、さらにそのうちのいくつかは、制度にまで発展していった。それらの制度と慣行のすべては、人間の入念な計画が生み出したものではない。にもかかわらずそれらは、人間の諸目的の推進を意図しておこなわれる介入によって、改革され改良されるのである。

法的、政治的改革を飽くことなく提唱しつづけたベンサムも、社会の内部構造が人間の慣習の結果であって、自然が所望した結果ではないという、広い意味でのホッブズ的な主張を支持していた。さらに、人間の諸目的を推進するためには、この世界が再構築される、いや再構築されるべきである、という主張を支持したのである。おそらく、『アナーキーの誤謬』（一八二三年）における以下のような主張を、ベンサムがこの見解を表明したことの証拠とみなすことができる。「自然権は、およそ意味をなさない。自然に由来し、法令で取り消せないなどという権利は、修辞的な観点からいえば意味を持たない。いや誇張していえば、無意味である」[8]。もっとも、一部の間で、ベンサムが権利概念に手掛かりを求める理論すべてを批判したと信じられているようだが、それは必ずしも真実ではない。彼は単に、自然に基づく権利がある、という主張を否定したにすぎない。ベンサムにおいて諸権利が慣例の産物であるのは、人間世界の制度と慣習の重要な特徴のすべてがその産物であるのと同様だ。

ヒューム、ベッカリア、スミス、そしてベンサムは、人間が、制度や慣行を運営し改革する者たちによる同等な配慮に値するばかりでなく、一般的に言えば能力においてほぼ平等である、という命題を支持している。「原始契約について」（一七四八年）という論文で、ヒュームは言う。

　身体の力、精神的な能力や機能において、教育を受けるまではなぜ人間がほとんど平等なのかを考えたとき、必然的にわれわれは、彼らを結合させ、そして権威に従うよう仕向けたのが、彼ら自身の同意以外のものではないことを認めざるをえない。[9]

『道徳原理の探求』（一七五一年）においてヒュームは、正義の関係が必然的に人間の関係であること、少なくとも人間が比較において互いに平等であることを示唆している。ヒュームはまた、その結果として、理性を持つが身体や精神の力では人類より劣った種が人間に混じっているならば、人間とそれらの種の人々との関係が、正義の関係ではなく、命令と服従の関係であらざるをえないことを示唆している。[10] ヒュームがこのような前提を設けたのは、伝統に忠実であったからだ。その伝統は少なくとも、トゥキディデスにまで遡り、また、アリストテレスの正義の理論の中心テーマでもあった。しかしヒュームはそこから、アリストテレスや他の無数の思想家が到達した結論とは正反対の結論を導き出している。アリストテレスにとって、この前提が意味したのは、生まれながらに劣った人間が存在し、その種の人間に対しては正義でなく命令と服従の関係が適切である、という点であった。しかしヒュームにとってその前提は、逆のことを意味していた。というのも、人間は実質的に肉体、身体の能力において互いにほぼ平等であるので、相互に正義の関係を結ぶべきと考えるのが適切だからである。『探究』においてヒュームは、ヨーロッパ人を直接の批判の対象としている。なぜなら彼らは、「インディアン」を扱う際に、むなしくも自分たちが無条件で優越しているという前提を立てて、「正義の制約、人道性の制約までも」投げ捨ててしまったからである。[11] 類似の根拠からヒュームは同様に、女性を実際上奴隷扱いしている「多くの国民」を挙げて、その男性を批判する。ヒュームにとって、基本的平等を否定するこれらの行為は、不正以外の何ものでもなかった。

同じようにベッカリアも、あらゆる人間が能力においてほぼ平等であり、等しい配慮に値するという命題を支持していたように思われる。法廷で証言する特権を多くの人々が剝奪されていたような時代にベッカリアは、女性も含め、理性的な人間がすべて証人としての出廷を認められるべきだと説いた。[12] ベッカリアはまた、判事たちを、抽選で選ばれた陪審員によって補完することに賛同しており、訴追を受けた者の裁判は同等な身分の者によっておこなう、という慣習を正当とみなした。[13] 彼が強調するには、貴族と平民がともに、同様な処罰に服するのは当然である。その際に彼は、貧者には体刑を科すが、罰金を支払うことのできる金持ちには罰金を科しただけですますという習慣を効果的な仕方で批判している。法律の改革へ傾注したベッカリアが、平等についての一般的原理を述べたことはなかった、しかし彼は、少なくとも法律問題において、他の一般人よりも特別の配慮を払わねばならぬ人間がこの世にいるとは、考えなかった。

第四章で見たように、スミスも人間の平等について、同様な見解を力強く述べている。『国富論』において次のように論ずる。

種々の人間における自然的能力の相違は、実際にはわれわれが思うより小さい〔…〕。たとえば、哲学者とただの荷担ぎのようにまったく異なっていると思われる人々の違いも、本性によるものではなく、習慣、慣習、教育によるもののように思われる。[14]

実際にスミスは、自然的才能の差異は比較的小さいものである、という思想の主唱者であった。スミスは、通常、手職で稼ぐ人間が、長期にわたって教育を受け余暇を楽しむ人々より、精神的能力において明白に劣って見えることがある点も承知していた。しかし、そのように見えるのは、複雑な分業の仕組みの中では、「就労者のうち多くの割合を占める、労働のみで食べてゆく人々が〔…〕、選択の余地のほとんどない単純作業にしか就けない[15]」からであり、しかも、彼らに課されるそのような制約が、とくに貧困状態にいる労働者の知力や知能に相当な悪影響を及ぼすからである。彼がみるところ、その影響は、政府が教育資源を貧者に提供する形で介入を実施する場合にのみ、すなわちスミスが『国富論』で推奨した介入を実施する場合にのみ和らげることができた。ベンサムもまた、人間には才能がほぼ平等に配分されており、すべての人間が同程度の配慮に値すると信じていた。

束が木々から成るのと同様に、公共も諸個人から成る。このような意識は、公共善の熱心な促進者にあまり頻繁に生じたことがないように見える。すなわち、一個人が公に占める部分は、他の個人がそこに占める部分と同じである。一人の幸福が公の幸福に占める割合は、他者の幸福がそこに占める割合と同等である。[16]

ここにおけるベンサムの主張は、ジョン・スチュアート・ミルがのちに述べる、より有名な言説、すなわちミルがベンサムの格言と呼んだものと内容において同一である。その内容とはすなわち、「各々は一と数えられ、誰も一以上とは数えられない[17]」。もっともベンサムの著作にそのような文言が用いられた形跡を見出すことはできないが。

Ⅱ

社会の階層構造は人間にそれぞれそなわった自然的目的の所産ではなく、人間慣習の所産である。ここで考察している思想家たちは、その点に同意している。そして、その階層構造を規定する要因が、人間の意図に沿っておこなわれる改革である点にも同意しているとしよう。その場合に彼らは、その計画の目的を何であるべきだと考えていたのか。正義はどのようにして、その計画とかかわるのか。最初期あるいは初期の功利主義者たちが、すべての人間が同等の配慮に値するものであり、同時に能力においてもほぼ平等である、と仮定していたことをわれわれは知るに至った。そのような仮定を前提としたとき、社会を設計し、建築する者が目指すべき究極目的とはいったい何なのか。

これら一連の思想が投げかけたその疑問には、ヒューム自身が解答を与えている。その解答を象徴するものが正義論である。ヒュームは、正義は社会に有用であるという命題が、広範な合意を得られるだろうと考えていた。ヒュームは、「正義の源泉は、公に役立ちうるという点であり、しかもこの徳が結果的に利益をもたらすだろうという反省こそが、正義の価値の「唯一の」基盤である」[18]という、かなり急進的な命題を呈示しようとする。この主張は、ヒュームの目的概念を理解するための重要な鍵を提供している。その目的概念こそ、市民社会という制度の中心に位すべきものだった。

先に著者は、ヒュームにおいては正義という徳が基本的に私有財産への尊重によって定義される、と述べておいた。この定義を理由に、ヒュームの正義の構想は狭隘に過ぎると指摘されることもある。しかしこの指摘は、ヒュームが私有財産制度を市民社会の要だと考えていたことの意義を過小評価している。ヒュームの私有財産擁護論を簡単に検討しただけでも、彼がなぜ、市民社会の基盤が私有財産制度だとみなしたのかがわかる。またこの検討によって、効用と正義についての彼の構想も同時に明らかとなるだろう。
ヒュームは次のように言う。

われわれは当然、己や友人を贔屓目に見る。しかしわれわれは、より公正な行為をも為すことができるし、それが利得をもたらすという点を学び取ることができる。自然の開かれた自由な手は、わずかしか喜びを与えてくれない。しかし、技芸、労働、勤勉を用いれば、多くの喜びを引き出しうる。それゆえ市民社会のあらゆる場面において、所有という発想が必要になるのである。それゆえ正義は、公共にとってのそれらの有用性を引き出すものとなる。正義の価値と道徳的な義務は、まさしくそこから生ずるのである。[19]

短いものとはいえこの抜粋は、ヒュームの推論の中心的な流れを正確に映し出している。人間が市民社会で結合することの根本目的は、平和の確保、そして生活を満喫するのに必要な財の入手である。自然は、その「開かれた自由な手」を働かせても、これらの財をごくわずかしか与えてくれない。かわりにわれわれは、意識的な労働を通じてそれらを手に入れるべきなのだ。そして、その労働を通じてわれわれは、自然が与えてくれた材料を消費に適した財に作り替える。とはいえ、労働により利益が約束されるのでなければ、多くの人々は財の生産へ時間や労力を割くことに躊躇いを感ずるであろう。そこで私有財産の制度が、この保障を提供してくれる。獲得した財に対する、また占有している土地に対する権利を人々が得るとき、さらに政府が設立され、政府によってそれらの人々の諸権利が効果的に執行されるとき、彼らは、勤勉な人間、生産的な人間になろうというインセンティブを抱く。これらの権利に、取引で交わされる約束の履行を実際に強制できる保障と、他者との取引から得られるであろう財や土地に対する権利、しかも強制執行も可能な権利が付け加わったとき、商業社会とその社会の基盤が確立されたことになる。その社会で成員は、より多くの財を交換でわがものにすることができるだろうという確かな期待のもと、他者の消費財を生産する活動にもごく自然に従事するようになる。

要するに、市民社会で人々が結合する根本的な目的とは、平和を確保するのみならず、人々が生活を満喫できるように導く条件を創ることだ。慣習が交換や契約という慣行を制御するのと同様に、私有財産制度もまた、それらの制御という目的を達するための道具なのである。私有財産、交換、契約の権利への尊重が、正義という徳の中身を決定している。そして、正しくありたいという性向は、自然には反するような性向であり、むしろ人々のためになる社会を創りたいと考えた人々が、学び取ったものなのである。そしてその社会の利益とは、生活のいっそうの満喫を目指し、商業を通じて富裕をもたらすことである。諸政府の設立の第一の目的は、私有財産権を執行することであり、その私有財産権が順に、富の生産を可能にする。「［正義という］徳の効用と指向性は、人々に幸福と安全を得させることにある」[20]。こうしてヒュームは、財の生産が幸福を増進する主要な手段の一つであると想定するに至った。

アダム・スミスは、ヒュームにも増して、立法の主要目的が富の創造である点を強調した。しかしスミスは、市民社会の究極の基盤と正義に関してヒュームとは見解を異にしている。人間が安全や富の恩恵を手にするため、環境に適応することを徐々に学んでゆくのが文明化であり、その文明化の過程の生み出すものが市民社会を支える制度や感情にほかならない。ヒュームはそのように説明した。しかしヒュームが、市民社会を支える制度や感情の起源について、厳格に自然主義的とも言えるような説明を施したのに対し、スミスは、その究極の源泉を神とみなした。両者の違いの核心部分は以下である。すなわちヒュームが、ホッブズに倣って究極原因という発想を否定したのに対し、スミスは、アリストテレスの定式、すなわち、原因を完全に説明しようと思えば、起動因とともに目的因にも居場所を割り当てねばならない、という定式を、修正を加えた上で受け入れた。ダーウィンが書いたのではないかとすら思わせる次の一節において、スミスは述べている。

われわれは、技巧によって諸目的に完全に適合させられている諸手段を、宇宙のあらゆる場所で見つけ出すことができる。その諸手段は、その目的を生み出すように意図されている。植物あるいは動物の身体の働きを見たときわれわれは、万物が個体性の維持と種の拡散という自然の二つの目的を推進するように配置されていることを知り、驚嘆する。[21]

とはいえ、明らかにダーウィンとは違った方向へ歩みを進めながら、彼は続ける。

それらにおいて、そしてそれらすべての物体における動きと組織について、われわれはなお、起動因を目的因から区別している。食物の消化、血液の循環、そこから流れ出る液体の分泌、それらすべての活動が、動物の生活の偉大な目的にとって必要なのである。しかし、それらを、起動因から説明するのと同じような仕方で目的因から説明しようと試みたりはしない。また、循環や消化という目的を達成する見込みや意図を持っているからといって、血液が自ら循環し、食物が自ら消化される、などと想像したりはしない。[22]

ダーウィンはスミスの死後、われわれが身近で観察する複雑な運動は、「運動がかくあるべし」と意図した者がいないにもかかわらずに、運動を開始するのではないか、と考えた。しかしスミスは、そのように考えたくはなかった。スミスの見解では、その運動の開始を指示したのは神である。神は、時計職人と同様、自然や社会も含めて、無数のパーツを神自身が意図した方向に作動するように配置した。

スミスの次の立論は、ヒュームへの暗黙の批判を含んでいるといってよい。

洗練され啓蒙された理性は、特定の目的を追求するよう推奨するが、自然の諸原理によってそれらの目的を推進するよう導かれるとき、それを推進する感情や行為を起動因だと考えるのと同じほど、理性だと考えがちだ。しかし、また、それが人間の英知だとも想像しがちである。しかし、それは実に、神の英知なのである。[23]

ヒュームは、正義の諸原理と調和して生きることを可能にする性向を特定し、その起源を説明している。しかし、ここでのスミスの批判の対象は、その起源についてのヒュームの説明だったと思われる。ヒュームと同様にスミスも、利益と正義を区別する。家族や友人には共通して強い利害感情を抱く人間も、他者には弱い利害感情しか抱くことがないと考えた。社会が存続してゆくために重要なものは、利害よりも、他者の行為に正義をもって報いようとする強力な性向である。このように考えた点でもスミスはヒュームと同じであった。しかしスミスは、その性向の源泉と内容を説明する際に、ヒュームと袂を分かつ。正義の感覚は、その有用性を自覚するにつれて徐々に学び取ってゆくもの、とヒュームが考えたのに反し、スミスは(先に引用した一節で)、それが人間に植えつけられたものである点を強調した。

何かを侵犯すると人間は、相応の罰則が科されるのではないかという恐怖心を抱く。これこそが、弱者を守り、暴力的な人間を穏やかにし、罪人をこらしめるような、人間社会の偉大な守護者となる。自然は、応報の意識、つまりこのような意識を人間の胸に刻みつけた。[24]

その証拠として彼は、生来の正義感覚が、ときに公益のために果たすべき義務とさえ衝突する点を認めている。歩哨が戦闘中に居眠りしたとしよう。たとえ彼の怠慢が被害をもたらさずにすんだとしても、公益のために果たすべき義務は、他者に同様なおこないを為すのを思い留まらせるため、この歩哨を死刑にするよう求める。しかし、公平な観察者ならば、この歩哨を、悪意ある犯罪者ではなく、状況の不幸な犠牲者とみなすであろう。そして彼の気分は、歩哨に対し処罰を科さずにすんだときに、殺人犯へ処罰を免除してやったときにも増して爽快になるであろう。[25]正義感が下す命令と、公共の有用性の要請には隔たりがある。スミスは、このような不一致こそ、正義感の源泉や性格についての自身の（ヒュームとは反対の）理論を支持する証拠ではないかと見た。

とはいえ、正義感その他の性向を人間に植えつける際、神が意図した終局の目的は、大雑把に言えば、自己、そして他者が享受できるほどの財を生産するようわれわれに動機づけ、それによって福祉を増進させることであった。時計の部品や生き物の循環機能が、意識して目指さずとも、またそれについて知ることなくとも、自ずと目的を達成できるように、人間は、不正義を罰し、富を生み出すよう動機づけられてはいるが、そのような活動の目指す目的について必ずしも正確に理解しているわけではない。富の創造について言えば、それを導くような性向は、有名な「一つのものを他のものと取替え、取引し、交換する性向」であった。スミスによれば、その性向は、「あらゆる人間に共通であり、人間以外の種には見受けられない」[26]。人々の積極的な善意は、通常、家族や友人を充分にカバーしている。とはいえ、人間にとって、仲間内で互いに満たすことのできないニーズや要望を供給してくれる他者の動機とは善意以外の何なのか。この点についても見ておく必要がある。それらの活動の基礎をなす動機とは、他者が自らのために追求する利益である。人々が、他者の必要とする物を生産することができて、それを、彼ら自身の望む財と交換することもできるならば、そうすることで彼らの福利をいっそう改善することが叶うであろう。彼らが、何かに特化することで生産性を高めることができるのならば、彼らは、他者との交換によってより多くの利益を手にするはずである。こうして、大規模な分業が生まれる。スミスはそれを、商業社会で富が発生する主要な源泉であると見た。

神は人間に、福利を促進するような性向を植えつけたが、一方で、性向がその目的を達成するよう神がどう意図したかを理解することまでは、その性向を保有する人間に要求しなかった。仮にそうだとしても、その性向は、「人間の意図には属さない目的の達成に向け、神の見えざる手」[27]によって人々を導いてゆく。ひとたび、その意図が人知によって理解可能となるならば、それを促進するのは、立法者や政策決定者の役割となる。スミスのより自由な市場システムという考え方の初期バージョンが「自然的自由の仕組み」であるとすれば、『国富論』を執筆する際に一貫して持っていた意図は、この仕組みを支える立法者を擁護することであった。スミスは、その「自然的自由の仕組み」を、富を生み出し福利を向上させるための最良の方途とみなした。さらに、労働弱者が被るシステムのマイナス効果を矯正する立法や政策とともにスミスは、正義の諸原理を私有財産制度への尊重に基づく規則の総体とみなし、それについても、ヒュームと同じほど入念に説明を施した。そして、この諸原理のみでなく、自然的自由の仕組みもまた、この目的に適うはずだと信じていた。スミスは、基本的な社会の内部構造が固有の自然的目的の産物であるというアリストテレスの見解とは決別したものの、その決別の仕方は、これまで考察してきた思想家三人に比べても明瞭でも明快でもなかった。いずれにしても彼は、人間行為者がこの内部構造を再評価するという役目を果たすことができるし、再評価する役割を担っているという点を強調することで、同時代人たちに合流している。スミスが、より有名になった第二の著書を執筆した動機は、社会の革新家、つまり立法者（なぜならば、神は、建築家であり、人間は、彼らの行動が誘導されるところの、神の意図を知らずにいるような、最初の大工であるので）に対して、どのようにすれば富の創造を促しつつ人間の幸福に関する神の意図を作動させることができるのかを示す点にあった。

ベッカリアもまた、市民社会の主要目的が幸福の増進にほかならないと唱えていた。ヒュームやスミスは、人間の享受できる財のストックを増やすことでこの目的を達成する、という方向へ視座を定めていった。逆にベッカリアは、犯罪や刑罰がともなう苦痛を最小化することに注意を向けていた。それらの法や政策の領域に対して、ヒュームとスミスが大雑把な注意しか払っていなかったからである。ベッカリアは、古代ローマ帝国やロンバルディアの慣習に参照し、あるいは「曖昧な学問的解釈に依拠した者たちのまとまりのない書物」[28]を踏み台にして、次のように主張する。犯罪や刑罰に関する既存の法律は、「もっとも野蛮な時代の遺物である」。法律が、自由人の契約に基づくべき一方で、現存のほとんどの法律は、「少数者の情念の道具か、もしくは、その場の必要性をただ拙速に満たすために生み出されたものの名残」[29]なのだ。ベッカリアは、このような混乱を目の当たりにして、少数の特権者のための秩序ではなく、社会の全成員の利益に役立つような秩序をもたらそうとしていた。

ベッカリアが法や刑罰の改革を提案することで達成しようとした目的は、次の三つである。刑罰全般の過酷さを減ずること。階層の如何によらずもっとも恵まれた人からもっとも貧しい人にまで、平等な刑罰を執行すること。社会の成員の幸福を高めるように、刑罰を方向づけること。社会がその成員を処罰する権利は、市民社会の設立契約の際に各自が自然権の一部を全体に委譲したことに由来する、という彼の論調は、ホッブズ、ロック等の社会契約論者たちを彷彿とさせる。社会の絆を保存するのに必要な程度の刑罰を科すのならよいが、それを上回る刑罰を科すことは本来的に不正とみなされる。たとえばベッカリアは、厳罰はそれが公共善にプラスになることが示された場合にのみ正当化される、と主張している。ただし彼の見解によれば、それがプラスであると証明されることはほとんどない[30]。ベッカリアはさらに、証拠を得るための方法としての拷問には正しさも効果もない、という理由から、その方法へ訴えることに強く反対している。彼のみるところそれは、罪人に耐え難い試練を与えてそれに耐えたかどうかを裁判の判断材料にするという、野蛮人の慣行の名残なのである。ベッカリアはまた、死刑にも激しく異議を申し立てている。彼の見るところそれは、社会の側が市民に対して仕掛ける戦争であった。ベッカリアは、折に触れて以下のことを読者に納得させようとしていた。つまり、当時の刑罰慣習の多くは、不当に過酷なものであること、また、（この章の最初でみたごとく）恵まれていない人々に体罰を科すのであれば、特権階級の犯罪者にも同様な体罰を科すべきであること、つまり、もっとも恵まれた人々にも一般の人々にも、同等な体罰が科されるべきであること。

ベッカリアの考える刑罰の原則とは、「刑罰が科する苦痛の度合いを、犯罪者が犯罪行為から引き出しうる利点を上回るところに設定すべし」[31]というものであった。この原則の根拠は、刑罰が、さらなる犯罪を犯罪者に思いとどまらせるのを目的とし、また、他者が同様なおこないを為すのを抑止するのを目的としていることにある。たとえ、ベッカリアが刑罰権について、契約論的な、権利に基づく説明を施し、原理的には（ある時期に発生する処罰の権利が、それ以前に起こったに違いない出来事に基づいているという理由で）過去を重視する見解を述べていたとしても、彼の刑罰の目的についての説明は、正しく未来の方向を向いていた。

これまで為されてきた単純な考察に基づいていえば、刑罰の目的が、感覚を持つ生き物に対して苦痛を味わわせることでも苦難を与えることでもなく、侵された犯罪を帳消しにすることでもないのは明らかであろう。情念によって揺さぶられるべきではない政治体、個人の情念の冷静な緩衝体であるべき政治体が、このように激怒、狂気、臆病な暴君の手段である不要な残酷さを宿したままでよいのだろうか。「人でなし」が苦痛で泣き叫べば、為されたことが帳消しにされ、時計の針が後戻りする、とでもいうのだろうか。[32]

一般の法律とくに刑法は、「それらが、〈最大多数が共有できるような最大幸福〉を導くか否か[33]」という基準で評価されねばならない。ベッカリアの見るところ、犯罪は罰せられるよりも予防されねばならなかった。「これこそがあらゆる立法の主要目的であり、人間を最大幸福へと導く技術なのだ[34]」

ジェレミー・ベンサムは、功利主義のみに基づいて、法的改革、制度的改革のアプローチを体系化した人物である。ヒュームに大幅に依拠しつつ、またベッカリアの刑法学説の書物を「全般的に批判的な意味を有する最初のもの[35]」（言い換えると、法律に関する単なる解説でなく、批判的かつ評価的な最初の書物）と位置づけて謝辞を述べながら、ベンサムはより厳密かつ包括的な理論を展開していった。その際にベンサムは前提として、市民社会を建築し、組み立て、そして改良する者の目指すべき目的が、成員の幸福を最大化するような法制度の創造である、という命題を採り入れた。

ベンサムという名が効用原理を連想させることは、よく知られている。比較的初期の著作である『政府論断章』において彼は、「正邪の基準は最大多数の最大幸福だ」[36]と主張している。ベンサムがこの定式を修正し、のちの著作で「最大幸福原理」[37]のみに触れていることは重要だ。ベンサムが書物の中でこの変更の理由に触れたことはなかった。初期の陳述が野心的過ぎて、厳密さを欠いていたことに、ベンサム自身も気がついたと解釈するのが妥当であろう。幸福の総和を最大化させ、幸福に暮らす人の数を最大にする。こう聞かされても、これら二つの命令が異なった政策を指示する場合にどうしたらよいのか、われわれは迷うばかりである。少数の人々を悲惨な境遇に置くことで、多数の人々をすこぶる幸福にできる法律や政策があったとしよう。そして、幸福の総和を最大化させるために取りうる最良の方法が、そのような法律や政策の採用であると想像してみよう。あるいは、幸福をなるべく多くの人々に配分する最善の方法と、幸福の総和を最大化する方法とが、結果において一致しない（おそらく、このやり方においては、もっとも幸福な人々も、先の仕方において人々が幸福であったほどには、幸福でないかもしれないが）場合を想像してみよう。ベンサムの効用原理についての当初の説明が持つ欠陥とは、それらのうちのいずれが効用原理から引き出されるかについて沈黙している点である。

この変更の理由はさておき、ベンサムは、高度に体系化された功利主義理論を発展させることには余念がなかった。説明のために多くの紙幅が割かれているのは、ヒュームやスミスが焦点を合わせたところの、社会の成員の享受を増加させる法的、制度的な措置とは何かと、刑罰法を社会の刑罰が最小になるように改革すべきなのはなぜか、という問題であった。

ベンサムの理論は、多くの人々によって風刺の対象とされ、また不十分に理解されてきた。その本質的部分に言及する前に、彼の理論に対する誤解を取り除いておきたい。

なるほど彼は、以下のような主張で『道徳および立法の諸原理序説』を始めている。

自然は、人類を、快楽と苦痛という二つの主権者の支配のもとにおいた。彼らにとって、われわれが何を為すべきかを示し、われわれが何を為すかを決定するのは、これのみなのである。一方で、正邪の基準、他方で因果の連鎖が、その玉座につながれている。[38]

しかしベンサムは、すべての人間が直接に意識的に快楽を目的として追求する、などとは主張していない。のちのジョン・スチュアート・ミルと同様にベンサムは、行動の目的がさまざまでありうると考えた。結局、彼の考えでは、それらの行動の原因が、行動のもたらすであろう快楽（あるいは、それが回避することを可能にする苦痛）なのである。しかしベンサムは、あらゆる人間が、すべての活動において意識的に快楽を追求する、とまでは主張していない。

第二に、ベンサムは、諸個人があらゆる時代に、社会の福利や社会全体の幸福の最大化を目指す義務を負う、とも主張していない。ましてや、彼らが世界すべての人々の幸福の最大化までを探し求める義務を負うとは主張していない。ベンサムがそういった見解を抱いたかのような心象を生み出したのは、ジョン・ロールズといった近年の功利主義批判者、また、ピーター・シンガーといった近年のグローバルな功利主義者であった。しかしながら、そのような心象は誤ったものと言えよう。

第三の点、おそらくもっとも重要な点は、ベンサムが立法者に、立法や政策の結果の修正や調整を行ってまで最大幸福原理という目的の実現を直接に手がけるようには要求しなかったことである。彼がこのような効用最大化についてじかに言及することを避けたのには、少なくとも二つの理由がある。第一に、彼は、すべての立法者が、効用の総和を正確に算出できるとは考えていなかった。彼が「個人に特有な価値」と名づけたものを、多くの人々は身に纏っている。このことにベンサムは気づいていた。実際にベンサムは、少なくとも一般的な形においてであるが、のちの思想家ならば効用（あるいは福利）の個人間比較と呼ぶ問題にも目を遣っていた。要するにベンサムは、死後、単純な「政治的算術」の擁護者にされてしまったが、実際はそうでなかったのである。さらにベンサムの信ずるところ、公益が増進されるのは、一般的にいって人間が安心して期待を抱き合うようにしてくれる法律の基盤を、立法者が築いた場合であった。彼以前のヒュームやスミスと同様にベンサムは、人々が、安定した規則のシステムの中で自由に行為しうる場合にのみ、生活を満喫できるのだと考えがちであった。人間による完全な計算に基づいた行動さえしばしば台なしにするような、偶然に由来する不測の出来事が起こるが、そういった出来事を起こりにくくするのが規則なのである。

期待が膨らんでゆけば、そこから多くの快楽（しばしば南国のバカンスを計画し、夢見るような時間、また、親しい友と過ごす様子を想像する時間について考えてみるとよい）が湧き出てくるだろう。安定した、法的に秩序立った枠組みが、そのような期待を膨らませるための前提条件であり、また、財の創造を通じ多くの付加的な快楽をもたらしてくれる全般的な社会的協業（複雑な分業もそこに含まれる）の前提条件である。ヒュームと同様にベンサムも、そのように考えていた。とはいえ、ベンサムとヒュームの違いは、「安全供給原理」[39]と自身が呼ぶものによって、そのような枠組みへ情報が与えられるべきだと、ベンサムが考えていた点にある。それは、生存を確保できない人を含むすべての人々にまで、生存条件（自由の物質的な条件）を保障するよう、立法者に義務づける。スミスがそのような条件の供給を良策だと考えていたことは明らかだ。とはいえスミスが、立法者には恵まれない人々に生存条件を供給する義務がある、と明示的に論じたことはなかった。結局、ヒュームやスミスにおいてと同様、ベンサムにとっても、公益を促進する戦略の主柱は、偉大な富の創造へと導くような所有ルールを、全体として考案することであった。もっともベンサムは、今日の誤ったベンサム理解とは裏腹に、富の配分をも重視していた。

ベンサムが正当と考えた刑罰の原理は、ベッカリアのそれとの類似性が目立っている。ベンサムによると、刑罰の第一の原則とは、「いかなる場合でも、刑罰の重みは犯罪者が侵害によって得た利益を上回るほどであればよい」[40]というものだ。刑法における立法の第一の目的は、人々が犯罪に手を染めないよう抑止することでなければならない。したがって、違法行為者に科される苦痛は、彼がその犯罪から得られる利益を上回る必要がある。とはいえ、ベンサムは付け加える。そのような目的は、犯罪を効果的に抑止するのに必要な最小限の量刑により達成する必要があろう。ベンサムの刑罰理論は、ベッカリアと同じ原布から切り取られている。彼らの主張は、細部においては異なっているが、以下の点で一致していた。すなわち、犯罪や刑罰に関する法律の存在意義は、犯罪率を最小化するような誘因を与えることにあり、その目的は、加害者に必要最小限の苦痛を与えることのみで充分に達成しうる。

Ⅲ

考察してきた最初期ならびに初期の功利主義者たちは、建築家、大工、社会改良家の目的が人間の福利の昂進である、という一致した主張を述べていた。その福利はまた、幸福や生活の満喫だと考えられていた。ベッカリアによると、自身の目的は犯罪や刑罰の法慣習の改良によって達成されうるものだった。ヒュームとスミスは、消費や快楽に供される財について、その生産を高める手段にも大きな注意を払った。ベンサムは、両者の議論を結びつけ、一般的な効用理論に仕立てたのである。

社会の内部構造を改良できる立場にいる人々は、各々の時代に適った目的を追求すると言われる。十八世紀中葉あるいは後期、思想家たちの知る世界には貧困があふれていた。人々が飢饉や飢餓に苛まれる時代は、さほど例外的ではなかった。したがって、それらの思想家にとって必要性が自明だったのは、成員のニーズや欠乏をいくらかでも満たしうるような生産的、商業的社会の維持である。生活に供される財の生産を強化する社会的仕組みがあるとすれば、当時としては歴史上初めて、その仕組みを作ることに役立つ知識の入手が可能となった。ニュートンは、天上の物体と地上の物体の動きを同時に説明できる運動法則を突き止めた。しかし、思想家のなかでニュートンの運動法則から着想を得たのが、ヒュームだけだったというわけではない。人間社会に適用されうる物体の運動法則を突き止められる段階も、すぐ近くまで来ている。このような考えを抱くのに、それまで抱いてきた信念を曲げる必要があったわけでもない。また、法則さえ手に入れれば、人間のニーズや欠乏を満たすという目的に向けて制度や慣行を最適な形に再構成することができるという点を、疑わねばならぬ理由もなかった。ヒューム、ベッカリア、スミス、そしてベンサムは、基本的に正義を、右のような目的に照らして定義した。ヒュームにおいて正義の本質は、私有財産の尊重であった。しかし、私有財産それ自体が正当化される理由は、その制度を採用すれば人間社会の生産性が高まるからであった。ベンサムがその定義をことのほか大きく拡張した点を除けば、スミスもベンサムも、ヒュームのこの正義観念から離脱したりしなかった。

さらにスミスは、生産性や富の第一の源泉が高度に発展した分業であると主張することで、その定義の信憑性を補完した。生産者たちはその分業に身を置いて、高度な専門的技能と高い効率を手に入れるのである。ヒュームと同様にスミスも、「正義が整然と執行されていないような国家で、商業や製造業が繁栄することは稀である」[41]と主張した。スミスは正義を私有財産権や契約の執行と同一視したのである。しかしながら、私有財産権や約束の履行が商業社会の成功に必要な基盤である、という認識を共有したがゆえにヒュームに賛同を寄せたスミスも、発展した分業から富が湧き出て来るという点を示唆することで、やがてヒュームを越えていった。主著の冒頭の一節でスミスは、以下のように論じている。「労働という生産的な力においてなされたもっとも大きな改良は、そして、それを使えばあらゆる方向に向けて労働に改良を加え、適用して行くことが可能な技能、器用さ、判断力もまた、分業が生み出したもののように思われる」[42]。ヨーロッパ諸国家が発展を遂げる際に、それらが社会の改良を可能にしていたのがその証拠である。その改良は、規模があまりにも大きかったため、スミスの言うところ、「アフリカの国王の居城をヨーロッパの勤勉で倹約家の農民の居城がはるかに上回っている。たとえヨーロッパ君主の居城が、その農民の居城をどれほど上回っていようが……」[43]。

生産力増加を生む分業の力に対してスミスが抱いていたような信頼は、政治経済学者の間で急速に共有されていった。それは、次第に学者サークルを越えて広まった。彼の発見は時代を画する出来事であり、立法の目的に関する根本仮説を、そしてどのような市民社会のタイプが繁栄しうるかについての根本仮説をも、鋳直すものであった。

しかしながら、それらの思想家は、幸福の増進という目的にしっかりと焦点を合わせることで、相互性の位置を正義の思考の中心からずらしてしまった。なるほど、正義という考え方は、アリストテレスの時代以前より、長い間私有財産権の保護と結びつけられていた。しかし、当初正義がいずれの形に定着されたにせよ、その定義においては、実際上相互性の概念がつねに中心にあった。矯正的正義は、「矯正のために」に考え出されたものであり、「改善のために」考え出されたものではなかった。その目的は、幸福の増進ではなく、福利（当時の福利は、現在とは異なった形で構想されていたが）の改良でさえなかった。相互性を中心に据える矯正的正義の目的は、不当に取得した財を返還するよう犯罪者を強制すること、あるいは、犠牲者へ加えられた危害に相応する危害を加害者に科することであり、なお、それらによって攪乱された秩序を回復することであった。このように、想像することができる。ヒュームと彼の思想的な後継者が、正義を効用に資する道具として定義し直したとき、相互性は正義の思考の縁りに追いやられたのである。

正義観の根本には相互性があるという考え方を捨てた彼らは、正義を人間の享受に役立つ財の生産を促進する枠組みをもたらすか、あるいは、社会の人々が他者に与える苦痛を、あるいは互いに与え合う苦痛を最小化するための一連のルールを支えるか、そのどちらかの道具だと考えた。このような見解を抱いていた点では、スミスも同様である。彼は、応報という衝動が本性上人間にそなわっていると主張した。しかし彼は結局、これらの衝動について、それが公的な効用を促進する傾向を持つものだと説明し、その際に、ベッカリアやベンサムが刑罰の峻厳さの度合いを決める際の基準とみなした、抑止原理を持ち出したのである。[44] 刑罰の理論において、およそ相互性の概念の応用としての応報は廃棄された。ベッカリアが言うように（先ほどその一節を、長文で引用しておいたが）、この新しい観点から見ると、「刑罰の目的は、感覚を持つ生き物に対して苦痛を味わわせることでも苦難を与えることでもなく、侵された犯罪を帳消しにすることでもない」[45]。言うまでもなく、応報的な正義のいかなる擁護者も、刑罰の目的が犯罪の取り消しだなどと主張したためしはなかった。倫理ないし正しさという観点から言えば、以前の思想家は、まさに応報に適うような仕方で刑罰の目的を検討していたのである。

多くの人々にとっては、功利主義者の正義概念が、相互性を強調したそれ以前の見解よりも一見したところ思慮深く、かつ人間的であるかのように響くかもしれない。人々が、負うべき苦痛以上の苦痛を受け、また、享受できるはずの財を誰かに奪われているのはなぜか。しかしながら、功利主義のアプローチは、固有の問題に悩まされている。しばしば指摘される、よく知られた問題の一つは、功利主義の観念がある種の状況において、無垢な人々を処罰することをも正当化してしまう恐れである。悪意で罪が犯されたと仮定しよう。加害者はいまだ見つかっていない。しかし、犯罪それ自体は世間に知れ渡り、加害者が再び襲ってくるという恐怖心を抱く公衆は、それを和らげたいと願っている。公衆は、違法行為者を探し出し、処罰することを望んでいる。この恐怖心は、ますます強くなり、理性的とは言えない応答を引き出すほどの作用を及ぼしてしまった。人々は、外出を止め、そのため商売も萎みがちになる。工場その他も門扉を閉ざすであろう。人々が恐怖心から働きに出なくなるからである。これらの状況において、よりましな善とは何か。その善を得る方法は、誰でもよいから加害者を特定し、捕まえること、また事態が鎮静化するまで彼を有罪にしておくか、拘留することになってしまう。功利主義の批判者はしばしば、功利主義による刑罰的正義のアプローチが、このようなシナリオを容認していると主張し、また、このような可能性が、功利主義の正義のアプローチの致命的な欠陥であると指摘してきた。しかし思想家の中には、功利主義理論のもっともらしい、もっとも普及しているバージョンならば、この批判を交わすことができるかもしれないと論ずる者もいる。その場合でも、批判から理論を守ろうとする努力が新たな困難を引き起こしてしまうだろう。[46] したがって、彼らが批判をかわすことに成功しているかどうかは明らかではない。

上で考察した最初期ならびに初期功利主義の思想家は、人間を自由で責任感を持った行為者であると考えた。ベンサムは、人間をパブロフ犬のように刺激に反応するロボットや動物とみなした人物であるかのごとく風刺される。言うまでもなく、これは正確ではなく、彼もまた人間を自由で責任感を持つ行為者だと考えていた。けれども、そのような人間概念を前提にしたとはいえ、これらの思想家は、アリストテレスや他の多くの哲学者が為したような仕方で、自由で責任感のある人間同士の正義の関係は相互性であると推論することがなかった。彼らは、根本的な部分において、新しい想像に基づいて正義を定義し直すという作業をおこなったのである。プラトンの思想は、十八世紀以前の正義の観念史においては異端とみなされていたが、そのプラトンにとってと同様、彼らにとっても、正義は目的論的な傾向を帯びていた。とはいえ、彼らが正義の目的として考えたものは、プラトンの考えたテロス（目的）とはほとんど共通点を持たない。プラトンにとって正義は、第一に、正しく秩序づけられた魂の涵養に、第二に、魂の涵養のための相応しい都市の建設と、その都市の維持に関係していた。初期の功利主義者は、正義の性格を特定する際には自然への参照が役立つというプラトンの考え方を拒絶し、なお人間相互には絶対的な不平等が存在するというプラトンの推論をも拒絶した。しかし彼らはそれを、もう一つの「目的」すなわち、相互性とは同様に馴染みの薄い幸福の集計という目的へと置き換えた。この新しい想像に基づく正義観が与えた強い影響は、今日まで持続している。

商業社会においては、分業のおかげで生産力が向上する。スミスが展開したこのような洞察自体も、後代の正義観へ重要な資産を遺している。複雑な経済において、多大な富がなぜ生ずるかを説明するものは、労働者が単独でおこなう努力よりむしろ分業である。このような考えが、貢献原理、すなわちアリストテレスが正義の思考の中心に位させ、その時代よりずっと中心に留まってきた広い意味での貢献原理を、根本から損なったのである。もちろんあらゆる財が、それを労働の生産物としてみた場合、個人の行為が検知できないほどの小片に分解されているとしても、結局は労働者個人の行為によって生み出されたものである。もとより、一企業内部において、より重要な意味合いを持つ社会の分業の全体においては、専門的技能を保有し、展開し、さらに効率を達成している数え切れないほどの他人がいるからこそ、その生産過程の中で個人がそこに技能や効率を付け加えることも可能となる。しかし、もしそうだとしたら、すべての人間が生み出す財は、単に諸個人による創造の結果ではなく、むしろそのほとんどが社会の産物なのである。複雑な分業において、実際に最大の貢献が分業それ自体からもたらされるのだとしたら、正義の判断を貢献原理に基礎づける意味がどこにあるのか。分業が富の創出において演じる役割をスミスが発見したことは、この社会的生産物がどのように配分されるべきか、という疑問が生ずるきっかけを与えた。要するに、スミスのこの発見は、現代の社会正義という問題を生み落としたのである。

第六章　カントの正義の理論

I

功利主義の伝統が形をとりはじめた世紀が終わりに近づいたころの何年かの間に、イマヌエル・カントはその伝統に対する強力で批判的な応答のひとつを生み出した。この応答は、その後二百年以上にわたって、正義についてのさまざまな考えの功利主義に代わる源泉のひとつでありつづけている。効用に基づく正義の構想の支持者たちと同じように、カントもまたあらゆる人間が平等な価値を持つという想定を心の底から受け入れている。しかしながら、その他のいくつもの根本的な点に関して、カントはヒュームとその後継者たちとは袂を分かつ。もっとも重要な点であるが、カントは、そもそも人間の快楽ないし幸福を促進することが正義についての健全な考えの基盤として役に立ちうるという想定を力をこめて拒絶した。カントにとっては、人間に関する本質的な真理――正義についての考察にとって重要である真理――とは、人間が自由で、理性的で、そして責任を負うことのできる行為者だということである。功利主義の原型を築いた人々や初期の功利主義者たちも、人間が（少なくとも潜在的には）自由で理性的な被造物であることを否定したわけではない。しかしながら、人間のそうした属性は正義についてのこうした哲学者たちの考えの基盤をなしてはいなかった。対照的に、カントにとっては、人間が（潜在的に）自由で、理性的で、そして責任を負いうるものだという要請は、正義に関する、そして道徳全体に関するありとあらゆる健全な考えの基盤そのものなのである。

カントが彼の有名な論文「理論と実践」で挙げているひとつの実例が[1]、正義についての考えを効用の概念に基づかせる人々とカントの間の違いを象徴的に示している。一人の人物が、ある広大な地所の管財人に指名されていたものと想像してもらいたい。その地所の所有主は今では死んでしまっていて、その地所を相続するはずの人々はその地所の存在を知らず、しかもその地所とは関係なく自分たち自身で裕福であり、その上ひどく浪費家で、慈善にはまるで関心がない。当の管財人には妻と子供たちからなる家族がおり、彼らは財政的に深刻な困窮状態にある。だが問題の地所に含まれる富があれば、彼らの困窮状態を救うのに十分だと予測される。最後に、その管財人は、もし彼がそうしようと思えば、彼の家族が使うためにその地所を横領することができて、しかもその横領が相続人たちや他の誰かに見つかる可能性はまったくないと想定してもらいたい。このシナリオでは、その管財人は、その地所を相続人たちの手には渡さずに彼の家族の救済のために横領することによって、関係するすべての当事者たち――彼自身の家族はもとより、相続人たちすべてをも考慮に入れて――の幸福の総和を増大させることができるだろうということは明らかである。彼には、相続人たちの幸福をほんのわずかでさえ低減させることなく、彼の家族の成員たちの幸福を大幅に増大させることができるだろう。それにもかかわらず、カントは、この横領行為は不当であると示唆する。その管財人には、地所を亡くなった所有主の意志に従って分配する義務があり、意図された相続人たち以外の誰かにその地所を与えるならば、その義務に違反することになるだろうというのである。（注意してもらいたいのだが、仮にその地所のいくらかの部分を受け取ることで困窮から救済されるであろう貧しい人々というのが、問題の管財人にとって赤の他人であったとしても、カントの推論は同じ結論に至ることになる。）人々の被る悲惨さを緩和するという目的のために、問題となっている資産をその意図された受益者たちから転用したいという強い衝動を感じる人もいることだろう。だがそれにもかかわらず、カントは、そうした資産を所有主が意図したやり方で分配するという管財人にとっての義務が、幸福の促進のためにそれらを転用したいという誘惑を覆す切り札となるべきだと主張する。この見解は、カントにとっては正しさ〔*right*〕が善さ〔*good*〕に（倫理的ないし道徳的に）優先する、という簡潔な言い方で要約されてきた。

近代の偉大な哲学者の一人としてのカントの名声が永久に確立されたのは、一七八一年の『純粋理性批判』の出版によってであった。道徳哲学と政治哲学における彼の主要な著作はこれより後に発表された。それは一七八五年の『人倫の形而上学の基礎づけ』に始まり、一七九七年の『人倫の形而上学』で最高潮に達する。これら二つの著作を書くのにカントは二十年近くを費やしたが、その間に彼は自らの議論を練り上げ、より鋭いものにしたのである。私は、もっぱら一七九〇年代の彼のいくつかの著作に議論を基づかせようと思う。そこには、『人倫の形而上学』に加えて、「理論と実践」（一七九三年）や「永遠平和のために」（一七九五年）といった論文も含まれる。

効用が道徳および正義に関して議論を進めるための適切な基盤のひとつとして役に立つという観念を論駁する際に、カントは繰り返し二つの論拠を引き合いに出す。第一の論拠は、効用を根拠にして議論を進めてみても、それで到達できるどんな結論も不確かなものにとどまるだろうというものである。これは、彼の管財人の例でも核心にある論点である。カントが主張するのは、その地所をどのように処分するかについて功利主義的な帰結をもとにして決定しようとするならば、管財人はありとあらゆる処理の仕方（たとえばその地所を一度に丸ごと横取りしてしまうのか、少しずつそれを使い果たしていくのか、あるいはそれを相続人たちに分配して、そのことによって彼の評判が高まり、最終的にはその評判の高まりから財政的な便益を受け取ることを望むのか、といったこと）がもたらすさまざまな帰結を測定することを強いられるだろうということである。――このような試みが、結論に到達しえないのはたしかである。結果として管財人は、明快な道徳的指針を手にすることがないままになる。これと対照的に、カントの論じるところによれば、（カントの考えるような）義務の命令することをおこなうのを選ぶなら、正しい行為の道筋について管財人はいかなる疑いも持つ必要はない。義務に従うならばどのように行為すべきかは、八歳か九歳の子供でもわかるだろう、とカントは示唆する。[2]

第二に、カントは次のようにも論じる。道徳についての健全な理論が幸福に基礎を置くことができないのは、幸福をもたらす原因は人によって異なるものであり、したがって影響を受けることになる個人その人だけが、彼または彼女の幸福をもっとも巧みに追求するにはどのようにすべきか決定するのにふさわしい状況にいるからである（43［215］）。[3] 人は、何が自分に快楽をもたらすのか、経験によって学ぶほかはない。そして各人の経験は各人にとって独特のものである。したがって、道徳についてのいかなる一般的な（少なくともいかなる普遍的な）結論にも、幸福を基礎にしたのでは到達しえない――なおかつ、カントの見解によれば、道徳の指令というものはその本質によって普遍的でなければならない。すなわち、あらゆる人に同じように命令しなければならず、人によって異なるさまざまな傾向性を一切考慮に入れてはいけないのである。これに加えて、カントは、各々の人間が幸福を自分なりのやり方で追求するのを許されることは正しいことであるが、いかなるものにせよ特定の幸福の構想を人間に押しつけようとすることは不当であると論じる。[4] このようなやり方で幸福を押しつけようとすることが、功利主義のアプローチを特徴づけているとカントは考えているようだ。

二つの論拠はどちらも説得的ではない。第一の論拠は、複数の道徳的義務の間の正真正銘の衝突のようなことは存在しえないと想定している。そのような衝突がありうるとすれば、（カントが考えるような）義務の指令が、ある人物のとるべき正しい行為の道筋に関して曖昧さのない結論を生み出さない場合もあるだろう。その場合には、カントの義務の教説が功利主義的な議論の進め方に対して持つと主張された長所は蒸発してしまう。というのは、道徳的な議論に対する前者のアプローチから得られる結論も、後者のアプローチから得られる結論と同じように確実さを欠くことになるだろうからである。だが、道徳的義務の間にはいかなる正真正銘の衝突も生じえないというカントの想定には、無理があるように思われる。彼自身が挙げている例のひとつを拝借してみよう。

船の遭難にあった一人の人物が、溺れないように、一枚の舟板にしがみついていると想定してもらいたい。[5]もう一人の生存者がいて、この人も最初の生存者と同じように衰弱していて、浮いている助けになるものを何か見つけないかぎり溺れてしまうことは間違いない。二人目の生存者が一人目の生存者のしがみついている舟板につかみかかったとする。残念なことに舟板は二人のうち一人しか支えることはできない。カントが論じるところでは、最初の生存者が、自分の命を救うために、二番目の生存者を舟板から突き放すとしたら、それは不当であろう。彼の議論の進め方はこうだ。他人の命を奪ってはいけないということは、その他人が私にとって何も不当なことをしていないかぎり、私にとって「絶対的義務」である。しかし、私が自分の生命を維持することは、私にとって「相対的義務」でしかない。言い換えると、私が自分の命を維持する義務を負うのは、犯罪を犯すことなしにそうすることが可能である場合に限ってのことであり（この点が、この義務を相対的義務にするものである）、そしてもう一人の遭難者を舟板から突き放すことは犯罪になるだろう（とカントは考えているように見える）からである。けれども、この事例に関するカントの結論が適切かどうかは明らかでない。私たちのどちらか一人しか生き延びられないというときに、自分の命を救うという私の義務が、他人の命を奪ってはならないという私の義務と、同じだけの力を持たないというのはどういうわけだろうか。この事例は道徳的義務の間の正真正銘の衝突の事例だと結論づけることのほうが、より説得力を持つように思われる。そうではないというカントの結論を支えている中心的な理由は、次のような彼の決意だと思われる。すなわちカントは、道徳についての彼の教説が、道徳的な曖昧さの可能性をすべて締め出してしまうべきだと——たとえそのような締め出しの根拠がいくつかの事例では完全に説得力を持つとは言えないとしても——決意しているのだ。

彼の第二の論拠にも問題がある——その理由の一端は、それが道徳原理と政策についての指令を混同している点にある。道徳原理というものはおそらく（そしてカントの見解では間違いなく）一つの意味だけを持つべきものだが、政策についての指令というものはその本質から言って（そして彼自身が議論しているような理由のおかげで）しばしばそうではありえないのである。また別の一端は、それが功利主義についてのひとつの誤解に基づいているという点にある。すでに見たように、正義についての効用に基礎を置く構想の支持者たちは、幸福の原因が人によって異なることを認識していた。その認識こそが、ベンサムの「個人に固有の」価値という観念の要点なのであり、ヒュームやベンサムやその他多くの似た考えを持った思想家たちが支持した政策にとって根本をなしているのである。この認識からこそ、次の点が生じてくる。すなわち、正義についての効用に基礎を置く構想から生み出されるさまざまな政策についての指令を、言わば一つの音程に微調整することによって、それらの指令が総効用を最大化することに私たちが確信を持てるようにすることなど、不可能だということである。そのような理想を達成するために要求されるであろう詳細な情報の量は、その理想に対して他の障害が何も生じないとしてさえも、現実に手に入れるにはあまりにも膨大なものになることだろう。この問題に対する功利主義者たちの応答は、各々の個人にとって手に入る機会と資源を拡大するような法律と政策を支持するというものであった。そうすることで個人たちは、そうした利益を彼らなりの、しばしば彼らに固有のやり方で幸福を追求するために用いることができるだろう、ということだ。この応答は、カントの論拠の二番目の矛先の力も効果的にそらしてくれる。その論拠というのは、法律と政策についての功利主義的な理論は、なんらかの特定の種類の幸福を押しつけることを指示するという想定に基礎を置いていたように思われるからだ。功利主義の思想家たちによって指示された道徳原理は、まさにカントがそうあるべきだと信じたように、ただひとつの意味しか持たないものである(少なくともベンサムの場合はそうである。他ならぬこの理由によって、彼は最初の完全に体系的な功利主義の代弁者であると広く認められている)。とはいえこうした原理から生み出されるさまざまな政策についての指令が常にそうであるわけではない。かくしてこうした道徳原理は、個人が彼らなりのやり方で幸福を追求するための絶大な余地を受け入れていたのである。

正義についての効用に基礎を置く考えに向けられたカントの批判にどれほどの弱点があったとしても、彼の著作の真の関心事はそうした考えに代わるものを打ち出すことにあった。道徳と正義のための適切な基盤は幸福ではなくて自由である、とカントは論じる。彼の自由の構想と、そこから生み出されると彼が考えた正義にとってのさまざまな含意とを理解するには、私たちはまずカントの形而上学の独特な世界を少しばかり見ておかなければならない。

II

『純粋理性批判』でカントは、人間の知識の及ぶ範囲は、人間が知ることの可能な（そして不可能な）仕方の結果として不可避的に制限されていると論じていた。[6] 難解さで名高いこの著作の議論をここで要約しようと試みるのは不必要であり賢明なことでもないだろうが、次の点を指摘しておくことは私たちの目的にとって重要である。すなわちカントは、この著作の議論の道筋を通じて、知ることについての二つの根本的に異なった仕方の区別を打ち立てたという点である。最初のものは、私たちにとって現れる通りの対象に関して、あるいは現れうる通りの可能な対象に関して持ちうるような種類の知ることである。知ることのこのような仕方で手に入れることのできる種類の知識を、私たちは現象的知識と呼ぶことができる。（現象的知識はおおまかに言えば経験的知識と同じものである。すなわち、私たちが世界を観察し経験することを通じて獲得する種類の知識である。）カントは、私たちのあらゆる現象的知識は一定の普遍的な（したがって不可避的な）属性によってアプリオリに形成されると論じる。それらの属性のことを彼は「カテゴリー」と呼ぶ。たとえば、私たちが世界の中の（すなわち、宇宙の中の）あるものについて考えようとするとき、私たちは常にそれを空間の中に位置づけられ、空間的特質を有したものとして考える。（点というものを私たちはいかなる空間も占めないものとして想像するけれども、その点でさえ、いかなる空間も占めておらず、かつ空間の中のある特定の地点に位置づけられるという空間的特質を有するのである。）彼の見解では、何であれ私たちにとって現れるものは、必然的に空間的な仕方で現れるのである。同様に、何であれ私たちにとって現れるものは、時間との何らかの関係において現れる。それは何らかの時間的特質を持つ。カントはまた、あらゆる現象的知識――私たちにとって現れる通りの物事についてのあらゆる知識――は、いくつかのカテゴリーによって形作られると論じる。私たちが物事を互いに関連づけたり切り離したりするのは、それらのカテゴリーによってである。たとえば、私たちが考えることのできるどんな事物も、因果性という仕方で、他の事物と関連づけられて私たちの前に現れる。実際にはしばしば、私たちは事物の間の因果関係がどのようなものであるかを知らないのだが、その場合でさえ、私たちは事物を他の事物と因果的に結びついたものと考えるのであり、それとは別の仕方で事物について考えることなど本当にできはしないのである。

カントによって提示された知ることについての二番目の仕方は、事物がそれ自体で存在する通りに知るということである。言い換えると、事物の現象的属性を取り払うことが可能であるとしたら知られうる通りに知るということである。カントは知ることのこのような仕方を本体的と呼ぶ。この表現はギリシャ語のヌース〔*nous*〕という名詞と、これに関係する行為を指す抽象名詞ノエシス〔*noesis*〕から由来している。ヌースとは、知性、悟性、心といったことを意味する。ノエシスという言葉を、プラトンは知識の最高にしてもっとも真なる形式を示すために用いた。

プラトンが彼の読者に与える印象は明々白々である。すなわち、ノエシスは、哲学的な本性を備え、この本性が最高の点にまで陶冶された少数の人間にとってのみ接近可能なのではあるが、ともかく人間にとって接近可能ではあるのだ。これとは対照的に、カントにとっては、それ自体で存在する通りの事物についての知識――本体的知識――は人間にとって接近不可能である。私たちにも、この種の知識が何らかの種類の存在にとって可能であると想像することはできる。しかし私たちにはその知識を手に入れることはできないし、それがそもそもいかなる種類の知性にとって原理的に接近可能であるかさえ（およそ知るということの厳密な意味においては）知ることができない。空間と時間という観念は、因果性のようなカテゴリーとともに、人間がものを知ることができる仕方にとって内在的である。そうした観念とカテゴリーとによって課せられた限界を、私たちは超越することができない。あるいは、少なくとも、その限界を超越した知識を手に入れることはできないのである。

カントによれば、人間は、私たちがそれについて現象的（経験的）知識を得ることが不可能であるような三つの事柄について議論をめぐらすことに、強力な実践的関心を持っているという。それらの対象というのは、意志の自由、霊魂の不死性、そして神の存在である。[7] これらのうち最初のものが、カントの正義の理論にとって中心的となる。

カントの見解では、人間が自由意志を持つということについて、私たちは証明することもできなければ確実な知識を持つこともできない。しかしながら私たちは、道徳が意味をなすのは人間が自由である場合だけだと証明することはできる。このことを根拠にして、私たちは理に適った仕方で人間が自由であることを要請できる。そして、この要請を根拠にして、道徳と正義の内容について幅広く議論をめぐらすこともできるのである。このルートを通ることで、私たちは理性を用いて、自由の法則とカントが呼ぶものを発見することができる。自由の法則は自然の法則と対比されている。自然の法則は、世界の中で実際に生じる事柄を私たちが説明するのを助けてくれるだけであるが、自由の法則は、何が生じるべきか、そして私たちの義務は何かを私たちに指示してくれる法則なのである。[8] このような議論の進め方が、「義務論」へと通じてゆく。そこでは次のように述べられる。

> 人は、自由に対して彼が持つ能力という特質の観点から表象されうるし、また表象されるべきである。ただし自由は完全に超感性的なものであるが。したがって、人は、彼の人間性の観点からも表象されうるし、表象されるべきである。言い換えると、物理的属性に影響されたものとして表象された際のまさに同じ主体、つまり人（現象人）からは区別された、物理的属性から独立した人格（本体人）という観点からである。（65 [239][9]）

言い換えると、私たちは、人間が、彼らが存在する通りの仕方で、私たちの現象的知識の手の届く範囲を超えたところで、自由な行為者であることを知っているかのごとく議論を進めるほかはない。しかも、彼の議論の道筋をここでたどり直すことはしないけれども、カントによれば、人間は理性的な行為者であるという想定のもとに議論を進めなければならないということも、ここから帰結する。自由であることと理性を持つことこそは、道徳についてのあらゆる議論の基盤を形成する属性なのである。というのも、これらの属性がないとしたら、道徳について議論することは意味をなさないからだ。

カントの正義の理論は、したがって、彼の形而上学全体を支えているのと同じ二元論に基礎を置いている。現象人と本体人の間のこの二元論が、キリスト教の思考においてそのもっとも早い時代から中心的な役割を果たしてきた身体と霊魂の間の二元論とよく似ていることは、指摘しておく価値がある。身体は目に見える自己である。霊魂は目に見えない、男女の本当の人格がそこに宿る自己である。この二つのペアのうち、キリスト教の思想では、霊魂のほうがはるかに重要なパートナーである。同じように、カントの思想でも、本体人のほうがはるかに大きな役割を果たす。本体人の持つ物理的でない（「超感性的な」）属性こそが、カントの正義の理論の基盤なのである。カントはプロテスタントのキリスト教徒であったから、彼の正義の理論を支えるさまざまな想定、概念、および区別のうちのいくつかのものがキリスト教の思想という大きな枠組みの内部に見出されるのは驚くべきことではないだろう。

すでに見たように、カントが彼の道徳の理論（彼の正義の理論はその一部である）をその上に基礎づけている鍵となる要請は、人間が、本体人として見られたときには、自由だというものである。この言明の主語は本体人として見られた人間なのであるから、この言明は経験的なものではない。言い換えると、それは人間が持つ、私たちが観察を通じて発見したり証明したりあるいは反証したりできるような、何らかの属性についての言明ではない。そうではなく、それは人間の（要請された）不可欠の本性についての言明である。それはまた規範的な言明、すなわち存在すべき事柄についての言明でもある。本体人として見られた人間は自由であると述べることは、部分的には、人間は自由であるべきだと述べること、人間は自由であるべく権限づけられている、あるいは自由である権利を持つと述べることでもある。

カントの自由の構想が、彼の正義の理論の核心に横たわっている。その理論を理解するには、それゆえ、次の点をしっかりつかんでおくことが重要である。すなわち、自らの行為に対する制約の不在という常識的な意味での自由の観念をカントは受け入れていないという点である。そうではなく、彼は自由を、ある人格が一人でにせよ他の人々と一緒でにせよ、自分自身に与えた法則以外のいかなる法則にも従わないこととして定義した（50 [223]）。彼にとっては、自由であるということは自分の行為に対して制約が不在であることではない。そうではなく、他人の恣意的な意志によって課せられた制約からは独立していることなのである（63 [237–38][10]）。

加えて、この自由の観念は本体人として見られた人間に——要請された、しかし厳密な意味では知ることのできない、人間の不可欠な本性に——基礎を置いているがゆえに、正義にとって、あるいは人々の権利にとってこの観念が持つさまざまな含意に対しては、ある人を別の人から区別するさまざまな経験的差異は何の関連性もないことになる。アリストテレスは、人間は互いに絶対的に不平等であるという彼の想定を、人々が経験的な問題として素質に関してドラマティックに異なっているという観察に基づかせていたように思われる。ホッブズ、ヒューム、そしてアダム・スミスは、人間の平等性という彼らの主張を、人々は、少なくとも社会と教育の違いが与える影響を脇に置くならば、素質に関して実際にほぼ平等だという断言に基づかせていた。カント的な観点に立つならば、人々の能力やその他の経験的な属性についての観察は、権利と正義にかかわる事柄にとっては無関係である。この観点からは、各々の人格は絶対的な価値を持っている。しかも、他のすべての人間と等しくそうなのである。

カントは彼の道徳理論全体を、彼の正義の理論も含めて、本体人として見られた人間は自由であるという要請によって与えられる基礎の上に築いている。この要請から議論を進めることによって、私たちは唯一最高の道徳原理に到達できると彼は論じる。それを彼は「定言命法」と名づける。定言命法が命法であるのは、それが一つの命令である、実際には人々に対して彼らがなしうることとなしえないこと（すべきこととすべきでないこと）が何であるかを指示する一つの指令であるという意味においてである。それが定言的であるのは、それがあらゆる人に対して（それどころか、自由で理性的なあらゆる被造物に対して）、その人がどのような望みや意図や目的を抱いているかにかかわりなく、適用されるという意味においてである。

私たちは定言命法を（カントが呼ぶところの）「仮言命法」と対照させることができる。ある命法ないし命令は、人々に対するその適用可能性が、彼らがたまたま持っている特定の望みや意図や目的に依存しているならば、仮言的である。（より適切な呼び名は、「条件つき命法」というものかもしれない。）仮に私が、名人級のヴァイオリニストになりたいという望みを抱いたとしよう。その場合には、私にとって、レッスンを受けたり練習をしたりということによってこの望みを達成するのに必要な手段を講じようとすることはひとつの仮言命法である。私はこの望みを採択したり、それを実現したりしなければならないという道徳的義務を課せられているわけではないし、多くの人々はそれを共有していない。したがって、この特定の仮言命法は彼らにはあてはまらないし、それが私にあてはまるのも、私が私の望みを持ちつづけるかぎりにおいてのことでしかない。対照的に、定言命法はあらゆる人に等しい力をともなってあてはまる。しかも定言命法は、仮言命法よりも重大な力をともなってあてはまるのである。ある事例において私が仮言命法と定言命法の両方に従うことを不可能にするような何らかの衝突が生じる場合には、定言命法が優先する。

カントは定言命法をいくつかの異なったやり方で定式化しているのだが、現実にはたったひとつだけの定言命法が存在すると彼は論じている。その命法とは（複数の定式化のうちのひとつによれば）次のものである。「その格律を通じて、それが常に同時に普遍的な法則となるべきことをあなたが意志できるような、そのような格律のみに従って行為しなさい」[11]。カントに従うならば、正義の理論全体がこの唯一の命令から引き出される。

カントの定言命法は「黄金律」のひとつのバージョンであるということがしばしば言われてきた。黄金律は普通、次の言明で定式化される。「あなたが他人から自分にしてもらいたいと思うように他人にしなさい」[12]。たしかに、二つの間の類似点はかなりのものである。どちらの言明も定言的な、言い換えれば無条件の命令である。どちらの言明も次の意味で反省的である。すなわち、どちらもそれらの名宛人となっている人が、彼または彼女自身を他人の立場に置くことを、そして考えられている行為が、その仮説的な状況の中で、彼または彼女自身にとって受け入れ可能であるか考慮することを命令している。どちらの言明もすべての人間に普遍的にあてはまるように意図されている。

それにもかかわらず、カントの言明は、私たちがマタイによる福音書に見出す黄金律とは異なっている。黄金律は個別的に考えられたさまざまな行為にあてはまるように意図されている。それが名宛人に対して要求するのは、彼または彼女が、彼または彼女に対して他人にどのように行為してほしいかを考慮することである。定言命法も個々の行為にあてはまるとは言える。けれどもそれは、中間項となる格律（格律とは、個人がたまたま持つことを選択した対象、目的、あるいはプロジェクトを追求する際に採択する、行為の原理ないし規則である）を通じて個々の行為にあてはまる。さらにそれは、格律を判断する際に、自分たちに起こってほしいと私たちが思うことに基づいてではなく、私たちの格律が普遍的な法則となるべきことを私たちが意志できるかを考慮することによって判断を下すよう私たちに求める。カントが私たちにおこなうように要求する反省のプロセスは、黄金律において命令されているプロセスに似てはいる。しかしそれはより複雑で、より抽象的で、そしてより一般化されているのだ。

カントの定言命法の定式と、マタイによる福音書における黄金律の言明との間の違いは、カントの正義の理論の文脈では重大なものである。それらの違いのぼんやりとした感覚を、私たちは、山上の垂訓からのもうひとつのよく知られた一節を考慮することで得ることができる——山上の垂訓と言えば、それはまさにイエスが彼の黄金律の言明を提示している説教に他ならない。黄金律を明示的に述べるよりわずかばかり前に、イエスは次のように言っている。

あなたがたは、彼らが「目には目を、歯には歯を」と教えられていたことを学んできた。しかし私があなたがたに教えることはこうです。あなたがたに対して不当な行為をした人物に逆らってはならない。もし誰かがあなたがたの右の頰を打ったなら、顔の向きを変えて左の頰を差し出しなさい。もし人があなたがたのシャツを手に入れようとしてあなたがたを訴えるなら、あなたがたの上着も彼に与えなさい。もし力のある人があなたがたに一マイル行かせようとするなら、彼と一緒に二マイル行きなさい。[13]

黄金律を含む山上の垂訓の中心的なメッセージのひとつは、他人に対して害をなすのは不正だということである。このメッセージは、『国家』におけるソクラテスの、他人に害をなすことは決して正しいことではありえないという議論と驚くほどよく似ている。この議論をソクラテスは、プラトンのその著作の冒頭にある議論の中で彼に提示される相互性としての正義の観念のいくつかのバージョンを退けるために用いるのである。相互性が正義にとって根本的であるという考えは、『国家』におけるプラトンにとってまったく相容れないものであったが、山上の垂訓にとっても——そして福音書全体のメッセージにとっても——相容れない。ところが、これから見ていくように、相互性の観念はカントの正義の理論の中で欠くことのできない重要な役割を演じるのである。

先ほど引用した定式では、定言命法があてはまることを意図されている対象がどのようなタイプのものであるかは曖昧である。一見したところ定言命法の命令が対象とするタイプのもっとも明らかなものは行為である。しかし、定言命法が命令しているのは、およそ人格はある行為が許容されうるか否かをその行為の背後にある格律に反省を加えることで決定しなければならない、ということである。したがって、少なくとも間接的には、定言命法は格律（行為の原理ないし規則、あるいは行為のタイプ）にもあてはまるように思われる。カントの道徳理論全体において、定言命法は実際のところ両方のタイプの対象にあてはまるさまざまな命令のための――さまざまな道徳法則のための――基盤なのである。これら二つのタイプ（一方における行為と他方における格律）の間の区別は、彼の道徳理論の二つの主要な部門の間の区分にとって根本をなしている。格律に（かつそうした格律が目指しているさまざまな目的や対象に）あてはまるものとしては、道徳法則は倫理的法則と呼ばれる。行為にあてはまるものとしては、道徳法則は法的法則と呼ばれる（42［214］）。法的法則は人々の振る舞いに制限を課すのであって、彼らの意図や対象にではない。カントの道徳理論は、全体として、両方のタイプの法則を包含する。彼の正義の理論は、しかしながら、法的法則とのみ、したがってそうした法則を通じて規制可能な外的行為とのみ関係する。

カントは、人々にあれこれの意図を採択するように強いることは不可能だと考えていた。（ここからはまた、人々に意図を採択するように強いることは、仮にそんなことが可能であったとしても、不当なことだという彼の自由についての考えが生じてくるように思われる。）この理由により、慈善にかかわる義務は、倫理的法則に服するのであって、法的法則（すなわち正義の法則）に服するものではない。慈善にかかわる義務は、それらの義務にふさわしい意図を維持しつづけるような人によってのみ果たされうるからである。しかしながら、だからといって意図がカントの（彼の倫理の理論とは区別された）正義の理論にとって無関係だということにはならない。カントの正義の理論に従えば、公の法律には、何らかの指示された意図を持って行為することを人々に要求することはできないとしても、人々がある種の意図を持って行為するのを禁じることは可能である。たとえば、事前に計画された殺人の禁止というものがある。このような禁止によれば、計画殺人という犯罪は、殺人という行為を犯そうとする意図が犯人に存在するという点で、過失致死から区別される。これは、カントの正義の理論と両立するだろう。カントの正義の理論は行為に、そして行為のみにあてはまるようにデザインされているのだが、（たとえば計画殺人のような）ある種の行為を記述するためには意図があるということが欠かせないのであり、正義の法則は、こうした行為に対しても、意図があるということが本質的ではない行為に対してと同様に向けられることができるのである。

Ⅳ

したがって、カントの正義の理論とは、人々の外的行為に制限を、それも強制的に執行可能な制限を課すようなさまざまな道徳法則ないし自由の法則についての理論である。この理論の基盤は、正しさの普遍的原理にある。この原理をカントは定言命法から導き出して、次のような定式を与えている。

いかなる行為も、ある普遍的な法則に従って誰の自由とも両立可能であるならば、言い換えれば、その行為の格律から見て、各人の選択意志の自由が誰の自由とも両立可能であるならば、正しい。（56［230］）

この後すぐにカントが示唆しているように、この原理の主要な論点のひとつは、人々が他人の自由を損なうのを妨げるべく、強制力を使用するのを正当化することである。

広く考えられているところによれば、カントは法的強制力が正当化されうるのは自由を確保するためだけにだと考えていたという。しかしながら、これは彼の正しさの普遍的原理が述べていることではない、という点に注意してもらいたい。問題の原理によるならば、強制的行為（たとえば強制力を持つ法律を執行するための行為）は、何らかの普遍的法則にしたがって誰の自由とも両立可能でなければならないということは間違いなくその通りである。けれども、ここからは、そのような強制的行為にとって許容されうる唯一の目的ないし対象が自由を確保することである、ということは帰結しない。次の点を心に留めておくことも重要である。すなわち、カントは自由を、人々の行為に対する制約が不在であることと同一視してはいないし、それどころかそうした制約を最小化することとも同一視してはいない。カントの見解では、人が自由であるのは、彼または彼女が、一人でにせよ他の人々と一緒でにせよ、彼または彼女自身に与えた法則にだけ服従している場合なのである。さらに言えば、彼の考えで問題になっている法則の制定者は本体人である――現象人ではない。彼または彼女に法則を与える人格とは、彼または彼女の物理的属性を、彼または彼女の個人的な欲求や傾向性も含めて取り去られた人格であって、そうした属性を帯びた人格ではない。ある人の自由は、経験的な自己としての――現象人としての――その人が、彼の「超感性的」自己によって――本体人によって――彼に与えられた法則に服従していても、それどころか、そうした法則が他の人々も参加した決定によって押しつけられたとしても、削減されはしないのである。

カントは、彼の正義の理論の基本原理――正しさの普遍的原理――を頼りにして、二つのタイプの主題に関するいくつもの結論に到達する。第一のタイプの主題は、人格の間のさまざまな個別的関係にかかわる。この主題全体に対して彼が与えた標題は私法である。そこに彼は、今ではお馴染みとなった財産、交換、契約といった主題を含めている。彼はまたこの標題の下に人格に対するさまざまな権利についての議論も含めている。（「人格に対する権利」は、男が彼の妻に対して持つ権利、親が子供に対して持つ権利、そして家長がその従者たちに対して持つ権利を含む。カントはすべての人間が他のすべての人間と等しく絶対的な価値を有すると考えていたのではあるが、彼は同時に、家族の中では一定の人々が他の人々に対して優越した地位を占めることが当然であるとも想定していた。）第二のタイプの主題、すなわち公法は、市民状態にかかわる。言い換えれば国家（あるいは、まもなく時代錯誤的なものになってしまう用語法では、市民社会と呼ばれていたもの）にかかわるのである。

これら二つの主題は分かちがたく結びついている。たとえばカントは、所持〔posession〕と所有〔property〕を区別した上で次のように論じている。すなわち、所有は、私法の主たる構成要素の一つなのではあるが、所有権に対するさまざまな請求が認識され執行されうる市民状態においてのみ可能になるというのである。このためカントにとっては、彼が公法という主題に移るよりも先に私法について論じているにもかかわらず、いかなる私法も市民状態以前には存在しないことになる。言い換えれば、市民の持つさまざまな私的権利がそれを通じて執行可能であるところの強制力をそなえた国家の外側では、いかなる私法も存在しないのである。

カントにとって、正義に適った社会とは、その成員たちがお互いの権利を侵害するのを差し控えることによってお互いの権利を相互に尊重しあう社会である。ヒュームとその継承者たちと同じように、カントも私的所有の権利のための強力な擁護論を立ち上げている。カントも、人々が所有物を手に入れるのは、それが彼らにとって役に立つと期待するからである、という点を認識してはいる。けれども、私的所有が権利であることを支持するカントの議論は、私的所有という制度が有益であるという主張に基礎を置いてはいない。彼にとって、私的所有というその権利は本体人としての人間に内在する自由に基礎を持つのである。道徳理論にとって根本的である要請――この要請がなければ、カントの見解では道徳というものが意味をなさない――は、人間が自由意志を有するという要請である。人間が自由意志を有すると述べることは、私たちのおこなう決定や行為が、経験的な傾向性と欲求とによって動かしがたくかつ排他的に引き起こされているわけではないと述べることである。それは、そうした自分の行為を、自由の諸法則に従って、私たちの意志に服従させることが、本性によって私たちには可能であると述べることなのである。そして、まさに私たちが自分の行為を自分の意志に服従させることが可能であるように、私たちは事物に関して自分の意志を主張することも可能である。私的所有の権利は、事物に関して自分の意志を主張する人間の能力によって正当化される。

カントは、人間の持つさまざまな権利は、自由に対する根源的権利に根差したものだと論じている。この自由に対する根源的権利は、どんな人間にも彼または彼女の人間性のゆえに帰属するものである。彼はまた、すべての人は、他人が彼らによって強制されないのと同じように他人によって強制されない権限を持っている、という意味において、すべての人は内在的に平等であるとも論じている。(63［237］)。しかしながら、カントは、この内在的平等が所有における平等の権利を内包することは否定する。[14] 彼が強く主張するのは、ある国家の臣民すべてはその法律によって平等に取り扱われる権限を持つのであって、したがって法律に関する事柄においては誰も特権を受けることはないし、また不利益な差別にさらされることもない、ということである。彼はまた、社会が提供するさまざまな有利な地位があるとき、そうした地位がどのようなものであれ、それらを求めて競争する権利が国家のどの成員にもあるべきだということも強く主張している。けれどもカントは、所有の不平等を断固として擁護する。そうした不平等のうちに彼は、もっと普通の意味での物質的所有のみならず、肉体的および精神的な長所や技能といったものの所有も含めている。[15]

カントは人間のうちのある特定の人々が、彼らの「肉体的」属性（現象人としての属性）のおかげで、家族内の決定形成という目的に関しては、他の人々よりも優越した地位を占めるのにふさわしい、と想定していた。彼はまた、所有における不平等（「最大限の不平等」さえも）[16] を擁護した。それにもかかわらず、相互性の概念は彼の私法の理論にとって中心的である。それどころか、彼の私法の理論のもっとも根本的なテーマは、次の点にある。すなわち、自然本性にしたがって平等な諸人格（これは、彼にとっては、すべての人格を意味する）の間の正義に適った関係とは、バランスのとれた相互性の関係である。ただしこの関係において参照点となるのは、本体人であって現象人ではない。以下に掲げるのは、「理論と実践」からの代表的な一節である。

人間としての人の自由は、共和国の憲法のための一つの原理として、次の定式によって表現されうる。誰であろうと、私に対して、他人の福利についての彼の構想に従って幸福になることを強制することはできない。というのも、各人は自分の幸福を自分が望むどのようなやり方によってでも追求することが、実行可能な一般的法則の内部で他の誰の自由とも両立可能な同様な目標を追求する他人の自由を侵さないかぎりにおいて、できるからである――言い換えれば、人は彼自身が享受する権利と同一の権利を他人に認めなければならない。[17]

実際のところ、自由意志の所有者として考えられた人格の間の相互性に対する強調は、彼の定言命法と正しさの普遍的原理の定式において明らかである。これらの定式の中で普遍性を強調するとき、彼は同時に、自由のための能力を有するものとして考えられた諸人格の間の相互性を強調しているのである。

相互性にカントが置いている強調がどこよりも明白なのは、彼の刑罰の理論においてである。刑罰の理論を彼は公法という表題の下で論じている。ここでもカントは、他の箇所と同様に、正義に対する功利主義的な議論と彼自身のアプローチの間にあるいくつもの差異に注意を促している。「法廷によって下される刑罰は」(刑罰のうちに彼は、刑法上の犯罪行為に対して科される刑罰だけでなく、私法上の不当行為に関して人に下される判決も含めている)、とカントは断言する。「犯罪者自身にとっての、あるいは市民社会にとっての、何か刑罰そのものとは別の善を促進するための手段のみとして科されることがあっては決してならない。刑罰は常に、犯罪者に対して、もっぱら彼が罪を犯したからという理由によって科されるのでなければならない」。ここで明白に批判の標的とされているのは、正義についての功利主義的な議論の進め方は、より大きな善のために無実の人を罰することに通じる可能性がある、という事実である。このような懸念はたんに仮説的な可能性に向けられているにすぎないと論じることもできるだろう。一般論として功利主義者たちが無実の人の処罰を擁護してきたわけではないからである。しかし、カントが同じくらい懸念しているのは、功利主義的な議論の進め方が、犯罪的な不当行為に対するバランスのとれた応答をなすためには厳格さが足りない刑罰に通じるのではないか、という点なのである。実際のところ、まさにこの点を標的として、カントは彼の政治哲学全体の中でもっとも強烈な言明のいくつかを投じている。

> 刑罰の原理は定言命法である。そして、幸福主義〔幸福を生み出すという目的こそが道徳の諸原理の基礎に置かれるべきだとする学説〕の曲がりくねった道を這いずって犯罪者を処罰から解放したり、それどころかその量刑を軽減したりしようとするものには災いあれ〔…〕。というのも、もし正義が廃れるとしたら、もはや人が地上に存在することに何も価値はないのだから。（141［331-32］）

カントの考えはこうである。何らかの見せかけのより大きな善のために無実の人に不当な処罰を科すことを私たちは懸念すべきである。だが正義が問題であるかぎり、それとまったく同じように私たちは、有罪のものに軽すぎる処罰しか与えないことも懸念すべきなのだ。どのような種類の、そしてどれほどの量の処罰を、正義は要求するのだろうか。カントの回答には曖昧さは少しもない。刑罰の原理は、

> （正義の秤の針の位置の）平等、すなわちどちら側かに余計に傾いてはならないという原理以外の何物でもない。したがって、人民の内の誰か別の人にあなたが不当な害悪を及ぼすならば、それがどんな害悪であれあなたは同じ害悪をあなた自身に及ぼすことになるのだ。〔…〕応報の法則（同害報復原理）だけが〔…〕処罰の質と量を決定的に規定できる。（141［332］）

カントは自らをきっぱりと、相互性の概念が正義という考えが基礎を持つ苗床の一部をなしていると主張する陣営の側に位置づけている。そればかりか、刑罰に関する彼の議論からは、彼が厳密にバランスのとれた相互性という観念に対する断固たる支持者であることも明らかになる。不当なおこないをした違反者に対して科される

処罰が、当人がその犠牲者に負わせた害悪と、その種類において常に同一であるべきだとは、彼は言い張っていない。それでも、彼の刑罰の理論は、目には目を、歯には歯をという聖書の教えのきわめてよく似た親類である。

古代の多くの著述では、正義とは等しいものの間ではバランスのとれた相互性の問題であり、等しくないものの間ではバランスを欠いた相互性の問題であるという考えが、幅広い支持を得ている。カントはと言えば、彼は正統とされる権力に関係するさまざまな不平等を自然なものとして受け入れていたし、所有（外的な財だけでなく、肉体的および精神的な能力も含めて）の不平等の断固たる擁護者でもあった。それでも彼は、正義について考えるときの参照点が本体人であって現象人ではないという見解、すなわち自由のための能力の所有であり権利の保有者でもあると考えられたかぎりでの人格であって、肉体的（心理学的なものも含む）属性を帯びた個人ではないという見解に、しっかりと忠実を保っている。自由のための能力の所有者としては、すべての人間が平等である。したがって、カントにとっては、すべての人に関する処罰を支えるべき原理とは、身分には一切かかわりなく、バランスのとれた相互性の原理であるべきことになる。身分において優越する人々に科される処罰はその種類において常に身分の劣る人々に科される処罰と同一ではありえないとしても、特権を持つ人々に割り当てられる処罰はその効果においては普通の人々に科される処罰に等しいものであるべきだ、とカントは論じている（141［332］）。彼の見解では、軽すぎる処罰というものは——たとえどんな理由があろうと、その理由が見せかけのより大きな善であろうと、あるいは社会的身分のある人に対する尊重であろうと——厳しすぎる処罰（あるいは無実の人に科される処罰）と同じように深刻な不正義なのである。

カントは死刑の反対者たちに対して、とりわけチェザーレ・ベッカリアを名指しして、とっておきのもっとも激烈な批判を向けている。カントの論じるところでは、「感情に流されすぎた人間性と呼ぶべきものの、極度に同情的な感情の数々に突き動かされて」、ベッカリアは「ソフィスト的な詭弁と法律家の言い逃れ」以外のなにものでもないような議論に惑溺している（143［334-335］）。ベッカリアの誤りは、本体人、すなわち正しさの普遍的原理に一致して立法をおこなう純粋理性の自己と、現象人、すなわち肉体的属性を持った自己とを区別していない点にある。さまざまな衝動や傾向性を含む肉体的属性こそが、しばしば法律の、そして他人の権利の蹂躙へと通じているものなのだ。死刑は、殺人という行為を意志し犯したいかなる人に対しても、理性的な自己によって厳格な応報的正義に従って意志される刑罰に他ならない。カントの立場は、細かい点に関してはところどころで揺らぎが見られるものの、刑罰が基礎を置くべき原理がバランスのとれた相互性の原理であるという確信に関してはまったく揺らぎがない。

V

刑罰というトピックを論じることで私たちはすでに、カントが公法と呼ぶ領域に足を踏み入れている。刑罰がそれらに対して科される侵害行為のほとんどは人と人の間の個別的な関係（それらは私法の焦点である）において生じるにもかかわらず、刑罰を正義に適った仕方で科すことができるのは公的団体、すなわち国家のみであるということをカントは強調していた。彼の正義の理論の他の多くの場面でもそうなのだが、ここでも私法は彼の見解では公法に機能的に依存しているのである。

言い換えると、人と人の関係において正義を維持することが可能であるのは、もっぱら市民的状態に入ることによってであると――すなわち、他人とともに一つの共和国（または国家）に加わることによってであるとカントは考えている。人間は市民的状態に入る絶対的な義務の下にあると彼は主張した。

人間すべてが共有しなければならず、したがって人間同士のありとあらゆる外的関係において絶対的かつ最優先の義務であるような、目的それ自体としての結合というものは［…］市民的国家を、すなわち共和国を構成するかぎりでの一つの社会においてしか見出されない。[18]

それどころか、市民的状態は正義にとってあまりにも重要なので、共和国の成員となることを回避して「自然的」な前政治的状態に留まろうという気を起こすものは誰でも、共和国に加入すべく強制ないし強要されうるのが正しいことなのである。

この結論を支えるカントの主な論拠は、強大な強制権力を後ろ盾として持つひとつの集合的（あるいは一般的）意志によってのみ、人々は他人が彼らの権利を尊重するだろうという確信を得ることができる、というものである。そのような権力の樹立以前には、自分にとって正しくそしてよいと思われることをするための権利を各人が有している。しかしながら、こうした前政治的状態では、各人は他人の恣意的な意志によって制約される可能性にもさらされている。したがって、人々のどのような集団にしても最初にしなければならないことは、その市民たちの権利を執行するのに十分な権力を有した国家を創設すべく、他人と手を結ぶことである。正義に適った社会にはひとつの種類しかないのであって、それは正義に適った国家なのである。

カントはまた、国家の立法する権威に対する抵抗は、いかなる種類のものであれ、いかなる状況においても、絶対的に正義に反すると主張する（130-131［319-320］）[19]。正義が問題であるかぎり、国家の臣民たちはその主権者に対して絶対的服従の義務がある。彼の議論の筋道はこうである。国家なしには正義はありえない。そして国家に対する反乱、扇動、抵抗といったことは、どんなものにせよ国家の存在そのものに対する脅威であり、したがって正義に対する脅威なのである。カントがそのように書いたのは、フランス革命によって引き起こされた動乱がまだ鎮まっていなかった時代においてである。そのためか彼は、政治体制というものが、公の法律や政策に対する何らかの形の抵抗があることで、それが脅かされるのではなく、むしろ実際には強化されるような仕方で構成されうるかもしれないという可能性を、考慮していなかったように思われる。

公法の領域に関するこれらの主張――人々が国家に加入するのを渋る場合には彼らはそうするように強制され

うるし正義に則ってそうされるべきであるという主張、ならびに国家の臣民たちはその統治者に対して絶対的服従の義務を負うという主張――は、自由の観念、ならびに各人が持つ絶対的価値という観念に基礎を置く政治哲学の中で一際目立っている。だがここでも、他のところでそうだったように、自由についてのカントの独特の構想を心に留めておくことが重要である。その構想によれば自由とは、個人が、一人でにせよ他人と一緒でにせよ、彼または彼女自身に与えたもの以外の法則には服従しないということであった。自由とは、「それが他人への不正義をなさないかぎり何でも自分のしたいことをしてもよいという保証書」[20]ではない。カントは各人が他のすべての人と等しく絶対的な価値を持つと強く信じてはいたが、彼の自由の構想は、その性格において彼の著作の読者の多くが気づいているよりもはるかに社会的なのである。

カントは私たちに、市民的状態ないし国家を、その国家の成員となる人々によって合意された「根源的契約」の所産であるかのように考えることを要求する。彼にとってこの契約は、経験的ないし歴史的な事実ではなくて「理性の理念」である――本体人の観念が理性の理念であるのとちょうど同じように。けれどもそれは、彼の見解では、絶大な実践的意味を持つ契約なのである。[21]公法について彼が書き残したものが明らかにしているのは、市民的状態の重要さの大部分は個人の持つ権利をお互いから保護することにある一方で、市民的状態を支える合意の条件には、この表現が伝えているように見えるよりもはるかに幅広い意味があるのだということである。

カントは温情主義的国家には強く反対している。この言葉で彼が意味しているのは、臣民たちがまるで自分たちにとって益になることと害になることを見分ける能力を持たないかのように、臣民たちを子供扱いする国家のことである。[22]この種の国家は、たとえその意図するところがどれほど慈愛に満ちていたとしても、彼の見解では「考えられるかぎり最高度の専制」[23]である。というのは、その国家は市民たちに根本的な人権そのものを否定する、すなわち、そうすることで他人の同様の自由を侵害しないかぎり、どんなやり方であれ自分の好むやり方で幸福を追求する権利を否定するからである。彼はまた、所有の平等を達成する目的で富を再分配することにも反対しているように見える。なぜなら、彼の論じるところでは、国家の法律の下ですべての人が権限を認められる平等な取り扱いというものは、所有における大きな不平等と完全に両立可能だからである。[24] これらの点を見て取った読者の中には、カントはある種の最小国家、すなわち共通の国防を供給し、対人権、所有権、それに契約を執行すること以外にはほとんど何もおこなうべきでない国家の支持者であると結論づけるものもいた。

だが本当は、カントはそのような最小国家よりもはるかに強力な国家を支持していたのである。彼がそのような強力な国家を支持したのは、根源的契約の観念に基づいてのことであった。根源的契約は公法の領域における彼の正義の理論の核心となる観念である。国家が市民たちの間で彼らの所有を平等化しようという目的のために富の再分配をおこなうとしたら、それは不正義であるかもしれないが、国家が富を再分配することは、そうすることがニーズを満たすという目的にとって必要であるときはいつでも、たんに許容されるどころか、正義の問題として要求されるのである（136［326］）。カントは明らかに、自分たちで生活を支えることのできない社会の成員たちに対して必要なものを供給するという義務を、国家は、富裕層から貧困層に所有を移転することによって、正義に則ったやり方で果たすことができる、と考えている。彼はまた、国家はこうした富の移転を、強制的に課される税を通じて、正義の問題として実現すべきなのだと主張することで、貧困層のニーズが自発的な寄付のプログラムを通じて満たされうることが正義に適っているという可能性を明示的に排除している。最小国家を支持するどころか、カントが論じていたのは次のことである。正義に適った国家というのは、その成員たちすべてのニーズが、自分たちでは生活を支えることのできない人々のニーズも含めて、満たされることを保証する国家である。そのような保証は、富裕層に対してその所有の一部を他人のニーズを満足させるように差し出すことを要求する、強制力によって課せられた手段を通じてなされるのである。

カントの議論は率直なものである。富裕層は、国家がなければ生存することもできなければましてや裕福になることなどできはしない、という意味において、彼らの存在そのものを、そしてそれ以上に彼らの富を国家に依存している。したがって彼らは、こうした利得の見返りとして、彼らの仲間の市民たちの福利に対して必要なだけ貢献をおこなうことを義務づけられている（136［326］）。貧困層を支えるのを助けるという彼らの義務は、ある種の相互性の原理に基礎を持つのである。

カントの結論は根源的契約の観念に暗示されている。彼の私法の理論の主題が、人と人の間の正義に適った関係とは、そこで問題になる参照点が本体人であるような、バランスのとれた相互性の関係である、という点にあるとすれば、彼の公法の理論の主題は、根源的契約──国家の成員たちが、自分自身の権利とニーズが守られることの保証と引き換えに、仲間の市民たちに対するさまざまな義務を受け入れるひとつの仮説的合意──の観念こそが、あらゆる公法の背後にある原理であり、公の法律と政策が正義に適っているかそれとも不正かを判断するためのテストである、という点にある。

カントにとって、根源的契約の観念は、ちょうど定言命法が個人の格律および個別的行為が正しいかどうかを明らかにするテストであったのと同じように、法律や政策が正義に適っているかを決定するための手段なのである。ある法律が、人民全体が根源的契約においてそれに同意することが不可能であろうようなものだとしたら、そのときその法律は不正である。[25] これに対して、ある法律がそうした合意──人民全体がその同意を与えたであろうような合意──の対象足りえたであろうようなものだとしたら、そのときその法律は正義に適っていると言いうる（しかもカントの考えでは、そのような法律に関しては、人民は、たとえ彼らがそれを支持しないとしても、それを正義に適ったものとみなす義務がある）。国家の成員に含まれるある人々が彼らのニーズを満たすために必要となる手段を奪われている状態を許容するような一連の法律を考えよう。それらは、少なくともある人々が、根源的契約において、それに同意することを差し控えるような法律である。それゆえそのような法律は不正ということになるだろう。もっと一般的に言えば、根源的契約において人民全体の同意を要求することができないであろうようないかなる法律も政策も、不正である。カントは、国家の統治者に対する抵抗というものは、たとえそれが不正な法律に反対することを目指していたとしても、正義に適ったものでありうるとは考えていなかった。しかし彼が、場合によって法律は不正でありうるし、根源的契約の観念こそが、法律が正義に適っているかどうかを決定するための知的に厳密なテストを供給するのだと考えていたことはたしかである。

VI

功利主義に属する著作家たちと対照的に、カントはきっぱりと、相互性の概念を彼の正義の理論の核心に位置づけた。人格の間の個別的関係にかかわる私法の領域では、彼は平等なものの間のバランスのとれた相互性の観念を支持しており、なおかつ、本体人として見られた人格すべてを平等と考えていたので、彼はバランスのとれた相互性を私人間の正義に適った関係の基盤そのものとみなすことになった。公法の領域では、カントの見解を分類することはもっと厄介である。相互性の概念がここでも重要な役割を果たすことは、ある意味では明らかだ。それは、市民的状態から利益を得るものはすべて、それと引き換えに、仲間の市民たちに対する義務——状況によっては、自分の富の一部を他人のニーズを満たすために差し出すことを強いるであろう義務——を引き受けなければならない、という意味においてである。けれども、カントがここで用いている相互性の観念を正確に特徴づけることは難しい。適切に定義された意味でのバランスのとれた相互性の概念はあてはまらないように見える。

カントは正義について考える際の新しい領域を開拓していたのである。たしかにアダム・スミスは、ひとつのシステム的全体性としての社会というヴィジョンを獲得してはいた。そしてこのヴィジョンには、さまざまな財産や生産物は、個別に考えられた部分によってではなく、まさにその全体によって理解されることがもっとも適切であるという考え（これこそ、分業とその帰結に関する彼の構想の肝である）がともなっていた。だが彼は、このヴィジョンをもとにして独特の正義の構想を立案したわけではなかった。カントがおこなったのはまさにそうした独特の正義の構想の立案である。すでによく知られていた根源的契約という観念を、システムとして考えられた共和国にとっての立法のためのテストとして仕立てなおすことによって、彼は新世界に足を踏み入れたのである。ちょうどクリストファー・コロンブスが最初のアメリカへの航海のときにそのことを知らなかったのと同じように、おそらくカント本人としてはそうとは意識していなかったのであるが。「社会正義」という言葉はいまだ作り出されていなかったにもかかわらず、このときカントが思いついていたことは、過去二世紀にわたって社会正義の概念にとって本質的でありつづけてきた。[26]

カントが後世に遺産として残したものは、正義に適った社会についての、効用の理論家たちによって擁護されたヴィジョンとは意識的に対立させられたヴィジョンである。彼は『人倫の形而上学』からの次の一節においてそのヴィジョンへと開かれた窓を用意している。

> ある国家のよい状態という言葉で、その市民たちの福利や彼らの幸福のことが理解されてはならない。というのも、幸福というものは、（ルソーが断言するように）自然状態においてのほうが、それどころか専制的政府の下でのほうが、もっと簡単に、しかも彼らが［実現して］ほしいと思うような仕方で実現することが可能だからである。国家のよい状態という言葉で理解されるのは、そういうことではなく、その憲法体制がもっとも完全に正しさの諸原理に合致しているような状態のことである。それは他でもなく、理性が、ひとつの定言命法によって、それを追い求めることを私たちに義務として課すような状態である。（129［318］）

正義に適った社会とは、カントにとっては、その主要な目標と傾向が、物質的な観点で考えられた市民たちの福利を増大させることではなくて、自由で平等な存在としての市民たちの間のお互いの尊重と相互性を備えた社会的諸関係を維持することであるような社会のことである。たしかに、こうした社会についての彼の構想には誤ったところがある。人間を高度に抽象的観点から本体人とみなすことで、カントは、人と人の間の関係の質が、必然的に、彼らが相対的に置かれた状況の人質にならざるをえない程度を低く見積もりすぎていた。さらに、厳密にバランスのとれた相互性に根差した彼の私法の構想は、彼の公法の構想とはある程度緊張関係にある。彼の公法の構想は根源的契約の観念に基礎を置いており、根源的契約はバランスのとれた相互性の観点だけに縮減されることができないからである。それにもかかわらずカントは、社会正義という言葉は生み出さなかったとしても、社会正義という領域を打ち立てたのであった。その際彼は、階級闘争を超越したヴィジョンでもってそれをおこなったのである。階級闘争こそが、十九世紀の間ずっと、そしてその先も、社会正義という領域を一つの戦場へと変える運命にあった。

第七章　社会正義という考え

I

十九世紀の間には、絶大な影響力を持つきわめて多様な集まりからなる思想家たちが、正義という地勢図を見渡すための新しい山頂を発見した。これらの思想家たちは、スミス、ベンサム、カントといった著作家たちによってすでに踏破されていた高みから歩を進めつつ、さらにいっそう野心的な高いところまで道を作ったのである。彼らは、正義についてのさまざまな理想的尺度を利用するという考えを持っており、この考えを社会の制度全体の全面的な再評価のための基盤と考えた。その全面的な再評価とは、社会のさまざまな利益と負担が分配される仕方に焦点を合わせたものであり、それは社会を丸ごと変身させることを主張するために引き合いに出されるものだった。この新しい視点に立って彼らが作り上げた広範囲に及ぶ想像力に富んだ構築物の数々は、究極的には、彼らが見渡していた地勢図そのものを再構成する助けとなったのである。

十九世紀以前にも多くの思想家たちが彼ら自身の社会をユートピア的な視線でもって見つめたことがあるのは確かである。政治哲学においてユートピア的な構想を最初に素描した著作である『国家』の中でプラトンは、ひとつのポリスの肖像を事細かに描いて見せた。それは、もし現実のものとなったなら、彼の生まれ育ったアテナイが基礎を置いていた実践の数々を覆すのみならず、彼の仲間の市民たちのもっとも基本的な想定のいくつかをも覆すことになったであろう。けれどもプラトンは、彼が描いたような種類のポリスが実現するのを目にしようとは期待していなかったし、おそらくは意図してもいなかった。[1] 同じように、十六世紀の初期に書かれたトマス・モアの『ユートピア』も、表向きは理想的な共産主義の社会を場所のはっきりしない大きな島国の上に描いて見せた。実際にはモアは、その描写が社会を丸ごと変革するための青写真として取り扱われることを意図してはいなかったし、仮にそんなことがあったとしたら、おそらく彼は面白がったか、不快に思ったかのいずれか（もしくはその両方）だったろう。[2] 十七世紀に著述をおこなったトマス・ホッブズは、彼の同時代人たちが自分たちの政治秩序を考える際のやり方に対して根本的な変更をいくつも提案した。けれども彼の提案は、射程距離の長いものではあったが、ほとんど完全に政治的分野に限定されていたし、仮に採択されたとしても社会的、経済的生活にそれが及ぼす影響は不確実なものだったであろう。アダム・スミスは経済にかかわる事柄の指揮と規制に対して重大な変更をいくつも提案した。それらは数々の社会関係にも重要な影響力を持ったであろう変更であった。しかし彼は、自分の社会にせよ、他のどの社会にせよ、全体としての社会の諸制度をひっくり返すことを意図してはいなかった。これまでに考察してきた著作家たちの中で、多くの十九世紀の思想家たちに見出されるような広範囲に及ぶ野心を抱くのに一番近いところまで到達しているのは、ベンサムである。とはいえベンサムは、制度と実践についての新しい思考法を発明したと主張し、真剣で熱心な改革者であったにしても、重要ではあるが漸進的な改革を支持したにとどまった。ホッブズからベンサムに至る思想家たちの伝統は、人間のさまざまな慣習は人間による設計に基づく改革を受け入れると考え、社会的世界をそのような慣習の産物とみなしはした。けれどもこれらの思想家の誰一人として、正義についての理想的な尺度を社会の諸制度全体の徹底的な評価のための基盤として用いるという考えをしっかりつかんではいなかった。また誰一人として、十九世紀の政治的、社会的思想家たちの場合にはほとんど常識とさえなったような種類の丸ごとの変革を想像することはなかったのである。

十九世紀において正義についての新しい考え方がいくつも登場したのは、社会的世界という地勢図そのもののとらえ方が、そしてその世界に対して人間が行為者として与えることのできる影響についてのとらえ方が、変化していたからである。ホッブズ、ヒューム、そして他にも多くの人々がすでに、その地勢図を、もっぱら自然の手によってのみ形成された地形としてではなく、人間の行為の産物として描き出していた。十九世紀の初期までには、このような描き方はそれまでに比べるとはるかにずっと生々しいものになっていた。多くの思想家が次のような見解を抱いていた。すなわち、社会の地勢図の主要な特徴をなしている物事——人口の大きな部分を不安定でしばしば悲惨な生活へと、そしてしばしば早すぎる死へと運命づけている社会的、制度的取り決めも含めて——は、人間の努力によって転覆され他のものと置き換えられることができる、行為、慣習、制度のもたらす産物なのだという見解である。政体および社会を一から作り直すということが、おそらく歴史上初めて（少なくとも一定の観察者たちにとっては）まぎれもなく可能であるように見えはじめていた。物事のとらえ方におけるこのような変化を引き起こすのを助けた要素のひとつは、十八世紀初期から十九世紀初期にかけてイギリスとヨーロッパで経済的、社会的生活の輪郭を変えてしまった、技術上の革新の流れである。生産性を向上させ、この時代のほとんどの普通の人々の経済的、社会的生活の形を変えてしまう助けとなった発展は数多いが、なかでも時間を測定するための精度の高い道具の発明、その結果生じた航海技法の著しい改良（これは大陸間貿易にとって重要な帰結を生んだ）、蒸気機関、力織機などを挙げることができる。まるでフランシス・ベーコンが予言していた通りに、十七世紀にあふれ出しはじめた、ニュートンの力学法則によって象徴的な仕方で代表された科学的発明の数々が、人間が自然の力に引き具をつけて思うように動かすための基礎を据えてくれたように思われたのである。[3] ここから、たいした困難もなく次のような思想が引き出された。すなわち、自然を私たちの指図通りに動くように仕向けることができるとしたら、どうして社会を同じように仕向けることができないはずがあるだろうか。そもそも社会の創造者は私たちではないか。

しかしながら、社会変革の見通しに関する想定に影響を与えた第二の、そしておそらく決定的な要因は、フランス革命である。フランス革命は一七八九年に始まって一七九〇年代の中盤を通じて展開した。ほんの十年前ほどに起こったアメリカ革命とは異なって、フランス革命は、それに反対する人々によってと同じく、その主要な担い手たちの多くによっても、過去との根本的な断絶として、フランスの体制と社会を完全に新しい諸原理に則って根底から作り直そうとする一つの黙示録的な出来事とみなされていた。アレクシス・ド・トクヴィルが二世代か三世代後に示唆したように、革命の実際上の帰結はその当時思われていたほど劇的ではなかったかもしれない。[4]それにしても、革命は、無数の観察者たちの政治的、社会的想像力に巨大な影響を及ぼしたのである。十七世紀と十八世紀の科学上および技術上の革命が社会変革のための可能性についての新しい感覚の知的な基礎を据えていたのだとすれば、一連の新しい感受性への移行を完成させたのはフランス革命である。

まさにこうした感受性をアンリ・ド・サン゠シモンは、彼の秘書であり協力者でもあったアウグスティン・ティエリとともに一八一四年に執筆した、ヨーロッパ共同体の再編成のための予言的とも言える提案の中で、誇示して見せた。

社会秩序が転覆されたのは、それがもはや啓蒙の水準と合致していなかったからである。よりよい秩序を創造するのはあなたがただ。政治体制は解体された。それを構築しなおすのはあなたがただ。[5]

「転覆された」と「解体された」、「創造する」と「構築しなおす」。彼らの主張の要点を伝えるためにサン゠シモンとティエリが選んだ言葉は、劇的な社会変革はたんに可能であるばかりか、古い秩序が崩壊してしまったがゆえに不可避でもあったことを示唆している。

根本的改革の見通しについてのサン＝シモンの感受性は、彼の同世代のみならず、二十世紀の半ばまで至る後の世代にも共有されていた。しかしその著作がこの感受性の精髄を提示している著作家と言えば、カール・マルクスである。十九世紀の中ごろに著述活動をおこなったマルクスは、その当時に至るまでの人間の歴史は、自らの行為が及ぼす幅広い体系的な帰結に関して人間が意識することなしに生み出されてきたものだと主張する。その結果として、社会的協働の主要な形式とパターンは、歴史の経路を通じて、いかなる人間も決してそれらを意識的に設計したわけではない一連の高度に論理的な形を帯びてきた。（マルクスは、社会の生産に携わるさまざまな活動と力が組織される仕方にことのほか関心を抱いていたが、それは彼が、その他の重要な制度の主要な特徴がそうした組織から生じてくると考えていたからである。）マルクスは、しかしながら、彼の時代の人類は歴史の方向性における根本的転換の先端に立っているのだと信じていた。人間の歴史を駆動する諸力についての明快で、正確で、そして包括的な把握が目の前に姿を現わしつつあった。歴史の根本にある諸力についてのそうした啓蒙された理解が大衆（プロレタリアート）にまで広がった暁には、人間が自らの運命の指揮をとり、未来を彼らの集合的意志に一致して形作ることが可能になるだろう。そのとき歴史は新しい方位を取る。それは、初めて人間の集合的意志によって意識的に熟慮の上で取られる方位である。

自らが立っていると信じた唯一無二の歴史の転換点についての彼の構想に枠組みを与えるにあたって、マルクスは、アダム・スミスと、政治経済学という主題についてのスミス以降の著作家たちに多くを負っている。スミスが次のように論じていたことを思い出してほしい。すなわち、近代の商業社会を特徴づける分業――スミスは分業こそが、そうした社会の持つ偉大な生産力の圧倒的に主要な源泉そのものであると考えていた――は、誰もそれを意識的に設計したわけでも意図したわけでもないにもかかわらず存在するようになったのだと。この社会的な富の多くの源泉のうちでもっとも重要な源泉は、人々が何世代にもわたって、自分の社会の生産性を向上させようとかその富を増やそうとかいうことを考えずに、自分の比較的狭い目的のために取り組んできた、無数の交換や生産の活動の意図せざる産物だったのである。スミスと彼の後継者たちが力を注いだのは、ニュートンの法則が天体と地球の運動を説明するように思われたのとまったく同一の仕方で、こうした活動およびそれらの帰結を説明するような一般論ないしは「法則」を定式化することにであった。

スミスや他の古典派の政治経済学者の中核的な考えの多くをマルクスは受け入れていた。マルクスが受け入れなかったのは、そうした考えが、歴史の過去と同様に未来も不可避的に決定するに違いない、逃れることの不可能な（あるいは「鉄の」）法則を把握するという命題である。マルクスにとっては、過去は鉄の法則によって決定されてきたのであるが、それは過去の歴史が、自らの活動のもっとも大きくもっとも力強い帰結について意識していなかった人間によって生み出されたからである。こうした意識を手にした人間によって未来が動かされるならば、未来はまったく異なってくるだろう。

マルクスが変革をもたらす変化のさまざまな可能性をめぐる彼の考えを明らかにする言語は目を見張らせるものだ。自らの最高の業績とみなした著作『資本論』に対して彼が与えた副題は「政治経済学批判」であった。この著作の初版（一八六七年）に寄せた序文の中では、彼は「鉄のごとき必然性をともなって不可避的な結果へと進んでゆく「資本主義的生産の自然的諸法則」について、さらに「近代社会における経済の運動法則」について語っている。[6] 要するに彼は、彼の時代およびそれに先行する時代のさまざまな経済は、人間の意図や意志にはかかわりなくそれらの方向と運命を決定づける法則に服従しているのだという主張——彼はそれをリカード、マルサス、そしてスミスだけでなく他の多くの古典派政治経済学に属する学者たちに遡るとしている——を、力を込めて支持している。けれども、彼の見解では、この主張が真であるのは、まさに終焉に到達しようとしていると彼が考えた時代についてだけなのである。もっと初期の『ドイツ・イデオロギー』（一八四五—一八四六年）は、マルクスがフリードリヒ・エンゲルスと一緒に書いたが出版するのを断った著作である。この著作で著者たちは、人間存在の二つのフェーズを鋭く区別した。第一のフェーズでは、人は「自然的社会にとどまっている」。そこでは「個別利益と共通利益の間に分割が存在する」。歴史のこのフェーズでは人間の活動は「意志によってではなく、自然によって分割されている」のであり、したがって「人が自らおこなったことが、彼に対置された一つの疎外された力となる」[7]。さらに人間のまとまった力も、

> 人間の外部に存在するひとつの疎外された力となる。その起源および目標を彼らは知らず、したがってそれを彼らはコントロールできない。反対に、それは人の意志と行為とは独立して、独特な一連のフェーズと段階を通過してゆくのである。[8]

意志によってではなく自然によって分割された活動へのマルクスとエンゲルスの言及は、分業というものが、どんな人間によって設計されることも、意図されることも、予見されることもないままに存在するに至り、人間の諸行為の調整にとって中心的でありつづけるというスミスの考えをそれとなくほのめかしているように見える。彼らは次のように述べることで結論している。

> 社会的活動のこの固定化、私たち自身が作り出したものの私たちを超えるひとつの客観的な力へのこの凝固、この力が私たちのコントロールを超えて成長し、私たちの期待を打ち負かし、私たちの計算を無に帰していくこと、これこそが、今日に至るまでの歴史の展開における主要な要素のひとつなのである。[9]

ここでマルクスとエンゲルスが歴史のまさに過ぎ去っていこうとする（と彼らが信じる）一段階に帰している「社会的活動の固定化」とは、『資本論』において、またもっと以前の政治経済学者たちの著作において、「自然法則」の主題であり「近代社会の経済法則」の主題であったのとまさに同一の現象を指している。

存在のこのフェーズと対照させて、マルクスとエンゲルスはもう一つのフェーズを生き生きと描き出す。そこでは人間の活動は「自然的に」ではなくて意志によって分割されるだろう。またそこでは人間は自らのおこないによってコントロールされるのではなく、それらをコントロールするだろう。労働の分割と方向づけは、人間の統合された意志に服従することになるだろう。個人の持つさまざまな個別利益は、もはや共通利益から切り離されることはないだろう。要するに、人間は、ひとつの全体としての彼らの社会生活のコントロールを集合的に獲得することができるだろうし、人間の歴史の取る方位を彼らの統合された意志を通じて決定することができるだろう。

人間が持つ自分たちの社会を作り変える潜在能力に対するマルクスとエンゲルスの確信は極端なものであった。とはいえ人間が、少なくともヨーロッパの人間が、一見して自然のものである諸力に対する服従から今まさに脱出しようとしているという彼らのより一般的な見解は、イデオロギーに関して大幅な隔たりのある数多くの思想家たちに共有されていた。たとえばジョン・スチュアート・ミルは社会的関係を自然的関係とみなす傾向をしばしば批判した。そして彼は、この傾向に対する彼の戦いを、彼の同時代の共産主義者たちや社会主義者たちのほとんどによって触れられなかったような領域にまで拡大した。その一例が、女性の従属に対する彼の論争である。[10] もちろん、十九世紀の思想家たちの多くは改革の可能性に関してマルクスやミルよりも穏健な想定を採用していた。さらにエドマンド・バーク以降の保守主義の思想家たちは、自然さという幻想を、人間が自分たちの社会的世界を見るときのよくある仕方にそなわった有益な属性として擁護した。保守主義の思想家たちのスタンスは、マルクスのそれとは大きく隔たっていたし、ミルの見解とは正反対のものであった。けれども、科学革命、産業革命、それにフランス革命を記録し解釈した人々は、社会的世界に関する新しい考え方へと通じる水路を開いてしまっていたのである。この新しい考え方は、十九世紀において著作家やその他の人々が正義について考える仕方を形作ることになった数々の会話の中で有意義な役割を果たそうと思うならば、誰も無視することができないものであった。ここから生じた大洪水は、究極的には正義の領域を侵食して新しい地形を生み出すことになった。ジョン・スチュアート・ミルに続く世代における功利主義の伝統の指導者であったヘンリー・シジウィックは、その新しい考え方が到達した問いのもっとも明瞭な陳述を提供した。もし人間が、少なくとも原理的には、彼らの政治的、社会的（そして経済的）諸制度を一から作り直す能力を持つならば、その場合には正義についての中心的な問いに答えるために、十八世紀にヒュームからカントまで含むような多様な思想家たちがしたように、人間の生活の「自然な」形態に遡ることはまったく意味をなさない。シジウィックは彼の『倫理学の方法』の中で、正義との関係における自然的なものの観念を手短に論じた後、次の問いを提起した。「現に存在する通りの人間の間における、権利と特権、負担と苦痛の、理想的に正義に適った分配をそれらに基づいて成し遂げることができるような、何らかの明快な諸原理というものは存在するのか[11]」

権利と特権、負担と苦痛の、理想的に正義に適った分配をそれらに基づいて成し遂げることができるような、さらに全体としての一社会の諸制度を判定し、もしそれらに欠けたところがあれば変革を求めるために利用されうるような一連の諸原理という観念。この観念は、社会的正義という考えに他ならない。この考えの明確化を可能にした準備作業はアダム・スミスによって遂行されていたし、イマヌエル・カントはそれが育つことになる領域にたまたま足を踏み入れていた。しかしながら、これらの思想家たちが出発点をしるした後になって初めて、この考えに形を与えたさまざまな概念と用語とが、最初は萌芽的なやり方で、そして後にはもっと発展させられ先鋭化された形式で発明されたのであった。正義についてのさまざまな考えの領域で、十九世紀の問いそのものを提起したのはシジウィックである。

Ⅱ

この問いに対して哲学者や批評家たちは二つの主要な回答、社会正義の理想的な尺度という称号を目指す二つの主要な候補を提示した。それらのうちのひとつは、世紀の最初の四分の一の間にサン゠シモンの数多くの著作の中で最初に姿を現わした。たとえば、彼が一八一九年に『組織者』と題された定期刊行物に発表した文章を考察してみよう[12]。サン゠シモンは彼の読者に二つの仮説的なシナリオを思い浮かべてみるように求める。最初のシナリオでは、フランスはある日その主要な市民三万人を失うとされる。そこに含まれるのは、国王の兄弟とその他何人かの貴族階級の最高の成員たち、王室の主要な官僚全員、政府にいる大臣全員、国家の顧問全員、要するに実質的に主要な公職者全員と、カトリック教会の主要な人物全員、それに国中のもっとも富裕な地主一万人である。フランスは絶大な損失を被ることになるだろう。しかしサン゠シモンは次のように論じる。すなわち、この損失は結果として国家にとって少しも「政治的害悪」をもたらすことはないのであって、それほど多くの著名な人々が失われたことを多くの人々が深く悲しむではあろうが、彼らの悲しみの理由は純粋に感傷的なものであろう。

これに代わるもう一つのシナリオでは、フランスが失うのは三万人ではなく、三千人だけである。しかしこちらのシナリオではその三千人というのは国中の主要な科学者、芸術家、職人を含む。そこには、詩人、画家、音楽家から物理学者、科学者、医者、時計職人までが、さらに農民、製革業者、リネン製品製造者、金属加工業者から石工、大工、製錬者それに商人まで含まれる。サン゠シモンが論じるところでは、これらの人々は国のもっとも欠くことのできない生産者たち、仲間の市民たちにとってもっとも役立つ、フランスの文明と繁栄に対して最大の貢献をおこなう人々である。もしこれらの三千人の人々が一度に失われるならば、フランスは一瞬で「生命のない死体」と化すだろうと彼は論じる[13]。

これら二つの代替的な仮説的シナリオを提示して見せることで、サン゠シモンは二種類の人々の間に剃刀のごとく鋭い対比を描き出している。すなわち一方には、国家の名声と同国人の福利に貢献する人々がいる。他方には、その存在が本質的に他者の努力と貢献に依存している人々がいる。サン゠シモンの評価では、後者の人々は国家にとってたんに無益なのではなく、積極的に害悪をなしている。なぜなら、彼らは、さもなければ有益な取り組みに向けられたであろう資源を消費してしまうからであり、また彼らは欠陥のある現状を維持するためにかき集められるかぎりの権力を振るうからである。この後者の集団が目立っているということは、「社会がひとつの逆立ちした世界である」ことを示す。[14] その国家は次の諸原理に則って機能している。すなわち、富める者たちに贅沢品を供給するために貧しき者たちが日常的に生活必需品を奪われるべきであるという原理、もっとも罪深い人々――仲間の市民から大々的に強奪を働く連中――が社会的に劣った人々による些細な罪を罰する責任を持つべきだという原理、それに能力があり勤勉な人々を支配するのは無知で怠惰な人々であるべきだという原理である。

サン゠シモンの批判における対比の軸のひとつは富める者と貧しき者という軸であり、後者を犠牲にして前者が富を蓄積することに対して彼が断固として反対していることは明らかだ。彼の信じるところではそれは強盗と変わらないのである。しかし、彼が描いているもっとも重要な対比は、社会に貢献し社会にとって有益な人々と、貢献することなく消費する、せいぜいのところ無益でたいていは有害な人々との間にある。彼が金持ちを攻撃するのは彼らが豊かだからではなくて、金持ちが共通善に対しても彼らの同国人にとっての善に対しても何の貢献もしない寄生者だからである。そして彼が才能ある人と貧しき人の側に立つのは、彼らのおこなう貢献をもとに彼らが値するだけの報酬を彼らが受け取っていないからである。正しく正義に適った社会秩序というものに関するサン゠シモンの考えの根本にあるのは、功績の原理である。この原理に従えば、人々が受け取るに値するものは、彼らが社会に貢献するものに基礎を持つとされる。

サン゠シモンの正義の原理（もしそれを正義の原理と呼ぶことができればの話であるが。というのも、彼は体系的哲学者としてよりも論争家および改革者として著述をおこなったからである）は、その精神において、カントの私法の理論を支えていた主題によく似ている。その主題というのが、人と人の間の正義に適った関係とはバランスのとれた相互性の関係であるという考えであることを思い出そう。バランスのとれた相互性が含意するのは、おおまかに言って、人々が、彼らが与えたものと価値において等しいものを受け取るときに（あるいは彼らが受け取ったものと価値において等しいものを与えるときに）、正義が実現するということである。この原理のサン＝シモンによるバージョンは、カントのそれと比べるとはなはだ面白みにかける。カントにとっては、人と人の間の関係がバランスのとれた相互性という尺度を満たしているかどうかを判定するために意味のある参照点は、現象人ではなくて本体人である――本体人というのは、特定の傾向性、感情、能力、その他の経験的な属性を帯びた人格ではなくて、完全に自由な意志を持つ要請された行為者としての人格である。サン＝シモンは、この手の形而上学的な凝った表現には我慢のならない人であった。彼にとっては、人々――普通の、生身の体を持った人々――は、彼らが（実際に）種をまいたものを受け取るに値するのである。そして彼らが何を（あるいはどれだけ）種まきしたかは、彼らが実際にどれだけ貢献したか、彼らの活動と生産物がどれだけ有益であるかの問題なのである。

彼よりも約二世代後のマルクスと同じように、[15] サン＝シモンは功績の原理を社会主義の原理とみなしていた。彼が想定していたところでは、人々が受け取る報酬が彼らが社会に対してなした貢献に見合ったものとなることを保証する最善のやり方は、社会的生産物（おおまかに言えば、社会の全成員の努力を合わせたものによって生み出される富）が、バイアスを持たない権威者たちによる分配に服することであった。バイアスを持たない権威者たちはまた、全体としての市民のさまざまな生産的な努力を指揮する究極の責任も負うべきものとされた。要するに、サン＝シモンはテクノクラシーの早期の預言者の一人であった。けれども、貢献の原理そのものは社会主義者やテクノクラートたちによってだけ熱心に擁護されたわけではない。実際、多くの人々が、市場の需要こそが、少なくとも市場が完全なものになされうるかぎりにおいては、功績の正確な目盛りだと信じた。そして市場の完成可能性（および市場の自己を支える能力と言われるもの）についての熱狂は、十九世紀には、多数の影響力ある知識人と改革者の間で高い地位を獲得し、しかもその地位にとどまりつづけた。旧体制として知られるようになった少数者に対する特権と特別な保護の体制（それは革命の時点までのフランスにおける階層的な政治、社会秩序と結びついていた）に反対し、多くの場合その体制を忌み嫌う点では、サン゠シモンのような社会主義者やテクノクラートたちが、自由市場と自由放任の擁護者たちと一致していたのである。さらに、これら二つの陣営に属した者たちの多くは、社会正義が達成されるのはさまざまな貢献が功績の原理に一致して報われるときだという考えを支持する点でも一致していた。しかしながら、これら二つの陣営は、「貢献」という観念が具体的に構想されるべき仕方をめぐる問いに関して、さらに社会正義を達成するための制度的な手段に関してはいっそうはっきりと、袂を分かったのである。

フランスの達成したものと、その市民たちの福利とに対する主要な貢献者としてサン゠シモンが詩人、画家、音楽家といった人たちを含めていたことを思い出そう。彼の時代には、詩人、画家、音楽家は、彼らのサーヴィスと製品をオープンな市場で提供することでは生活を支えるに足る収入を得られないことで悪名高かった。これらの芸術家たちは、典型的には彼らの経済的生存を裕福なパトロンたちの善意に依存していたのであり、もっとも名高くもっとも芸術的に成功した人々の中にも、生涯のほとんどを貧困のうちにすごした者がいた。サン゠シモンにとって、芸術家やその他のそれに類する人々が、自由市場を通じて報償の分配がなされるシステムでは乏しい報酬しか受け取れないという事実は、芸術家たちが貢献していなかったり功績に欠けていたりすることのしるしではなく、その分配システムの欠陥の証拠である。彼にとって、それに対する対処法は、自由市場の諸原理からは離反するような、功績に応じて報酬を分配するシステムを採用することであった。言うまでもないが、自由市場と自由放任の支持者たちは物事を別の仕方で理解したのである。

ハーバート・スペンサーは多くの点で独特な思想家である。それにもかかわらずスペンサーは、自由市場という制度によって決定される功績という原理を支持する人々のほとんどが漠然としか把握していなかった考え方の筋道について、おそらくもっとも明快な解明を提供したと言うことができる。スペンサーは正義の観念は二つの要素から成り立つと論じる。そのうちひとつは平等という要素である。もし各人が、他人の要求に対して注意を払うことなく自らの目的を追求するとすれば、その結果は継続的な衝突ということになるだろう。この事実を意識することで、人々は各人の行為の自由に境界を定める必要があるということに気づくのであり、また経験は、これらの境界線はすべての人にとって同一であるべきことを示唆する。かくして、正義のひとつの要素とは、各人がその中では行為の自由に対する権限を持つ領域は、他のすべての人が権限を持つそれと平等な領域によって境界づけられる、という考えである。[16]

平等というこの要素に加えて、正義という考えは第二の、より根源的な、不平等という要素を含むとスペンサーは論じる。その不平等という要素は、次の言明によって表現されうる。「各人は、彼の自然本性およびそこから生じる振る舞いに応じて、利益と害悪を受け取るべきである」[17]。この言明は功績の原理のひとつのバージョンである。人間はお互いに彼らの自然本性（さまざまな能力と傾向性）と振る舞いにおいて異なるのであるから、この原理の論理的帰結として、別々の諸個人は不平等な利益と害悪を受け取るだろうし、不平等な結果を享受することになるだろう。もしこの正義の原理が実現するならば、その場合は社会に大きな貢献をおこなったものがその見返りに多くのものを受け取るだろう。わずかしか貢献しないものはわずかしか受け取らないだろうし、害を引き起こしたものは害によって報いを受けることになるだろう。

スペンサーにとって、正義の真の構想とは、これらの要素の両方をお互いにバランスよく含んだものである。ある社会が正義に適っているのは、（一）他人の同様の領域によって限定された領域の内部における自由が各人に保障されているかぎり、その成員たちが平等であり、（二）その成員たちに対して生じるよいまたは悪い結果が、彼らが引き起こすよいまたは悪い結果と価値において同等である場合である。

このバランスのとれた、相互的な結果がもっともよく達成されるのは、各人が他の誰とでも取引をおこなったりあるいは取引を拒んだりする幅広い自由を享受しており、当事者たち自身によって課される以外にはほとんど制約がないような社会においてであるとスペンサーは考えた。言い換えると、功績の原理によって定義される正義は市場社会においてもっともよく達成されると彼は考えたのである。

市場社会において諸個人が享受すべきさまざまな自由の範囲についてのスペンサーの考えはきわめて徹底的なものだが、しかし個人の自由の適切な範囲に関する彼の考えは彼の時代にとっては例外的なものではなかった。実際、十九世紀の市場社会の熱狂的支持者たちは、アダム・スミスが生産力の組織化の一類型として構想した自然的自由の仕組みという構想を横領して、その構想を社会関係全体に対するひとつのモデルに変えてしまったのである。十九世紀を特徴づける考えの多くはこの拡張から生じている。よい例のひとつが契約の自由という考えである。この考えは、実際上の問題としては一八六〇年代にその重要性が頂点に達した[18]（二十世紀に入ってからもずっと法律上は巨大な影響力を持ちつづけたのであるが）。この考えは、私的な当事者がお互いに拘束力のある契約関係に入る自由に対する制約を、そうした制約の理由が何であろうと、拒絶することに基礎を置いている。工場の所有者と単純労働者の場合にしばしばそうであるように、私的当事者というものはしばしば交渉力の点で、あるいは情報の利用という点で互いにひどく不平等である。だがこの事実は、契約の自由の支持者たちが次のように言い張ることを引きとめはしなかった。すなわち、この種の自由に対する制限を取り除くならば、功績の原理に基づいて、貢献に対する報酬を正義に適った仕方で配分することにつながるであろうと。

この新しい構想のイデオロギー的な核心に位置していたのは、社会関係は私的な諸個人の意志の産物であるべきなのであって、そうした諸個人の願いとは反することがありうる規則や慣習によって制約されるべきではない、という考えであった。マルクスに似て、市場社会を熱心に擁護した人々も「疎外された力」の制約を投げ捨てようと望んだのである。けれども、マルクスがそうした疎外された力はその成員たちの集合的意志によって指導される社会においてのみ克服可能だと考えた（そして彼はそのような集合的意志がポスト資本主義社会において出現するだろうと想定した）のに対して、市場社会の支持者たちは、そうした力が克服されるのは諸個人が彼らの個別的な意志に基づいて行為する自由を持つ——他のすべての個人が同じことをするだけの十分な自由を持つことを可能にする必要によって課されるものを除いては実質的にいかなる制限もなしに——場合だけだと言い張ったのであった。市場社会を支持した思想家たちにとっては、個人は理想的には、何であれ彼らが自分の意志による合意を通じて受け入れることに同意した義務以外のものを負うことは一切あるべきでないのである。

もちろん、市場社会のもっとも熱狂的な支持者たちでさえ、この理想をどんな種類の社会関係にも例外なしに押し広げたのではなかった。市場社会の支持者の実質的にすべてのものが、人間生活の何らかの領域は、彼らが正義に適った社会の決定的な特徴とみなした高度に個人主義的な社会関係のパターンからは免除されるべきだと想定している。スペンサー自身は国家の領域と家族の領域に鋭い対比を描いていた[19]。国家においては、社会関係は自由な諸個人の間の自発的な合意に基礎を置くべきである。功績の原理に基礎を持つ正義という考えはこの領域に対して、しかもこの領域に対してのみあてはまる。しかしながら家族は、別の規範によって規制されるべきなのであり、その規範とは個人の持つニーズへの対処という価値を肯定するものである。より広い社会ないし国家の倫理は、平等な取り扱いを必然的に含むのであり、それは功績の不平等に基づく不平等な結果へと必然的につながってゆくのに対して、スペンサーの理解するところでは、家族の倫理というものは、家族の成員の不平等な取り扱いを必然的に含むのであり、それは平等な結果を求めることの利益になるのだ。

しかしながらスペンサーの主要な関心は、他のほとんどすべての市場社会を熱心に擁護した人々の場合と同じように、家族の外側にある社会関係にあった。彼の時代の多くの著名な思想家たちと同様に、彼もまた自分が社会の道徳的基盤が決定的に転換した時代に生きていると信じていた。これらの思想家すべての見解において、過去の社会関係は世代から世代へと受け継がれたさまざまな慣習によって支配されたものだった。そうした関係を形作っていた慣習に支配されたパターンは、意識的な変更に対して抵抗力を持ち、ゆっくりとした、しばしば目に見えないような世代を超えたプロセスによってしか変化を受けないものであった。スペンサーや彼の同時代人の多くにとって、現在に対する過去のこの重い支配は彼ら自身の時代においては投げ捨てられたかのように見えた。未来における社会関係は、もっぱら私的諸個人の間の彼ら諸個人の意志に従った合意によって形作られるだろうと彼らは信じたのである。社会関係の基盤そのものが、身分から契約へと、記念碑的でそしておそらくは永久的な転換を経験したように見えたのである。[20]

したがって、功績の原理は、社会主義的な原理としても、リベラルな原理としても理解することが可能である。社会主義的な原理として理解された場合、有能でバイアスを持たない権威が、何らかの集合的に決定された功績の構想に従って報酬を分配するときにそれは実現される。リベラルな原理として理解された場合、諸個人が可能なかぎり自由に他人との取引をおこない、個人として考えられたそれらの他人が進んで支払う気があるだけの報酬を受け取るとき、それは実現される。どちらの仕方で解釈されたとしても、功績の原理は――過去にアリストテレス、カント、およびその他の人々によって定式化されたさまざまな観念とそれが類似点を持つにもかかわらず――、旧体制の実践からの、それどころか過去に知られたすべてかほとんどすべての社会で支配的だった実践からの、根本的な断絶を表しているように見えた。

Ⅲ

十九世紀において、社会正義の尺度という称号をめぐって功績の原理に対抗する主要な選択肢となったのはニーズの原理である。この世紀の間に有名となった定式、「各人からは各人の能力に応じて、各人に対しては各人のニーズに応じて」は、十九世紀の思想家で活動家でもあったルイ・ブランが作ったとされているが、その定式の背後にある中心的な考えは早ければ少なくとも十八世紀の中ごろには見出されることが示唆されてきた。[21] いずれにせよ富がニーズに基づいて分配されるべきだという観念は一七九〇年代までには広くいきわたるようになりはじめていた。一七九〇年代の半ばには、革命暦三年（一七九五年）の憲法が革命時代初期の一つのフェーズが持った根本的なデモクラティックな諸原理を描き出した後に、フランシス＝ノエル・バブーフ（彼は「グラックス」・バブーフというペンネームを用いていたが、それは古代ローマのゼムプローニア氏族の一門——社会改革者であったティベリウス・グラックスとその弟のガイウスによって有名になった一門の名前から取ったものである）は、一つの政治結社を創設するのに手を貸した。その結社の主要な目標の一つは、フランスの全市民にとっての政治的ならびに経済的平等を追求することであった。一七九六年の春にその結社は、「平等者の共和国」を求めるマニフェストを作成した。それによれば平等者の共和国とは、数ある処置の中でも、土地の個人による所有を廃止し、すべての人に同一の種類の教育へのアクセスを与える教育システムを設立するものとされた。バブーフは政府の転覆を画策した罪で一七九七年に逮捕され裁判にかけられた。裁判で彼は有罪の判決を下され、続いて処刑されるために引き連れていかれたが、その前に自らを弁護するために長くそして記憶に残る演説を用意しておこなっている。バブーフの考えは独自のものではなかった。一七九〇年代に、それどころか場合によってはそれよりも早く、平等主義的な、共産主義的ですらあるような考えがフランスでは大いに飛び交っていた。けれども、バブーフの雄弁と受難とは、ニーズに基づく社会正義という考えの発達において重要な役割を果たすことになるひとつの伝説を生んだのであった。

バブーフが処刑されたのと同じころ、カントのもっとも著名な継承者の一人であるドイツの哲学者、ヨハン・ゴットリープ・フィヒテは、バブーフのものと似たいくつかの結論に達していたが、それらはいっそう厳密な哲学的議論に基礎を置くものであった。カントがそうしたのとほとんど同じやり方で根源的契約の観念を用いながら、フィヒテは、国家に居住する誰もが、自分の労働によって生活することができるように国家に保証させる権限を持つと論じた。国家がこの約束を果たさない場合には、その臣民は「絶対的に彼のものであるところのものを与えられていない」のであって、「彼に関してはその契約は完全に破棄される」[22]。フィヒテはこれよりも後のある著作では、「理性的」国家というものは、各人が同意できるような生活をおこなうのを可能にすることを目標として、さまざまな財がその市民たちすべてに分配されるよう保証するものであること、さらに各々の市民は「権利によって」財の適切な取り分への権限を持つということを主張している。[23] これによって彼は、もとの見解を再び肯定し、おそらくは強化したということができる。

ニーズの原理は、十八世紀の間に展開されたいくつかの考えから強さを引き出した。トマス・ホッブズ、デイヴィッド・ヒューム、アダム・スミスは三人とも、ほとんどすべての人間は素質においてはほぼ平等であり、彼らの間で技能や業績の点で見出される違いはほとんど完全に生まれつきの才能ではなく教育と社会化の産物であると論じていた。ホッブズもヒュームも、こうした才能の平等が、正義の問題として、すべての人が平等な物質的所有を持つことや彼らのニーズが平等に満足される権限を持つことを必然的に意味するとは考えなかった。ホッブズとヒュームというより早い時代の思想家たちのどちらと比べても、スミスは、はなはだしい不平等の数々を懸念する度合いがより強かったように見える。そのスミスにしても、所有の平等あるいはニーズの満足の平等が、彼の重視した自然的自由のシステムと両立するとは考えていなかった。十九世紀の思想家たちの多くにとっては、しかしながら、才能の平等とニーズの満足の平等の間のつながりは明らかなものに見えたのである。もし、一般的に言って、いかなる人も他の誰と比べてもより素質があるわけではないとしたら、社会の生み出すさまざまな利益の取り分を、ある人々が他の人々よりも多く持つべき理由は何であるのか。こうした筋道を取る議論の進め方では、ニーズの原理はときには功績の原理に対する敵対的な選択肢ではなくて、それと両立するものとして考えられることもあった。

これに代わるもう一つの議論の筋道もある。それは、あらゆる人間は、彼らの自然の能力や才能がどれだけ平等であるか不平等であるかにかかわりなく、厳密に価値において平等だという前提に依拠する。この前提がカントの正義の理論にとって根本的であることはすでに見た。実際にも、ニーズの平等な満足としての正義という考えは、カントの公法の理論の近い親類であるか、そのいくつかの現われにおいては直接の子孫なのである。カントの公法の理論の主要な要素とは、根源的契約という考えであった。この考えが私たちに告げるのは、ある法律が、人民全体が根源的契約においてそれに同意しないようなものであるなら、その場合にはその法律は不正である、ということである。カントは正義が所有の平等を要求するという意見に対する強力な反対者であったが（それは大部分、フランス革命の余波の中でヨーロッパのいたるところで長い影を引いていた一群のラディカルな考えに対する反動としてであった）、彼は、その成員たちのある部分が彼らのニーズを満たすために必要な手段を奪われていることを容認するような国家はその点において不正であるという見解については、同じくらい強力な支持者であった。というのは、そのような国家が基礎を置く条件が、根源的契約における普遍的合意の対象となることなど決してありえないからである。時代が下るにつれて、平等な価値というカント的な前提は、ヒュームやスミスの平等な才能という要請よりも目立つ位置を、社会正義をめぐる一連の考えの中で占めるようになった。

カール・マルクスはスミスの綿密な読者であり、すでに見たように彼の先行者からそのもっとも重要な観念のいくつかを借りている。そのマルクスは、正義という考えそのものを、建設的な可能性を持つ考えとしては拒絶していた。しかも彼はこの拒絶を、初期に出版された論文「ユダヤ人問題に寄せて」（一八四三年）から「ゴータ綱領批判」（一八七五年）に至るまで、彼の生涯にわたってしつづけたのである。したがって、彼をニーズの原理に基づく社会正義という考えの支持者として描くのは誤解を招くことのように思われるかもしれない。しかしながら、マルクスが正義という考えを退ける根拠を考察することが重要である。マルクスは終始一貫して正義を権利の概念と結びつけており、権利の概念を（彼が呼んだところの）ブルジョア社会と結びつけていた。すなわち、その成員たちがお互いをお互いに切り離された独立したものとして、相互に依存的なひとつの全体の成員としてではなく「孤立したモナド」[24]として理解しているような社会の形式と結びつけていたのである。彼は権利の概念を私的所有と緊密に結びつけており[25]、権利というものは自然本性によって不平等の防波堤として役立つ運命にあると論じた。[26] もし社会正義がフィヒテの想像したようなやり方で、すなわち国家によって執行されるさまざまな権限を通じて実現されるのだとしたら、その場合にはマルクスは社会正義の支持者ではなかった。マルクスは国家そのものを、社会の革命的な変革を通じて解決されることを彼が望んでいた大きな社会問題の一部分とみなしていたのである。

それにもかかわらず、マルクスは先に見た「各人からは各人の能力に応じて、各人に対しては各人のニーズに応じて」[27]という定式の熱烈な支持者であった。一八七五年に彼が書いた、よく知られた綱領的な書簡の中で、マルクスは財の理想的な分配の基礎としての功績の原理を考察し、これを退けた。資本主義社会から共産主義社会に向けて起こることを彼が望んでいた移行について考察を加えながら、彼は次のように断言する。

> 私たちがここで取り扱うべきなのは、共産主義社会といっても、それ自身の基盤に基づいて発達を遂げた共産主義社会ではない。その反対に、まさに資本主義社会から出現してきた共産主義社会である。したがってそれはどの点でも、経済的にも、道徳的にも、そして知的にも、その子宮からそれが出現してきた社会の母斑の痕跡をいまだにまとっている。したがって、個々の生産者は社会から——さまざまな差し引きがおこなわれた後に——まさに彼が社会に与えたものを受け取る。〔…〕彼がある形態において社会に与えた労働と同じ量のものを、彼は別の形態で受け取るのである。[28]

マルクスは功績の原理（貢献原理）を社会主義の原理とみなしており、また彼は社会主義を共産主義の出現に向かう道筋の一つの必然的な段階と考えていた。しかし彼にとって社会主義は理想社会への途上におけるたんにひとつの段階にすぎないのであり、したがってそれが基礎を置いている分配の原理にも欠陥がある。

> しかしある人は別の人よりも肉体的または心理的に優れており、したがって同じ時間内により多くの労働を供

給する。あるいは、より長い時間労働することができる。〔…〕〔貢献原理は〕暗黙のうちに、個人の不平等な才能を、したがって生産能力を、自然の特権として認めている。したがってそれは、その中身において、どの権利とも同じように、不平等の権利である。[29]

貢献原理に代わるマルクスの選択肢はニーズの原理である。「各人からは各人の能力に応じて……」。彼がこの定式を社会正義の原理と考えていなかったのは本当である。なぜなら彼は、その定式が指示する結果が国家によって執行される権限というやり方によって達成されるべきだという考えを支持しなかったからである。反対に彼は、十分に人間的な社会では、人間は、強制的な国家によってそうすることを強いられることなしに、お互いをニーズの原理に従って扱うであろうと信じていた。けれども、彼自身と正義についてのおしゃべりとの間に彼が置こうとした大きな距離にもかかわらず、マルクスは（彼自身のではなく、私たちの用語では）ニーズの原理に基づく社会正義という考えの、もっとも影響力のある十九世紀の支持者である。

次の点はどれだけ強調しても十分とは言えない。すなわち、「各人からは各人の能力に応じて、各人に対しては各人のニーズに応じて」という定式は、功績の原理がそうであるように、二つの部分を持つということである。功績原理が述べているのは、その本質を取り出すなら、人々が受け取る利益（あるいは彼らが被る害悪）は、その価値において、彼らがおこなう貢献に対して（あるいは彼らが引き起こす害悪に対して）等しくあるべきだということである。ニーズの原理（私は表現を簡潔にするためにそのように呼んできた）も同様に、人々が受け取るべき利益に関してばかりでなく人々がおこなうべき貢献に関しても指示を与えている。しかしながら、ニーズの原理は、貢献の原理によって主張されている貢献と利益の間の結びつきを断ち切るのである。

ニーズの原理を相互性の概念と結びつけるような議論の道筋を構築することも可能ではあるだろう。すでに見たように、ニーズの平等な満足としての正義という考えはカントの公法の理論の子孫とみなすことができる。カントにとっては、根源的契約の考え——国家の成員たちが、彼ら自身の権利とニーズが保障される確証と引き換えに彼らの仲間の市民たちに対する義務を引き受ける仮説的な合意——があらゆる公的権利の背後にある原理である。したがって、少なくとも一見したかぎりでは、ニーズの原理を社会の成員たちの間の相互性の関係からの産物として考えることはもっともらしく思われる。

けれども、こうした議論の道筋に登場する合意は仮説的なものである以上、その条項が幅広いさまざまな解釈に服するということを心に留めておくことが重要である。二人以上の人間がお互いに結ぶであろう、あるいは結びうるであろう仮説的契約について考える場合、それらの当事者たちが合意に達すると考えられる条項は、合意という観念そのものには含まれていない一連のさまざまな想定に強く依存することになるだろう。相互性が仮説的なものである場合、相互性の持つさまざまな含意は不確実である。相互性の概念とニーズの原理に結びつきがあるとしても、それは薄弱な結びつきである。

ニーズの原理を相互性に基づく原理と考えるよりも、それを一つの目的論的原理と考えることのほうがもっともらしい。この原理の貢献の側、すなわち「各人からは各人の能力に応じて」の部分は、利益の側、すなわち「各人に対しては各人のニーズに応じて」の部分から独立して規定されている。この原理の二つの部分はいずれも、それ自身の（部分的な）テロスがあることを示唆している。そして、貢献がまったくなければ利益も存在しないことは明らかではあるが、ニーズの原理のどちらの部分も、他方の部分の基礎にある原理に影響を与えることなく変更されうる。（たとえば、「各人からは各人の能力に応じて、各人に対しては各人の交渉力に応じて」という原理を提案することもできる。）こうした構造的な意味において、社会正義の原理としてのニーズの原理は、古代バビロニアからアリストテレスを通じて彼以降もずっと正義についてのほとんどの人々の思考を支配してきた相互性に基づく正義の考え方のどれに似ているよりも、プラトン的あるいは功利主義的な正義の構想のほうに似ているのである。

十九世紀において目立った位置を占めるようになった社会正義の二つの主要な原理——功績の原理とニーズの原理——は、お互いに根本的に対立している。ほとんどすべての人間が能力の点でほぼ平等であるという主張が仮に正しいとしても、それでもほとんどすべての人間がほとんど等しい貢献を彼らの仲間の市民たちに対しておこなうというのは真理ではない。加えて、ニーズは人と人の間で不平等に分布している。ある社会の社会的生産にもっとも貢献する人々が、一般的に言って、最大のニーズを持つ人々でないことは明らかである。もし功績の原理が、その十九世紀の支持者たちが意図したやり方で解釈されるとしたら、その原理は理想的に正義に適った権利と特権、負担と苦痛の分配を必然的に意味する——だがその分配は、ニーズの原理によって必然的に意味される分配とはまったく両立不可能な分配であることだろう。さらに、功績の原理が相互性の概念にしっかりと基礎づけられているのに対して、ニーズの原理は明らかにそうではない。

社会正義のこれら二つの原理の間の対比こそが、ナポレオン戦争の直接の余波の中でヨーロッパを覆ったように見えた静穏を引き裂いた巨大な社会的抗争の核心に位置している。それが社会主義的に解釈されようと、リベラルに解釈されようと、功績の原理は、旧体制の崩壊によって解放された、上昇しつつある中産階級の成功者たちに有利に働く。こうした成功者たちの多くは、サン゠シモンの直観を共有していた。社会の利益が、主として、世襲と疑い深いやり方で守られた数々の特権によって自らの地位を保っている階級の人々のために生じるような世界というものは「逆立ちした世界である」という直観である。サン゠シモンのような思想家たちにとっては、社会的生産に対してもっとも貢献する人々がその生産の最大の取り分を受け取るべきであるということ、さらにそれ以外のいかなる分配原理も進歩に対する妨げであるに違いないということは、自明に思われたのである。

対照的に、ニーズの原理は社会のそれほど才能を授かっていない成員たちに、すなわち才能の欠如のせいで

――あるいは、（よりしばしば）彼らの才能を開発する機会の欠如のせいで、または彼らの才能を生産的な技術に開発した場合でさえも、才能のもたらす十分な利益を手に入れるための交渉力の欠如のせいで――彼らのもっと運のいい仲間の市民たちよりもはるかに後ろに置いていかれた人々に有利に働く。どちらの原理も、旧体制を特徴づけていた世襲の特権の体制に対しては反対する。しかしそれらはお互いに対しても反対するのである。

どちらの原理もいくつもの重要な反論にさらされる。社会正義の規準として見た場合、貢献に基づく功績の原理はいくつかの困難に直面する。

第一に、功績の原理はある種の商業社会の内部で、そうした社会のために考えられたものであるのに、そうした社会の文脈では、その原理が持つ含意はいくぶん不明瞭である。商業社会の主要な特徴のひとつは複雑な分業である。そうした分業こそ、アダム・スミスの洞察力ある見解によれば、商業社会における生産性のもっとも重要な源泉に他ならない。もし分業そのものがほとんどすべての社会的生産物の源泉なのだとしたら――この意図せざる集合的発明こそが、さもなければ潜在的にとどまっていたであろう諸個人のさまざまな生産的才能を引き出すのにも、かつそれら各人の努力を実際の働きから見て圧倒的な生産力を誇るひとつの機械をなすものへと織り上げるのにも責任を負っているという意味で――、そのときその社会の富は本質的に言ってひとつの社会的生産物なのであって、たんに大量の独立した生産者たちの生産物を集積したものではない。しかし社会の富がこの意味で社会的生産物なのだとしたら、その生産物の正義に適った割り当てが、個人の功績の原理によって指令されるものであることは自明ではない。人々の生産能力やパフォーマンスが今あるものであるのは、他人の相補的で補助的な能力とパフォーマンスのおかげにすぎない。こうした他人がいなければ、どんな一人の個人の才能も努力も無に帰すであろう。

二番目の、一番目のものとも関連した困難は、功績の原理はある種の循環に苦しめられるということである。この反論は社会正義の文脈における功績とゲームの文脈における功績との類比によって説明されうる。

サッカーでは、高度な得点能力のあるストライカーは、一般的に言って、平均的なチームプレイヤーよりもチームの勝利の見通しに貢献する度合いが高い。この理由から私たちは、得点能力の高いストライカーは平均的な選手よりも大きな賞賛に（そしておそらくはより大きな報酬の取り分に）値すると結論しがちである。しかしながら、ストライカーの貢献が貢献としてカウントされるのは、サッカーというゲームの定められた目的（勝つこと）と、その目的が追求されうる仕方（一群の複雑な規則の内部で相手よりも多くの得点を挙げることによって）を指示するいろいろなルールや条件に照らしてのことでしかない。そのゲームの目的について私たちが異なった理解を採用するならば（たとえば、社交的なゲームの主要な目的は両方のチームの成員たちの間の友好関係を促進することだと考えることもできる）、その場合には私たちは何が貢献としてカウントされるかについて、それゆえまた賞賛が誰かに与えられるときの基盤についても、異なった見解に到達することになるだろう。さらに、仮にそのゲームの規則やその他の条件が顕著なほど変更されたとすれば、（私たちが知っているかぎりでの）サッカーの優れたストライカーに成功と名声をもたらしている能力や技術は、それらとは異なった、定義しなおされたゲームによりふさわしい一群の能力と技術とに道を譲ることになるであろう。ゲームの中の評価というものは、こうした媒介変数によって定義された枠組みの内部でのみ、可能なものなのである。

以上と同じ点が、社会正義の文脈における貢献と功績の観念についてもあてはまる。それらが集合的に規定されるにせよ、ある活動が貢献としてカウントされるのは、ひとつの、あるいは一連の、定められた目的に照らしてのことでしかない。それらの目的は集合的に規定されることもあれば、社会の個別的な成員たち何人かによって規定されることもあるだろう。そして、個人が貢献をおこなうのを可能にするのは、特定の規則や条件の集合であるが、そうした集合はその社会において社会的活動を形作るさまざまな規則と条件に依存する。たしかに功績は、私たちが功績を、人に対して、特定の規則や制度的仕組みからは独立して帰属させるという意味で、[30] 自然的な（あるいは「前政治的」な）ものであると主張されることもある。しかし功績の中には、それがまっとうなやり方で稼がれることが、あるいはそうは言わないまでも獲得されることが、その意味が慣習や社会制度によって形作られるような行為を通じてであるような種類のものがある。こうした種類の功績に関しては、その主張は説得力をもたない。社会正義に関係してくる功績の要求のほとんどはこの種のものである。

ひとつの全体としての社会のさまざまな制度と社会的取り決めを評価する理想的な尺度への訴えかけは、社会正義の観念と切っても切れないものである。ところが功績の原理が訴えかける尺度は、そうした尺度が適用されるべき当の社会の持つ目的、制度、社会的取り決めに依存したものである。異なった社会は、それらの目標が集合的に規定されるにせよ各々の成員によって個別的に規定されるにせよ、異なった目標に価値を置く。たとえば、栄光に価値を置く社会もあれば、贅沢のほうにより関心を持つ社会もある。そしてこれら二つの目的だけで社会にとって入手可能な選択肢の宇宙が尽きているとはとても言えない。異なった社会がほぼ同じ目的に価値を置いている場合でさえ、そうした目標をそれらの社会がその内部で追求する条件は異なっている。そしてその異なり方は、諸個人がそれを通じてもっともよく貢献を果たすことができる素質や技術の集合に影響を及ぼすのである。たとえば、その安全が不断に脅かされている社会で戦士たちが広い尊敬を集めるのを可能にしてきた属性は、二十世紀においてアルバート・アインシュタインに英雄的な地位を獲得するのを可能にした属性とは異なっている。功績の原理は、ある社会の制度と実践が正義に適っているかどうかを評価するための独立した、理想的な、そして十分な基準ではありえない。なぜならその原理が訴えかける種類の功績は実際にはそうした制度からまったく独立してはいないからである。

以上に見たいくつかの反論は、功績の原理が権利と特権、負担と苦痛の理想的に正義に適った分配のための排他的な基盤と考えられるかぎりは決定的であるように見える。けれどもそれらは功績の概念そのものにとっては致命的ではないし、功績が社会正義の健全な構想における重要な要素のひとつとして排除されるべきことを証明するわけでもない。功績の中でもある種の形態のものは、複雑な分業からも、社会的慣習からも比較的独立している。二人の人がいて、互いに平等であるとき、そのうちの一人がもう一人に対して歓迎されるべき大きな奉仕をしたとしよう。この場合には、利益を受けたほうが好意をお返しすることは、彼または彼女が他の重要な義務に違反することなしにそうできる状況にいるときには、正義に適っている。このような事例では、慣習から比較的独立して、最初の人物は彼または彼女がした奉仕のお返しとして報酬を受け取るに値する、ということに意味がある。したがって、功績の原理は社会正義の原理そのものとしては健全ではないが、功績の概念には一定の説得力がある。社会正義の健全な構想はそれを無視すべきではない。

功績の原理は、三つ目の、もっとも深刻な困難にも苦しむことになる。それは、その利益と負担が厳密に功績の原理に従って分配されるような仮説的社会においては、多くの人がほとんど利益を得られないかまったく利益を得られないかになるだろうということである。なぜなら、多くの人はほとんど貢献できないかまたはまったく貢献できないだろうからである。多くの人々が深刻な困窮に苦しむことになるだろうし、なかにはその結果として早すぎる死を迎える者もいるだろう。

この含意はマルサスやスペンサーを狼狽させることはなかった。この二人はそれぞれ十九世紀の早い時期と後半において功績の原理を熱心に擁護した人たちの中でもとくに目立った存在である。次のように論じる人もいるかもしれない。すなわち、この含意は功績の原理が非人道的であることを示しているかもしれないが、それは正義に関しては何の問題も生じさせないと。しかしすべての人間が少なくとも何かの価値を有しているとすれば――すべての人が平等な価値を有しているわけではないとしてさえも――、そして正義の概念が人間の活動と社会の取り決めを評価するという目的のために役立つべく意図されているとすれば、功績の原理が持つこの含意はその原理に対する強力な反論のひとつと数えられうる。

功績の原理が社会正義の根本的原理そのものとして役立つには不適切だとしても、ニーズの原理もいくつもの重要な反論にさらされている。

ニーズの原理のひとつの難点は、ニーズという概念は私たちを対して遠くまで連れて行ってはくれないという点である。人が生き延びるために必要とする物事がきわめて重大な帰結を持つことは間違いないが――それらは呼吸することのできる空気、飲める水、そして適切な栄養を含む――、しかしごく最小限のものでもある。健康で長い一生を送るのに必要な物事となるともっと拡大される。最後に、恥ずかしくない生活を送るために人が必要とする一連の物事となると、さらに幅広くなり、文化が違えばかなりの変化を免れないことになる。アダム・スミスは、彼の時代のイギリスでは、社会のもっとも低い階層出身の人物でさえもリネンのシャツと革の靴を持っていないかぎり恥を感じることなく公の場に出ることはできないと述べていた[31]。けれども、ニーズを、人が尊厳と自己尊重ある生活を営むための必要を満たすのに必要な物事に対するアクセスを含むような比較的拡張的な仕方で規定した場合でさえも、ほとんどすべての人のニーズを満たすのに必要とされるのは、より生産力の高い社会ではその社会的生産高のほんのわずかな部分だけであろう。このような仕方で理解されたニーズの原理は、社会正義の一部でしかありえない。

したがって私たちは、それだけで考えられたニーズの原理を補足するための何か他の原理に目を向けなければならない。バブーフからルイ・ブラン、マルクスに至り、さらにそこから広がる数多くのニーズの原理の支持者たちの著述に明示的に現われる規準は、平等である。その際に考えられていることはこうである。すなわち、上に素描されたような意味でのすべての人のニーズが満足された後には、社会的生産の残りの部分は社会のどのメンバーにも平等なだけ分配されるべきである（分配はひょっとしたら私的な財の形をとるかもしれないが、しかしひょっとしたら大部分は公園やその他数多くの共通の社会生活における設備のような全員にアクセス可能な公共財の供給を通じてなされるかもしれない）。

平等の規準の主要な難点のひとつは、社会的生産物の分配が社会の成員たちに対して（基本的ニーズが満たされた後は）平等なだけおこなわれるとしたら、その分配は、その生産高に対してもっとも貢献した成員たちの側における重大な自己抑制を必要とするだろうということである。人々は一般的に、彼らのお互いに対する関係をそれらが少なくとも広い意味で相互的であるときに正義に適っていると捉える。彼らが自分たちの労働から報酬を得ることを期待するのは理に適っている。平等の規準によって補足されたニーズの原理はそうした報酬を彼らに拒絶することになるだろう。というのも、その原理が宣言するのは、社会的生産物は人々が彼らの社会とその成員たちに対しておこなう貢献を度外視して分配されるべきだということだからである。平等の規準によって補足されたニーズの原理は、それが社会的正義の唯一の原理となるならば、人々から彼らの労働の成果を奪うことになるであろうし、共通の社会的生産物に対して人々が貢献するものと、結果的に人々の利益となるその生産物の取り分との間のあらゆる結びつきを切断することになるであろうし、そして相互性の観念を正義の領域から追い出すことになるだろう。

相互性の観念を正義の領域から追い出す点で、ニーズの原理は、功績の原理とは違って、社会正義と矯正的正義の間のどんな結びつきも切断することになるだろう。功績の原理のスペンサーによる説明が、「各人は、彼の自然本性およびそこから生じる振る舞いに応じて、利益と害悪を受け取るべきである」[32]というものであることを思い出そう。この言明が示唆しているものは、社会正義というより大きな原理の内部における、矯正的正義のための指令である。もし社会的生産物に対して貢献したものが彼らの積極的な功績に対する見返りとして利益を受け取るべきであるとしたら、仲間の市民に対して害悪を押しつけたものは彼らの消極的な功績に対する返礼として害悪を受け取ると予想できる。功績の原理の下では、矯正的正義の原理が社会正義というより大きな原理の構成要素ないしは系となるのである。

ニーズの原理はこの種の構成要素をまったく含まない。十九世紀をいくらか長く見積もれば、その世紀におけるニーズの原理の支持者たちの多く——世紀が改まる直前のバブーフに始まって、世紀の半ばのマルクス、その著作家としての経歴が二十世紀の初期にまで及んだクロポトキンに至るまで——は、不当な行為というものを、深刻な欠陥を抱えた社会形式の持つひとつの側面であると、当の社会形式が消滅したときには一緒に消滅するか少なくとも衰退するであろう側面であると考えた。これらの思想家たちは、不当なおこないとかかわる正義に対して真剣な思考を傾けることを重要だとみなしてはいなかったように思われる。

バランスのとれた相互性の概念においては、他人に与えられたどんな利益も究極的にはそれを与えた人に同等の利益という形で返されるし、他人に押しつけられたどんな害悪も同等の害悪によって返礼される。功績の原理は、この概念を正義のあらゆる側面に無差別に拡大する。けれども、バランスのとれた相互性の概念は、社会正義という考えが負わせる重荷を背負うことはできない。ちょうど手に持つシャベルのように、バランスのとれた相互性の概念は正義について考えるときにこれまで有益でありつづけてきたし、私たちに想像できるかぎりこれからもそうでありつづける見込みの高い、時代を超えた道具である。しかしながら、正義という地勢図を全体として構築しなおすという目的のためには、もっと重たい道具が必要とされる。バランスのとれた相互性の概念は人と人の間の正義に適った関係を形作るには重要な役割を演じる。しかし、少なくともその単純な形態においては、それは社会的正義という地勢図全体を評価するのには不適切である。[33]

ニーズの原理は相互性の概念をまったくなしですませてしまう。この原理は、いかなる説得力ある正義の構想にとっても根本的である前提——どんな人間も価値を持つという前提——を体現する一方で、そうするためには人と人の間の関係における正義を掘り崩してしまうという対価を払っている。

これら二つの原理によって提起されるいくつもの困難に対処するひとつのやり方は、社会正義という観念から完全に退却することだろう。正義の概念は人と人の間の個別的な関係のために仕立てられているのであって、全体としての社会の制度や社会の取り決めに対して意味ある仕方で適用することはできないのだ、と論じることもできるかもしれない。あるいは、次のように論じることもできるかもしれない。すなわち、私たちは確かに社会の制度や社会の取り決めの正義または不正義について評価することができはするが、この種の評価が意味をなすのは、それが問題になっている取り決めにあらかじめ内在している尺度に基づくものである場合のみであり、したがって理想的で独立した社会正義の尺度があるという考えは意味をなさないのだと。[34]

これらの対処のうち第一のものは、私たちの社会的世界を形作る私たちの責任を放棄させることになるだろう。だが事実は、私たちは意識的にかつ熟慮の上で私たち自身の社会的世界を形作っているのである。たとえ思い出したように気まぐれに、試行錯誤を通じて、成功もすれば失敗もしながらではあるとしても。第二の対処法は、未来に引き渡す社会的世界を形作ることに対して私たちが責任があるという考えを支持してはいるが、私たちの認知上の制約はきわめて厳しいので、私たちはその責任を現在の課す想像上の束縛の内側でしか果たせないのだと言い張る。このようなしつこい主張は、人間の創造力と発明の才の記録によって裏切られている。

こうした難点に対する、もう一つの代替的な対処法は、ありとあらゆる主題に対して単一の正義の原理を適用するのは誤りかもしれないと結論することであろう。十九世紀における社会正義の観念の出現は正義の地形を劇的に変えた。その劇的に変えられた地形が、それほど記念碑的とは言えない仕事のために想像された道具によって適切に理解される（あるいは形を変えられる）ことはありえないとしても、社会正義という新しい観点から見えるようになったさまざまな挑戦に取り組むのを助けてくれる新しい道具を発明することは人間の能力の範囲内にある、と想定してみることには説得力がある。新しい仕事のためには新しい道具を採用すればよい。だからと言って、もっとささやかな目的のために長いこと適切だと思われた道具を埃をかぶったままにしておく必要はない。

この示唆は、ほんのひとつか二つのおおまかな筆致によってではあるが、二十世紀の哲学者ジョン・ロールズが少し前に発見された社会正義という地勢図を運航しようとして取ったルートのことを記述している。そこで彼が取ったいくつかの主要な転回を跡づけ、彼が到達した目的地を概観することにしよう。

第八章　公正としての正義の理論

I

二十世紀の半ば、ジョン・ロールズは、社会正義の新しい理論を定式化することに彼をすぐさま導いていくことになる一連の問いについて取り組みはじめた。一九五〇年代と六〇年代を通じて着実に仕事を続けることで、彼の仕事は一九七一年の『正義論』の出版へとつながった。この長く精妙に論じられた著作は――そのいくつかの部分は、その完成に先立つ数年の間にロールズによって研究者たちの間で回覧に供されていたのだが――学術としての政治哲学はもとよりそれを超えてただちにそして重要な影響力を持つことになった。それは社会正義についての二十世紀の他のどの著作によって生み出されたのと比べてもはるかに広範囲に及ぶ一連の問いと考察に刺激を与えたのである。ロールズは彼の理論を「公正としての正義」と名づけた。この理論を展開し、後にはそれを練り上げることとは、彼が最初に出版した一九五一年のエッセイから、彼の死のほんの二年前の二〇〇〇年に出た最後の労作に及ぶ、彼の研究者としての生活の全体を占めていた。予想されるように、ロールズの思考は彼がこの仕事に捧げたほとんど半世紀の間に進化を遂げたのであり、とくに一九八〇年代には彼の理論の構想に重要な断絶が生じた。私の自由になる短いスペースの中で、私はこれらの展開を大部分無視して、彼の理論のさまざまな陳述において比較的一貫しつづけた中心的な特徴のいくつかに焦点を合わせることにしたい。

ロールズは社会正義に関して功績とニーズという概念に焦点を合わせた一群の優れた考え方のことを知ってはいたが、彼の批判の主たる標的は功利主義であった。功利主義は、彼の見解では、社会制度と政策についての議論をきわめて徹底的に支配して、そうした主題についての功利主義に代わる考え方を真剣な考慮から排除するほどになっていた。ロールズは功利主義の理論に対するいくつかの不満を提示する。第一に、功利主義は自由に対する不適切な保護しか提供しないと彼は論じる。状況によっては、多数者にとっての幸福が人々のうちの少数者から自由を奪うことによってもっともよく獲得される場合もあるかもしれない。もし多数者にとっての幸福における利得の総計が、少数者が被る損失よりも大きいものであるならば、その場合には最大幸福の原理は少数者の自由の喪失を正当化するであろう。ロールズにとっては、この可能性はそれだけで最大幸福の原理の不適切さを証明するのに十分であった。

このシナリオがよくありそうなものであるかだけでも、いくらか議論するに値する問いである。しかしそれは少なくとももっともらしいシナリオではある。そしてロールズが功利主義を拒絶する際に念頭に置いていたのは、理論に加えて重大な歴史的事実であった。彼の成年後の人生を通じて、ロールズは、ヨーロッパに先祖を持つアメリカ人たちによって、アフリカ系の人々と彼らの子孫を何世代にもわたって奴隷化することを通じて犯された深甚たる不正義のことを、深く意識していた。ワシントンDCを訪れるたびに彼は、奴隷制というこの実践の罪深さとその廃止の重要性を認めて、リンカーン記念堂をわざわざ訪ねていた。[1] 彼にとっては、自由の適切な保護を提供しない正義の観念はどんなものであれ必然的に欠陥を持つのである。

ロールズはまた、功利主義は善についての一元論的な構想に基礎を置いているとも論じた。[2] このように言うとき彼が念頭に置いていたのは次のことである。すなわち、幸福を人間のよい状態の唯一の究極的尺度として扱うことによって、功利主義の理論は、人間は多様な利益を持ち多様な目的を追求するのであって、幸福はそれらのうちのたったひとつにすぎないという事実に適切な承認を与えていない。この点ではロールズの見解は、幸福ではなくて人間の自由が正義についての考えの焦点に置かれるべきだというカントの主張の近い親類である。ロールズにとって、人間がさまざまな異なる（彼の呼ぶところでは）善の構想を抱くということは、重要な、それどころか根本的な事実なのである。幸福な生活こそ人間が持ちうる最善の種類の生活なのであって、他のあらゆる人生の目的ないし対象は幸福を獲得するという対象に従属すべきだと考える人もなかにはいるであろう。他の人々は、誠実さという徳の何らかの特定の構想に従った、誠実さのある人生こそが、たとえそれが幸福を犠牲にして贖われなければならないとしても、可能なかぎり最善な人間の生活だと考えるかもしれない。さらに別の人々は人間の生活の目的ないし対象に関してさらに異なった考えを主張するかもしれない。功利主義は人間の目的の（あるいは善の構想の）多種多様さの全体を考慮に入れておらず、それゆえ、善とは何かについての一連のまっとうな構想の（ロールズやその他の多くの近年の著作家たちの呼ぶところでは）「多様性」を自由に定式化し受け入れるという人間の独特の能力に適切な承認を与えていない、とロールズは考えた。

功利主義に対するこの批判は十分に正当化されているとは言えないかもしれない。ロールズ自身も、それが功利主義理論のあらゆる形態にあてはまるわけではないかもしれないことは認めており、したがって彼は自分の批判の中心的な対象を「古典的」功利主義の理論であると規定している。ベンサム、ミル、それにシジウィックはこの古典的功利主義の理論を支持していたと彼は考える。しかしながら、ロールズの主張がこれらの理論家にだけ向けられていることを考慮に入れたとしても、なおもその主張に疑問を呈することは理に適っている。すでに見てきたように、ベンサムは人間が「個人に独特の」価値を持つという事実を認めており、それを功利主義理論の枠内に取り入れようと試みていた。ジョン・スチュアート・ミルも同様であった。少なくとも、功利主義の著述家たちの中には、ロールズが考えたほどこの批判に対して脆弱でない人々がいるかもしれない。

もっと一般的に言うと、ロールズが功利主義に不満を抱いていたのは、その理論の体系が、正義について問われなければならない中心的な問いとしての、分配にかかわる問いの数々を取り扱わないからであった。実際に、一般的に言って、功利主義の理論は総計された人間の福利に焦点を合わせるのであって、正義にではない。功利主義の理論が正義に関して何らかの主張をおこなうとき、それらは総計された効用についての主張から派生的な、そして効用についての主張に従属的なものであることが普通である。対照的に、ロールズは、正義についての問いこそが社会制度に関して私たちが問うことのできるもっとも重要な問いなのだと主張する。『正義論』の幕開けとなるページでロールズはこう宣言する。「正義こそ社会制度の第一の徳である。［…］法律や制度は、たとえそれらがどれほど効率的でありどれほどよく組織されているとしても、もし不正なものであるとしたら、改革ないし廃止されなければならない」(3/3)。「効率的」および「よく組織されている」という表現は、ロールズがその優越性に挑戦しようとしている功利主義の価値を暗示している。彼はしばしば、彼の理論とその主たるライヴァルの間の違いを、次のように断言することで表現する。すなわち、功利主義の理論において中心となる概念は善の概念であり、正という考えはそこから派生せざるをえないのに対して、公正としての正義の理論においては正が善に優先するのだと。[3]

ロールズの批判の主要な標的としての功利主義の位置づけを考慮に入れると、彼のもっとも早い時期の論文のひとつである「二つの規則概念」（一九五五年）では、彼が実は、限定的ではあるといえ、功利主義に対する擁護論を展開していたことは注目に値する。すでに見たように、功利主義に対するおなじみの批判のひとつは、[4]不当な行為をした人物の処罰を正当化するために功利主義が用いる議論は、もし無実の人の「処罰」が社会の善に貢献するならば、そうした実践を正当化するためにも使われうる、というものである。ロールズはこの批判が当を失していると論じる。

ロールズがこの論文でいくつかの批判に対抗して功利主義の限定的な擁護を提示しているのはたしかであるが、その主要な目的は、表題が示唆しているように、規則についての議論の二つの水準を区別すること、ならびにこの区別を見落とすことが道徳についての議論における混乱に手を貸しているのだと証明することにある。彼は次のように論じる。ある実践の正当化と、その実践の内部にある行為の正当化との間には——しかもこの場合、とくに、処罰を加えるという実践の正当化と、その実践の内部にある行為の正当化の間には——決定的な違いがある。処罰という実践は（ひょっとしたら）最大幸福原理に訴えることで正当化される可能性がある。その実践の内部にある行為は、しかしながら、最大幸福原理に訴えることによってではなく、その実践が構成されている規則に訴えることによってしか正当化されえない。処罰という実践が構成されている規則とは、応報主義の規則であって、（直接的には）功利主義の規則ではない。したがって、この論文におけるロールズによれば、功利主義はそれが無実の人の処罰を正当化するかもしれないという批判に対して脆弱ではない。この当を失した批判は（彼の論じるところでは）、処罰という実践にあてはまるべき功利主義の尺度を、不適切にも、功利主義の尺度ではなくて応報主義の尺度によって判断されるべき特定の処罰の行為に適用しているのである。

この批判に対するロールズによる功利主義の擁護は完全に説得的であるとは言えないが、彼の論文はそれでも主として二つの理由から相当の関心を引くものである。第一にそれは、この論文以降の彼の著作をずっと通じて確証される重要な傾向を明らかにしている。ロールズは功利主義を最高度の真剣さを持って受け止めているということである。彼は功利主義を、彼の時代における社会制度と政策を評価するための傑出した理論そのものと考えており、一貫して、社会制度と政策の評価というこの役割をめぐるもっとも有力な候補とみなしている——彼自身の公正としての正義の理論を例外として。彼はこれと同じだけの尊重を応報主義に対しては与えていない。問題の論文で彼は功利主義と応報主義を一見したところのライヴァル同士として議論してはいる。だがロールズは——ほとんど議論もなしに——応報主義は処罰という実践を正当化することができないと示唆する。彼が主張するのは、功利主義の見解と応報主義の見解との間の分業である。すなわち、功利主義の議論が、彼の示唆するところでは、処罰という実践をそれに基づいて正当化することが可能であるような基盤を提供するのに対して、応報主義の議論はその実践の内側にある行為を正当化する。議論の場についてのこの構想に従えば、私たちは功利主義を、処罰という実践を構成する規則を採択すべきかを考慮するときに立法者が取るべき観点を記述したものと考えることができるのに対して、そうした規則を適用することを責務とする裁判官は応報主義的な観点に訴えるのである。ここからは「功利主義の見解がより根本的である」[5]という結論が導かれる。一見するとそれが「自然」に見えるような領域の内部でさえ、ロールズは応報主義――不当行為との関連における正義についての相互性の概念に基づく見解――を派生的で二次的な見解として片づける。この見解はそれ自身の適切な地位を持ちはするが、しかしそれは（彼の考えるところでは）より包括的でより根本的な理論に従属するかぎりにおいてである。ロールズはこのように応報主義を片づけてしまうことにつながる想定を真剣に擁護することをけっしてしていない。

ロールズの論文について興味深い第二の点は、それが彼が彼の経歴を通じてずっと一貫して取ることになる一つの戦略を体現しているということである。彼は応報主義をたんに退けるわけではない。そうする代わりに、彼はそれをより広いと主張された見解に、この場合は功利主義の見解に従属させる。ロールズにとって応報主義は処罰に対するひとつの妥当なアプローチなのであるが、しかし高度に制約された観点の内側から妥当であるにすぎない。すなわち、彼または彼女がそれを執行すべき責務を負う立法によって制約されると考えられる、裁判官の観点として妥当であるにすぎないのだ。ヘーゲルが『精神現象学』（一八〇六年）以降の彼の主要な哲学的著作において取っていた手法をはっきりと思い起こさせる、こうした議論の戦略は、ロールズの著作が作り出す重々しい印象に大きく貢献している。そしてこの戦略は、ある種のテンプレートとして役立つことになる。彼はそれに、彼自身の見解とは衝突するように思われた見解と議論する際に、繰り返し立ち戻ってくるであろう。

ロールズは彼の理論の対象を「社会の基本構造」として記述する。ある社会の基本構造とは、その社会の主要な社会制度から構成される。そこに含まれるのは、その政治的憲法、その根本的な経済構造、その主要な社会的取り決めである。たとえば、いくつかの社会においては生産手段における私的所有や競争的市場といった制度が経済構造の中心的構成要素であるが、別の社会は生産手段の集合的所有と指令経済に基礎を置いてきた。いくつかの国の政治的憲法は思想の自由および良心の自由のために強力な法的保護を提供しているが、他の国はそうではない。単婚制の家族は多くの社会で基本的な社会制度のひとつであるが、他の社会では何らかの形の複婚制の家族が何世紀にもわたって社会の主要な社会的取り決めのひとつでありつづけてきた。

社会の基本構造が含まないのは何だろうか。さまざまな箇所でロールズは、正義に適っているまたはいないと言われることはできるが、しかし彼の理論の対象ではない二つのカテゴリーの事柄についてとくに注意を払っている。そのうちひとつは、私人の間の相互行為や取引を規制する種類の規則からなる。たとえば、契約上の合意を規制する規則や、私的結社の実践にあてはまる規則などがそうである（8/7）。もうひとつのカテゴリーは個人の行為や交流から成り立つ。これらの事柄は、たしかに正義に適っているとかいないとか言われることはできるが、しかしロールズの理論の対象ではない。彼のトピックは社会正義であり、そして彼の見解では社会正義の理論の適切な主題は社会の基本構造なのである。

なぜ社会の基本構造に焦点を合わせるのだろうか。ロールズの主要な論拠は、ある社会の基本構造をなす制度と実践こそ、その社会の成員たちが、絶対的な尺度においても他人との比較においても、人生においてどれだけよい暮らし向きができるかを決定するものなのだということである。実際には、彼の理論の真の対象であるのは、基本構造そのものというよりも基本構造から帰結するさまざまな利益の分割である（7/6）。基本構造を彼の正義の理論の主要な主題と定めることで、ロールズはその結果、正義とはまず何よりも社会の地勢図に帰せられる属性だという見解を採択した。ロールズにとって正義の観念は、主として、人と人の間の関係の持つ性格にではなく、社会における特権と剝奪の所在を決定する地形にあてはまるのである。

次の一節に目を向けるなら、基本構造に焦点を合わせることに対するロールズの論拠の特徴をさらにいくつか集めることができる。

基本構造が正義の主要な主題であるのは、その効果がきわめて深遠で最初から存在するからである。[…] 異なった地位に生まれ落ちた人は、異なった人生の見通しを持つ。[…] 社会制度は一定の出発点を他の出発点よりも有利に扱う。このような [...] 不平等は [...] 人生において人が持つ最初のチャンスに影響を与える。だがそのような不平等が、メリットや功績の観念に訴えることによって正当化されることは決してありえない。(7/7)

この一節は二つの重要な点を明らかにしている。第一に、ロールズが社会正義の理論の適切な主題としての基本構造について論じるとき、彼の不平等についての関心は、人々の人生のチャンス——人々の手に入る(格差をともなう)さまざまな機会——の不平等に集中しているのであって、究極の結果にではないことは明らかである。彼はここで人が「生まれ落ちる」さまざまな地位について、彼らの「出発点」と「最初のチャンス」について語っている。第二に、この一節は次の(この後の議論でもっと明らかにされる)事実を示唆している。すなわち、ロールズは主要な社会制度が利益の分割を決定する仕方にも関心を払っているが、それと同じようにそれらの制度が個人の願望や期待を形作る仕方にも関心を払っているという事実である。客観的には同様の機会を持っているにもかかわらず、他人よりも低い願望や期待しか持たないがゆえに、人生において他人よりも劣った暮らし向きをする人々もなかにはいる。こうした願望や期待そのものが社会の基本構造によって形作られるのであって、そしてロールズにとって人々の間のこうした主観的な不釣合いは、機会の客観的な差異と同じほどに憂慮すべきものだった。

基本構造に焦点を合わせることに対するロールズの論拠はまた、実績および功績の観念の不適切さをほのめかしてもいる。彼の批判の主要な標的は古典的功利主義であるが、彼は財が道徳的功績に従って分配されるべきだという考えに対しても批判を向けている（310–315/273–277）。この点についての彼の議論の細かい点を問題にすることは、私たちをひどくわき道にそらしてしまうことになるだろう。けれども、ここで次の点に注目することには価値がある。すなわち、ロールズは功績を社会正義にとって根本的に重要な何ものかとしては退けるのであるが、その際のやり方は彼がかつて処罰という実践を応報主義的な根拠に基づいて正当化しようとする試みを退けた際のやり方とほとんど同じだということである。彼は功績の概念を、本質的に言って、正統な期待という概念で置き換える。正統な期待というこの概念は社会の成員たちがそれらに対して権限を持つ財を、その社会に対して彼らがおこなう貢献からは切り離す。そのやり方は、おおまかに言って、「各人からは各人の能力に応じて、各人に対しては各人のニーズに応じて」という原理が貢献と利益の間のどんな関係も切断するのと同じやり方である（310–311/273–274）。

ロールズにとっては、基本構造は正義の理論のいくつかの可能な主題のうちのたんなるひとつではないし、社会正義は正義のいくつかの可能なタイプのうちのたんなるひとつではない。そうではなく社会正義はもっとも包括的で根本的な意味における正義である。ロールズは、基本構造にあてはまる正義の原理と、その他すべての主題にあてはまる正義の規則ないし規準の間にある分割を思い描いている。こうした知的な分業は、彼がかつて処罰という実践の功利主義的な正当化とその実践を構成すべく設計された一連の応報主義的な規則の間に考えた分割に似ている。社会正義の原理は、他の主題にあてはまる規則や規準とは異なっている。このことが、彼が「日常生活において私たちが公正さについて考えるときのやり方は、基本構造そのものの正義を考察するために必要とされる大きな視点の転換に向けて私たちを準備させるには適切でない」[6]と述べることの理由である。同時に正義の原理は、他の規則や規準よりも知的に優先するのであり、正義についての他の主題に関する擁護しうる考え方のための基盤として役立つのである。『正義論』で彼が述べているように、ひとたび私たちが健全な社会的正義の理論を手にしたならば、「正義についての残りの問題［多くの主題の中でも、たとえば取引や、犯罪と刑罰や、補償的正義にかかわる問題を含めて］は、その理論に照らせばより扱いやすくなることがわかるだろう」(8/7)。

ロールズが基本構造にあてはまる正義の原理とその他の主題にあてはまる正義の規則および規準との間に設ける区別は、彼の正義の理論全体にとってのひとつの重要な実質的目的に役立つ。功利主義は一元論的な善の構想に基づいているという、功利主義に対するロールズの主要な反論のひとつを思い出そう。言い換えればその反論は、人間が善について多様な構想を持つのは正統なことであるという事実に功利主義が十分な認識を与えていないということであった。この見解では、古典的功利主義はひとつの「包括的」理論である。すなわち、個人がなすべきさまざまな決定に関してと同様に人間のさまざまな制度に関しても指令を与えるような、それどころかおよそ何らかの道徳理論が適用されうるありとあらゆる主題に関して指令を与えるような道徳理論である。基本構造に対して――その結果として、社会的世界の地勢図そのものに――あてはまる正義の原理とその他の主題に関する正義の規準との間にロールズが設ける強力な区別は、そうした基本構造以外の主題に関しては多様な道徳的見解のための余地を彼が残しておくことを可能にする。社会正義の理論というものはそうした多様性を受け入れるべきだと彼は考える。

ロールズは彼の正義の理論をひとつの「理想」理論として特徴づける。社会正義についての理想理論という言葉で彼が意味しているのは、ひとつの完全に正義に適った社会を描き出す理論ということである (8-9/7-8)。理想理論に関して彼が用いるもうひとつのフレーズは「厳密な遵守理論」というものであり、彼はそれを「部分的な遵守理論」と対比させている。ロールズとしては部分的な遵守理論をおとしめようという意図はない。部分的な遵守理論は、なかでも次のようなトピックを取り扱う。刑罰、戦争の開始、戦争中の行為、戦争の終結後についての正義、市民的不服従、武力による抵抗、革命についての正義、それに不当行為に対する補償などである。

こうした問題も、ロールズが述べるように、重大かつ緊急のものである。ロールズが主張したいのは、完全に正義に適った社会（彼は典型的には「秩序ある社会」というフレーズを用いる。ただし、彼にとってこのフレーズは完全には正義に適っていない社会も包含するより広い意味合いを持っているのだが）というものの特徴を理解することによってのみ、私たちは、現実世界における正義をめぐる問いにアプローチするための基礎となる、体系的な把握を獲得しうるのだということである。ロールズが理想理論を非理想理論よりもいっそう根本的だと考えるのは、理想的な状況で適用されるであろう正義の原理についての健全な構想を最初に展開したならば、非理想的な社会で生じる正義の問題に対する解決をもっともよく考案することができると彼が信じているからである。

Ⅲ

ロールズは彼の理論のもっとも基本的な観念のいくつかについて、次のような言葉で説明しはじめる。

> 次のように想定しよう［…］社会とは多かれ少なかれ自足的な人々の結合であって［…］彼らは行為についての一定の諸規則を拘束力あるものと認めている。［…］さらにこれらの規則はそれに参加する人々の善を促進するために設計されたひとつの協働の体系を特定するものと想定しよう。すると［…］社会とは［…］典型的にはさまざまな利益の間の一致によってと同様それらの衝突によっても特徴づけられることになる。利益の一致が存在するのは、社会的協働が、各人が自分自身の努力によって一人きりで生きるとしたら得られるであろうどの人の生活よりもすぐれた生活をすべての人に可能にするからである。利益の衝突が存在するのは、各人はより少ない取り分よりもより多い取り分を選好する［…］からである。利益のこうした分割を決定するさまざまな社会的取り決めの間で選択をおこなうためには、一連の原理が必要になる［…］。これらの原理こそ、社会正義の原理である。
> (4/4)

以上の一節を基準にして、彼の理論の中心的な観念を手短に見ておくことにしよう。

ロールズの理論を支えるすべての考えにとって始まりとなる考えは、ひとつの世代から次の世代へと時を越えて続く、自由で平等な人格間の社会的協働の公正な体系としての社会という考えである。[7] 彼はこれを彼の理論のための議論も提供していない。その代わりに、彼は読者たちがこの考えを説得力を持ち訴求力を持った出発点として受け入れるだろうと期待して、この考えを擁護することよりもそれに基づいて議論を構成することのほうに彼の創造的エネルギーを集中させるのである。

したがってこの考えは、ちょうど幾何学の推論において幾何学のもっとも根本的な直観的考えによって演じられるのと似た役割を彼の公正としての正義の理論のなかで演じることになる。ロールズは頑健で説得力ある正義の理論を純然たる演繹を通じて構成することが可能だとは信じていないけれども、彼の理論の議論を可能なかぎり道徳幾何学のようなものにしようという熱意を持っている。[9] この種の理論が基礎を置く根本的な考えというものは真でも偽でもなく、それらを証明しようとしたり論駁しようとしたりすることにほとんど意味はない。そうした考えの成否は、究極的には、それらが有益性を持つか持たないかにかかっている。そうした考えに基づく命題と理論が、それらが向けられている主題の従わざるをえないような説得力ある説明を生み出すならば、そのときそうした考えの有益性は立証される。もし生み出さないとしたら、その場合は問題になっている考えは捨てられてそれらに代わるものが選ばれるだろう。

ロールズは社会的協働の公正な体系としての社会という考えが彼の読者たちにとって訴求力を持つだろうと信じていた。彼の経歴のほとんどを通じて（一九八〇年代の初めまでは）彼はこの訴求力は普遍的であると、少なくとも彼の理論の主要な点を的確に把握することができるほど十分にその理論と取り組んだ読者たちに対してはそうであると、信じていたように見えた。もっと後になると彼は、彼の理論はデモクラティックでリベラルな理想によって形作られた文化の中に暮らす人々に向けて明示的に訴えかけるように設計されているのだと示唆することによって、この想定から退却するように思われた。

いずれにせよ注目に値するのは、社会が自由かつ平等な人格の間の社会的協働の公正な体系として考えられるべきだという命題には、気の抜けたところや生ぬるいところは何もないということである。ロールズの理論は、歴史的意味でも地理的意味でも、実際のところ高度に論争的であるような命題の上に建てられているのである。少なくとも一人の論者を挙げれば、アリストテレスはこのような主張を聞いたら仰天したであろう。アリストテレスが人を価値の担い手として考えたかぎりでは、人は素質の点で絶対的に不平等であるがゆえに根本的に不平等な価値を持つのだと彼は信じていたのであり、平等な人格の間の協働の体系として社会を考えるなどという観念は彼にとっては何の意味も持たなかったであろう。アリストテレスはまた、この命題が自由に置いている強調に対してもさほどの共感あるいは理解を持たなかったであろう。彼にとっては、人間は自然によって指示された機能を授かっている。卓越性が示されるのは、こうした指示された機能を見事に果たすことによってである。それはちょうど演技における卓越性が脚本家によって書かれた役を見事に演じて見せることによって示されるのと同じである。自由かつ平等な人格間の社会的協働の公正な体系としての社会という根本的な直観的考えを、近代以前の思想家たちの多くは理解不可能とみなしたであろうし、なかにはそれを非難すべきものとみなす者もいたであろう。同じことは、今日でも近代ヨーロッパのさまざまな考えの影響を免れている、あるいはそれらの考えを拒絶している、多くの人々について言える（近代ヨーロッパの反リベラルな考えを受け入れているいくらかの人々についても言える）。歴史的かつ全世界的な尺度では、ロールズが彼の理論をその上に構成している基盤はそれ自体がラディカルな命題なのである。

ロールズにとって社会的協働の公正な体系としての社会の観念は、彼がデイヴィッド・ヒュームにならって正義の情況（126–130/109–112）と呼ぶものの中にある社会について議論するための基礎である。正義の情況とは、穏当な希少性の情況であり、そこでは自然の手は、人間に彼らがほしいものをすべて与えてくれるので労働や社会的協働の必要がなくなるほどに気前がよいわけではないが、社会的協働を排除してしまうくらい激しい生存競争に人々を追いやるほどに厳しいわけでもない。正義の情況は、私たちが無限の豊かさを享受するわけではないが極端な窮乏に苦しむわけでもない情況である。

ロールズの理論の根本的な考えが自由かつ平等な人格の間の社会的協働の公正な体系としての社会という考えだとすれば、その理論の鍵となる問いはこうである。いかなる条件に則ってこの協働は進められるべきか。彼の社会正義の理論の目的のために、ロールズは社会をビジネスのパートナーシップに近い種類の共同的な企てとして、すなわち「相互利益のための共同の企て」と考える。（しかしながら彼は、社会を自発的結社とみなしはしなかった。なぜなら、ほとんどの場合社会の成員であることは同意を与えるチャンスも同意を拒むチャンスもほとんどまたはまったく持たない諸個人に押しつけられるものだからである。[10]）社会のこの構想は、複雑な分業が近代社会の偉大な富の主要な源泉であるというアダム・スミスの主張に根差している。ロールズにとって、社会正義をめぐる数々の問題は、おおまかに言えば分業によって可能になったものである生産性の帰結として生じてくる。彼の言うところでは、「社会的協働［は］、各人が自分自身の努力によって一人きりで生きるとしたら得られるであろうどの人の生活よりもすぐれた生活をすべての人に可能にする」。社会とは、それに参加する——あるいはこの場合、典型的にはすでに自分がその中にいるのを見出す——人々の相互利益のために試みられるある種のパートナーシップである。社会正義にとって鍵となる問いとはこのパートナーシップの条件をめぐる問い、とりわけ、その利益が参加者たちの間で分配されるであろう仕方についての問いである。

この構想からは、ロールズにとって、社会正義の観念が指し示す分配にかかわる問いは、明示的に社会的生産物に、すなわち（広い意味で）それらが参加者たちの共同の努力によって生み出されるような「財」に焦点を合わせるものだということが帰結する。これらの財は、スミスが考えていたようにすべてが「物質的」あるいは「経済的」財であるとは限らない。たとえばそうした財は、多くの参加者を必要とするゲームに参加することから引き出される楽しみや、または友情から引き出される楽しみのような、他人との協力を通じてのみ達成されうる非経済的な種類の楽しみを含みうる。適切な分配上の取り分を決定する一連の原理を私たちが必要としているのは、この種の財――パートナーたちの共同の努力によって生み出される多様な財の集合――に関してであって、しかもこうした財に関してのみである。

ロールズの鍵となる問いは、ほぼ一世紀前にシジウィックが提起した社会正義についての問いの、すなわちそれをもとにして私たちが権利、特権、負担、そして苦痛の理想的に正義に適った分配を発見できるような何らかの明確な原理を見つけることはできるかという問いのひとつのヴァリエーションである。しかしながら、次の点に注意しよう。すなわち、シジウィックはこの問いを「現に存在する通りの人間の間」でのこれらの物事の分配に関して提起したのに対して、ロールズはその問いを、相互利益のための協働の企てとして考えられた所与の社会の成員たちの間での利益の分配をめぐる問いに狭めたという点である。私たちが社会正義についての一連の受け入れざるをえないような原理を見つけることができるのは、私たちの探求の射程を全人類にまで拡大するのではなくてそれを特定の（仮説的であったとしても）社会に限定することによってのみであると、ロールズは考えていたように思われる。

次の点にも注意しよう。シジウィックは権利と特権の分配と同じだけの強調を負担と苦痛の分配にも置いて書いていたのに対して、ロールズの強調は決定的に利益の分割に置かれているという点である。この強調の置き方のひとつの理由は相互に利益となる試みとしての彼の社会の構想にあるかもしれない。他の成員よりもはるかに多くの利益を得る成員もたしかにいるが、ロールズは通常の場合すべての成員が社会的協働の仕組みに参加することによって「各人が自分自身の努力によって一人きりで生きる」よりもよい暮らし向きになると想定している。

したがって社会的協働の仕組みによって生み出される重要な物事は利益であって、負担ではない。そして社会正義の原理に服することになるのは社会的協働によって生み出されるものである。

しかしながら、第二の、そしてより興味深い理由はロールズの次の想定にあるように思われる。すなわち、そのような企ての成員たちすべては、その行動の規則に従っているという狭い意味においてのみならず、協働の通常の成員であることによってそれに貢献しているというより広い意味においても、積極的な参加者であるという想定である。長い十九世紀の間に展開された社会正義の主要な構想は、成員たちが社会におこなうべき貢献と彼らが受け取るべき利益に関してひとつの指令を与える（各人からは各人の能力に応じて・各人に対しては各人のニーズに応じて）か、それとも諸個人が受け取るべき利益を彼らの貢献に結びつける（功績の原理）かの、いずれかであった。対照的に、ロールズの理論は、利益に焦点を合わせる一方で貢献に関する問いを括弧に入れている。ロールズはたんに正義に適った社会の成員たちは彼らの多様な才能に応じてその社会の社会的生産物に貢献するだろうということを前提しているように思われる。この前提は、ロールズが、ひとつの世代から次の世代へと時を越えて続く自由かつ平等な人格間の協働の公正な体系に基づく社会の成員は「人生の全体にわたって社会の通常の協力的な成員」[11]であるだろうとロールズが示唆するときに、意図している事柄の一部だと思われる。

彼の中心的な問いに対する答えを見つけるためにロールズはひとつの方法を採択するが、それは部分的にはカントと彼の先行者の何人か——トマス・ホッブズ、ジョン・ロック、それにジャン゠ジャック・ルソーを含む——から借用されたものである。その方法とは、社会が、その成員たちの結合の条件を決定する、彼らの間のひとつの合意によって創設されたと想像してみることである。カントはこの方法を、彼の公法の理論において、公の法律と政策が正義に適っているかどうかをテストするために根源的契約の観念を引き合いに出すことによって用いていた。もし問題になっている法律ないし政策が根源的契約において社会の全成員の是認を得られたであろうと想定することがもっともらしいならば、そのときカントによれば私たちはその法律ないし政策が正義に適っていると想定しなければならない。もしそのような想定がもっともらしいものでないならば、そのとき私たちはその法律ないし政策が不正であると結論づけてかまわない。

カントは彼の仮説的な根源的契約という観念の使用を法律および政策の正義または不正義をテストするという仕事に限定した。対照的に、ロールズは仮説的契約というその観念を社会正義の一連の原理を特定するために用いる。この装置のロールズによる使用は、カントのそれよりも野心的で、もっと手の込んだものである。

ロールズは彼の読者たちに、社会の一人ひとりの成員が彼が「原初状態」と呼ぶ状態の中で代理人によって代表されていると想像するように求める。原初状態とは、ひとつの仮説的な状態であって、その代理人たちは、社会がそれらに基づいて運営されるべき条件を形作るであろうひとつの合意に至るため、その状態に集まるのだとされる。その代理人たち（法律的な言語を採用して、ロールズは典型的にはこれら代理人たちのことを原初状態における「当事者」たちと呼ぶ）の合意の対象は、社会における利益の分配に焦点を合わせた社会正義の一連の原理ということになるだろう。ひとたびこうした正義の原理が採択されたならば、ロールズが憲法制定会議の段階と呼んだ、熟慮の第二の段階では、それらの原理が、社会にとって手に入るさまざまな代替的な基本構造の間で選択を下すために使用されることができる。正義の原理が選び出す基本構造が、今度は、その内部で法律が採択され、政策が形成され、特定の決定が下される枠組みを提供する。彼の社会正義の理論全体はひとつの理想理論であるから、これらの正義の原理はもちろん完全に正義に適った社会のために作成されることになるだろう。

ロールズは彼の読者たちにカントの根源的契約よりも（より重大な知的仕事をするという意味で）はるかに野心的なものとなるであろう仮説的契約を想像してもらいたいがゆえに、カントが根源的契約について提供するよりもずっと詳しい記述を原初状態について提供している。彼は、原初状態の当事者たちは、彼らが代表する社会の成員たちのために社会的協働の利益の取り分をよりわずかではなくより多く獲得することを選好するという意味で、合理的であることを強調する。当事者たちが合理的であるという事実は、彼らが、あるいは彼らが代表する社会の成員たちが、エゴイスティックであるということを必ずしも帰結しない。社会の成員たちは、たとえば、彼らの取り分の一部を、他人の利益になる大義を促進するために用いたいと思うかもしれない。ロールズはまた当事者たちが理性的であるということも強調する。当事者たちは、彼らが同じ当事者たちと公正な条件で合意に至ろうとする気を持たなければならないことを理解している。当事者たちが理性的であることを保証するために、ロールズは私たちに原初状態の当事者たちは（彼が呼ぶところの）「無知のヴェール」の背後に置かれているものと想像することを求める。無知のヴェールは、当事者たちが、彼らが代表する社会の成員たちの能力や社会的地位について、あるいは実のところ彼らのアイデンティティそのものについて、知ることを妨げる。この種の知識は不公正な利益を求めて取引をするよう当事者たちを動かすかもしれないからである。たとえば、仮に代表者が、彼が代表する社会の成員は知的に卓越しているということを知っていたとすると、彼または彼女は知的に才能のある人を優遇する傾向を持つような正義の原理を要求するだろう。最後にロールズは、原初状態の当事者たちは彼らが代表する社会の成員たちが他人との比較においてどれだけ暮らし向きがよいかを決定するためにある独特の尺度を採用することを示唆する。こうした目的のためにもっとも普通に使用される尺度は所得と富である。古典的功利主義者たちは効用を用いる（とはいえ彼らは普通より大きな所得と富を持つ人々はそうでない人々よりも幸福だと想定するのであるが）。ロールズは適切な尺度とはいくつかの異なった要素から成り立つものであると論じる。そこには一定の権利と自由、所得と富、それに自尊心の社会的基盤といった、彼が「社会的基本財」と呼んだものが含まれる。

したがって、ロールズの提案とは、次のように想像してみることで、社会正義のための一連の最善の原理を私たちは発見できるというものである。すなわち、彼が原初状態と呼ぶ仮説的なシナリオの中に、多くの代表者たちがいる。彼らはお互いに、彼らのクライアントの利益にもっともよく奉仕するような合意に至ろうと望んでいる。この場合「クライアント」というのは、そうした正義の原理を基礎にして生み出されるであろう、完全に正義に適った社会の成員たちである。すでに見たように、ロールズの理論の前提のひとつはそのような社会――どこか現実の社会にとどまらず、完全に正義に適った社会でも――の成員たちのある者たちは他の者たちよりもよい暮らし向きをするだろうということである。しかもそれだけではない。ある者たちは、他の者たちとは異なった地位に生まれ、異なった期待を育み、人生における異なったチャンスを授かるだろう。ロールズがアダム・スミスから分業こそ他を引き離してもっとも重要な生産性の源泉であり、究極的には富の源泉でもあるという考えを借りたのとまさに同じように、彼は古典派の政治経済学者の何人かからは、同じ分業がなんとも逃れえない仕方で社会の異なった成員の手に入れられる機会の不均衡に通じているという想定を受け継いだ。ロールズは人間は価値においては互いに平等だと想定している。この想定は、自由で平等な人格間の社会的協働の公正な体系としての社会という根本的な直観的考えから彼が出発していることによって明らかにされる点のひとつである。けれども彼は、社会の全成員は複雑な分業を通じてのみ獲得される利益から益を被るということ、そして数々の不平等はそうした分業の避けがたい副産物であるということも想定していた。ロールズの前提は平等主義的なものであるが、しかし彼が到達する社会正義の原理はそうした全員の利益のために働く（と彼が信じた）不平等を正当化するために設計されている。

Ⅳ

公正としての正義の主要な結論そのものはこうである。完全に正義に適った社会における社会正義の基本原理を構成するであろう、社会的協働の条件――原初状態で当事者たちが合意するであろう条件――は、次のように要約される。

1　各人は、すべての人にとっての自由の同様の図式と両立するような、平等な基本的自由の完全に適切な図式への平等な権利を持つ。

2　社会的、経済的不平等は二つの条件を満たすべきである。第一に、それらの不平等は、公正な機会の平等の条件の下ですべての人に開かれている職務と地位にともなうものでなければならない。第二に、それらは社会のもっとも不遇な成員たちの最大の利益になるものでなければならない。[12]

これらの原理のうち第一原理は第二原理に対して（ロールズの言う）辞書的優先性を有する。第二原理の第一の部分はその第二の部分に対して辞書的優先性を有する。言い換えれば、ちょうど一冊の辞書において〝a〟で始まる言葉すべてが〝b〟で始まる言葉よりも前に記載されているように、第二原理が働くよりも前に第一原理が十分に満足されなければならない。社会の社会的、経済的不平等が分配されるやり方がその社会の基本構造の正義の評価にとって意味を持つのは、その成員すべてが自由の完全に適切な図式を享受している場合のみである。これらの正義の要件のうち第一のものを基本的自由の原理と呼ぶことにしよう。第二原理は二つの部分を持つので、第一の部分を平等な機会の原理と、そして第二の部分を（ロールズ自身の一貫した用語にしたがって）格差原理と呼ぶことにしよう。

ロールズは二つ目の重要な結論にも至っている。彼の考えるところではそれも原初状態の当事者が合意するであろう結論である。代替的な基本構造の間で選択を下す際に引き合いに出されうる一連の原理（上に示された正義の二原理）に加えて、原初状態の当事者たちは正義に適った社会の成員ならば一定の属性を備えているべきだということにも同意すると彼は論じる。第一に、当事者たちはそのような社会の成員たち（市民たち）は有効な正義感覚を有することを望むだろう。これによってロールズが意味しているのは、当事者たちは市民たちが一連の正義の公共的原理（すなわち公正としての正義の二原理）を理解し、それらを適用し、そしてそれらに基づいて行為することができることを望むだろう、ということである。彼の社会正義の構想ならびに秩序ある社会の構想にとって欠かせないのは、社会が真に正義に適っているためには、その成員たちは彼らがそれによって統御されることになる社会的協働の条件を理解し、それに同意していなければならないという確信である。第二に、当事者たちは社会の成員たちが善の構想のための彼らの能力を所有し、それを発達させることを望むだろう。言い換えれば、社会の成員一人ひとりは他の成員すべてが善の構想を、各成員の人生計画の基礎を形成するであろう構想を、形成し、修正し、そして合理的に追求する能力を発達させることを望むだろう。ロールズはこれらの属性を二つの「最高次の」道徳的パワーと呼ぶ。なぜなら、それらは原初状態の当事者たちが完全に正義に適った社会の市民たちが発達させることをもっとも望むであろう属性だと彼は考えるからである。これらのパワーを記述する理論に彼は「道徳的人格の理論」[13]という標題を与える。かくしてロールズにとって公正としての正義の理論は、代替的な社会の基本構造の間で選択を下すときに私たちが目を向けるべき社会正義の一連の原理（公正としての正義の二原理）と、正義に適った社会がその成員たちの中に涵養すべき一連の属性（道徳的人格が持つべき属性）とを、両方とも規定することになる。

これら二つの主要な結論は相互に絡み合っている。たとえば、基本的自由の原理によって保護されるべき自由というのは、ロールズに従えば、まさに道徳的人格の二つの最高次のパワーを発達させ行使するために本質的に重要な自由なのである。ロールズはこれらの自由の完備したリストを与えることを試みてはいないが、とりわけ次のような自由に言及している。すなわち、思想の自由、良心の自由、結社の自由、恣意的な逮捕からの自由、デュー・プロセスへの権利、公正な裁判への権利といった、人身の自由。そして投票の権利や出版の自由のような政治的自由である。彼は政治的自由には特別の強調を置いており、正義に適った社会の成員たちはこうした自由の「公正な価値」を享受しなければならないと言い張っている。これによって彼が意味しているのは、社会のどの成員も、共通の決定事項に関しては、他のどの成員とも同じだけ影響力を行使できる地位にあるべきだということである。

平等な機会原理が必然的に意味するのは、社会の中の不平等な報酬がともなう地位や役割は、平等な機会を基礎にした公正な競争に開かれていなければならないということである。この原理は、諸々の政策の中でも、とりわけすべての人のために教育が供給されることによって裏書きされるべきである。

格差原理は、社会的、経済的不平等が正当化されるのは、それらが社会のもっとも不遇な成員たちの利益になるよう機能するかぎりにおいてのみであることを指令する。一見したところでは、そのような不平等がもっとも不遇な人々にとって——もっとも限定された機会ともっともわずかの資源しか持たない社会の成員たちにとって——利益になりうるという考えは、パラドキシカルに思える。しかしながら、思い出してほしいのは、ロールズは初期の政治経済学者たちから、近代社会の前例を見ないほどの生産性と富を説明するのとまさに同じ分業が、社会の異なる成員たちの手に入れられる機会における不均衡へと不可避的に通じているという想定を受け継いでいたということである。複雑な分業によって可能になる財（社会的基本財の指標によって測定される富およびその他の財）の増大が十分大きいならば、その場合は社会のもっとも不遇な成員たちでさえも、複雑な分業がゆきわたった基本構造の中にいるほうが、それに代わる分業を持たない基本構造の中にいるよりも、暮らし向きがよくなるかもしれないのだ。格差原理はこの可能性を考慮に入れる。

公正としての正義の理論の数々の結論すべての中でも、格差原理はもっとも目を引くものである。格差原理においても、他の点でと同様に、ロールズの主要な標的は彼が公正としての正義の理論のもっとも真剣なライヴァルとみなした理論、すなわち古典的功利主義の理論である。なぜそうなのかを見て取るために、ひとつの例を考えてもらいたい。あなたが一〇〇人からなる社会の成員たちの一人だと想定してほしい。その成員たち一人ひとりの福利は、社会的基本財の指数で測定されたものとして、1から10の基数的な尺度の上で次のように表現されうると考えよう。すなわち10は可能なかぎり最高の（その人の基本財の取り分で測定された）福利の水準を表し、1は可能なかぎり最低の取り分を表す。（基数的な尺度の場合、4の取り分は2の取り分の二倍の価値があり、8の取り分は4の取り分の二倍の価値がある。一方、8の取り分が7の取り分よりも価値がある度合いは、5の取り分が4の取り分よりも価値がある度合いと同一である。1の取り分を持つということは言わばオレンジを一個、あるいは何かその他の財を一単位持つことであり、3の取り分を持つということはオレンジを三個持つことである。）さて、あなたの社会が、次の図表で表されるような分配上の帰結を持つ、二つの代替的な基本構造の間で選択に直面していると想像してみよう。

基本財の取り分	基本構造A	基本構造B
10		
9	25人	
8		
7		25人
6	50人	
5		50人
4		25人
3	25人	
2		
1		

基本構造Aでは、したがって、社会の成員たち一〇〇人のうち二五人が一人当たり9の基本財の取り分を受け取るのに対して、五〇人は一人当たり6の取り分を受け取り、二五人は3の取り分で我慢しなければならない。

基本財の取り分を福利の単位と考えるならば、基本構造Aを採択したときに成員たちによって受け取られる福利の総計が600［(25×9)+(50×6)+(25×3)］という数字で表現されうることを見て取るのはたやすい。同様の計算をすれば、基本構造Bは525という福利の総計を生み出すであろうことが示される。議論のために、基本財の取り分で測定された福利が効用によって測定された福利と等しいと想定しよう。すると、最大幸福原理が基本構造Aを採択するように命じるであろうということは明らかである。けれども、格差原理は基本構造Bの採択を支持するであろう。というのは、社会のもっとも不遇な成員たちは、基本構造Aの下でよりも（この場合彼らは尺度上の3しか受け取れない）、基本構造Bの下でのほうが（この場合基本財の尺度上で4を受け取る）、よりよい暮らし向きをすることになるからである。基本構造Bは平等主義的とは言えない帰結に至るが、しかしそうした帰結は、それに代わる選択肢の帰結と比べれば、社会のもっとも不遇な成員たちによってより大きな利益となる。

以上の例は、基本構造AとBだけが手に入れられる選択肢であることを前提にしている。社会のもっとも不遇な成員たちを基本構造Bの下でよりもさらによい暮らし向きにするであろう追加の選択肢が何かあるならば、その場合には格差原理は、社会正義の問題としては、私たちはその第三の基本構造を採択すべきだと指示するであろう。たとえば、可能な基本構造の範囲に、その下では社会の全成員が1から10の尺度上で5という同一の取り分を手にするであろう、基本構造Cが含まれるとしよう。その場合に格差原理は、基本構造Cの下では福利の総計は他の二つの選択肢のどちらと比べても低くなるであろう［100×5＝500］にもかかわらず、基本構造Cを私たちが採択するよう命じるであろう。なぜなら、基本構造Cの下では社会のもっとも不遇な成員たちはA、Bのどちらと比べても暮らし向きがよくなるだろうからである。生産性と分業に関するロールズの想定からすると、基本構造Cのような選択肢が可能だと彼が考えていたとは思えないのであるが、しかし公正としての正義の原理はそれを排除してはいない。

格差原理についてのロールズの標準的な述べ方は、社会正義の理論の適切な主題としての基本構造の彼の擁護とは微妙にずれているように思われる。格差原理は「社会的、経済的不平等は［…］社会のもっとも不遇な成員たちの最大の利益にならなければならない」と述べるものである。それは、究極的な結果に対して、すなわち、社会の成員たちが（基本財の取り分で測定された場合に）どれほどよい暮らし向きをすることになるかに対して、焦点が合わされることを示唆している。[14]けれども、彼の理論の主要な主題としての基本構造のロールズによる擁護は、機会（「出発点」）に焦点を合わせているのであって、究極の帰結にではない。格差原理についてもっと詳しく述べる場合には、彼は「最大の期待される利益」という言い方をする場合もあるし、彼の著作のさまざまな箇所でロールズが最初の機会と究極の結果との間の重要な違いを理解していたことは明らかである。しかしながら公正としての正義の原理を議論するときには、彼はしばしばこの区別を省略している。

公正としての正義の理論は並外れた業績である。その成員たちが自由で平等な市民であることを前提された社会のための社会正義のひとつのヴィジョンとしては、それに比肩するものは何もない。それにもかかわらず、その理論に欠陥がないわけではない。私としては、ロールズが彼の理論の主題を組み立てるやり方に絞ってコメントを加えたい。

V

社会の基本構造こそが社会正義の理論の適切な主題であるというロールズの断言は、彼の理論のさまざまな主張の中でももっとも際立ったもののひとつであると広く考えられている。すでに見たように、その主張はたんに、（たとえば）法律の違反が刑法上の正義の理論の適切な主題であるというのと同じように、基本構造がたまたま社会正義の理論の適切な主題であるというものではない。そうではなくて、その主張は、基本構造は正義にかかわる他のありとあらゆる種類の主題に対してある種の優越性を持つのであり、その結果社会正義こそがもっとも包括的でもっとも根本的な正義であることになる、という主張なのである。ロールズにとっては、社会正義についての健全な理論は、それ以外の、それほど包括的でない正義の問題に対する解決策をそれに基づいて構成できるような必要な基盤を提供するものなのである。（彼の経歴の終わりごろになって、ロールズは国境を越える正義にかかわる一連の問いを取り上げた。これらの問いはおそらく、国境の内部における社会正義についての問いと同じほど、あるいはそれらよりももっと、包括的なものだということができるかもしれない。）

ロールズの議論を綿密に検証するなら、彼の主張が三つの区別される部分からなっているのを見て取ることができる。第一のものは、社会の基本構造を構成する制度と実践がその社会の成員たちが彼らの生活においてどれほどうまくやっていけるかを決定づけるという、因果関係にかかわる主張である。第二のものは、基本構造にあてはまる正義の原理は正義のそのほかの問題にあてはまる規則や規準とは性格においてかなり異なるものだろうという概念的な主張である。第三のものは知的な優先順位についての主張である。この第三の主張とは、正義に関して生じてくる広い範囲に及ぶ数々の問いを私たちがもっともうまく取り扱うことができるのは、最初に社会正義についての健全な理論を展開することによってである、というものである。しかる後にこうした理論が、他の主題に関連する正義についての擁護しうる考えのための基盤を構成することができる。

これらの主張のうち第一のものは、一般的な形においては、争う余地がないように思われる。ある社会の基本構造がその成員たちがどれほどうまくやっていけるかをどの程度完全に決定づけているのかは議論の余地があるかもしれないが、しかしある社会の主要な制度がその成員たちと彼らの間の利益の分割に甚大な影響を与えるということにはほとんど疑いはない。

ロールズの第二の主張の力を見て取るのも難しいことではない。労働契約の例を考えてみよう。限定された資源しか持たない小企業の持ち主である雇用者と、そこから選択することのできるかなり広い範囲の雇用の機会を持った独立した事業者である被雇用者からなる社会があるとする。そこでは、すべての当事者たちが、お互いに合意可能などんな条件によってでも労働契約に入る自由を持つとき、正義が達成されると期待できる。すべての当事者たちがほぼ等しい交渉力を持っているのだから、彼らが到達する取引は典型的には公正なものであることが期待できるのである。絶大な資源を思うがままにできる巨大企業の雇用者とほとんど選択肢を持たない被雇用者によって支配されている(あるいは、いくつかの企業都市のような限界的な事例の場合には、まともな雇用の機会がひとつしかないような)社会においては事情が異なってくるだろう。この後者のシナリオでは、交渉力の大きな不均衡のために、契約の自由は被雇用者にとって不公正な労働契約につながってしまう見込みが高い。その場合には、雇用者と被雇用者の間の交渉力の不均衡を減らす、団体交渉による合意が、当事者たちが合意する労働契約に対して一定のバランスと正義を回復するだろう。(もちろん、場合によっては、団体交渉による合意は被雇用者のために交渉する側に過大な力を与えることもあるかもしれない。)交渉力の重大な不均衡によって特徴づけられる状況で公正さがもっともよく確保される取り決めと、相対的に平等な交渉力によって特徴づけられる状況において典型的には公正な交渉につながる取り決めとは、鋭く異なっている。この事実を把握するのには、かなり大きな視点の転換が要求される。社会の基本構造のための正義の公正な原理が、個人間の通常の相互行為にあてはまる正義の規則ないし規準とは明らかに異なるかもしれないという事実を見て取るのにも、同じくらいの、またはもっと大きな視点の転換が必要かもしれないことは、驚くべきことではない。

社会正義の原理は他の主題に関連した正義についての擁護しうる考えよりも知的に優先するし、それらの考えに対する基盤として役立つという主張は、より問題を含んでいる。労働契約の例をもうしばらく考察してみよう。ほぼ等しい交渉力を持った雇用者と被雇用者の間で、契約の自由の条件の下で結ばれる合意は公正なものである見込みが高いとしよう。この事実の理由は、そうした合意は典型的にはバランスのとれた相互性の規範を体現するだろうからというものである。高度に不平等な交渉力の条件の下では団体交渉による合意が公正さを回復させる助けとなるとしたら、その理由はそうした合意が労働関係の合意をバランスのとれた相互性の規範により近い線に持ってくるからである。

相対的に平等な者たちの間の公正さに関して人間が考えるときのやり方にとって、バランスのとれた相互性の規範ほど中心的なものはない。『正義論』の「正義感覚」に関する章において、ロールズは次のように述べている。

> 相互性、すなわち同じようなやり方で報いようとする傾向は［…］深遠な心理的事実である［…］。同じような返答をすることによって作り上げられた正義感覚への能力は人間の社会性の条件のひとつであるように思われる。
> （494-495/433）

ロールズがここで念頭に置いている種類の相互性とは、バランスのとれた相互性、すなわち「同じようなやり方で報いようとする傾向」である。団体交渉による合意の正義はほとんどの人々にとっては直観的に明らかではないが、そうした合意の正義のための論拠が依拠している直観は、幅広く、おそらく普遍的にさえ共有されていると同時にきわめてアクセスしやすいものでもある。同じことは社会正義の原理についても言うことができる。このことはロールズも、次のように述べるときに認めているように見える。すなわち、「もっとも安定的な正義の構想は、おそらく、それらに対応する正義感覚が、この傾向にもっともしっかりと基礎を持つような構想であるだろう」（494/433）。

要するにこういうことである。ある社会の基本構造がその社会の成員たちがどれほどうまくやっていけるかを決定する際に重大な因果上の役割を果たすと主張すること、および社会正義の原理がその他の主題にあてはまるものとは区別されるだろうと主張すること、これらはどちらも意味をなすように思われる。だが、社会正義の原理が他のありとあらゆる主題に関連した正義についての考えよりも優越し、それらの基礎をなすと想定することは、誤解に通じている。人と人の間の関係に直接的にあてはまる種類の正義は、社会正義の原理によって覆されることはない。それよりも、社会的正義の原理のほうが人と人の間の直接的な関係における正義の観念に根差しているのである。この考え――相対的に平等な者たちの間の正義はバランスのとれた相互性の規範に基づくという考え――は、ひとつの完全さを持っており、その完全さは社会正義についての健全な考えによって影が薄くされることはないし、実際にはそうした考えに対して知的な基盤そのものを与えている。社会正義の原理は、相対的に平等な者たちの間の関係に直接あてはまる原理とは区別されるものである。なぜなら社会的な制度と実践の複雑さはそうした直接的な原理に対するさまざまな調整を必要とするからだ。しかしながら、究極的には、社会正義の健全な原理は相対的に平等な者たちの間のバランスのとれた相互性の規範に基礎を置くことになるだろう。社会正義についての健全な考えがバランスのとれた相互性の規範に根差すものであるとしたら、そのとき、ロールズがおざなりに片づけてしまった功績の概念も、結局のところ社会正義も含めて私たちが正義について考えるときの仕方のうちでひとつの役割を演じることになるかもしれない。AとBという二人の人たちがいて、相対的に平等であるとしよう。このときAがBに利益を与えたなら、次のように言うことには意味がある。すなわち、Aは彼女が与えた利益と価値において等しい利益を見返りとして受け取るに値するし、Bは彼が受け取った利益のお返しとしてAに利益を与える正義の義務があると。同じように、もしQがRに対して害悪を及ぼしたとしたら、そのとき、いかなる特定の社会正義の構想からも独立して、Qはその見返りとして害悪を受けるに値すると言うことには意味がある。

もちろん、そのもっとも単純な形――相対的に等しい者たちの間の双方向的な関係にあてはまる形――におけるバランスのとれた相互性の規範は、複雑な状況での人と人の間の関係における正義に対する導きとしては不適切である。多方向的な状況や、人々が不平等に位置づけられている状況では、人と人の間の関係における正義へと通じるであろう社会的取り決めは、平等な者同士の間の単純な双方向的関係に対してあてはまるものとは劇的に違うことになるかもしれない。こうした状況をも受け入れるためには、重大な調整が必要となるであろう。それは雇用者と被雇用者の間の交渉において彼らの間の交渉力の不均衡が大きい場合に調整が必要となるのとほとんど同じである。

それゆえ、どうして次のような結論に至るかを見て取ることができる。すなわち、功績の概念は正義について考える仕方のうちで重要な役割を果たすけれども、だからと言って私たちが功績の原理（貢献原理）を支持することにも、そのもっとも古典的な形（平等だと想定されたもの同士の間の厳密なバランスのとれた相互性に基礎を置く形）での応報主義的な考え方を支持することにもならないのである。社会の基本構造にあてはまる正義の原理が人と人の間の単純な双方向的関係にあてはまる正義の規則とは区別されるということを見て取った点で、ロールズは正しかった。事実、彼の洞察は社会の基本構造に加えて多くの主題に一般化することが可能である。けれども、正義の原理がそのために設計されている固有の主題を度外視したときにもそれらの原理が人間にとって認識し受け入れることが可能であるとしたら、それらは正義の感覚に根差したものでなければならない――相互性および功績の概念を通じてもっともよく表現される感覚に。

エピローグ
——社会正義からグローバル正義へ？

少なくとも近代において、そしておそらくは正義の思想史の全体を通じて、もっとも重要かつ革新的な出来事は、社会正義という思想の発展であった。この思想は、人間が作った構図に従って社会の内部構造を作り変えることができるという考え方——古代アテネで生まれ、十八世紀になってようやく広く受容されるに至った考え方——から発展してきたものである。あらゆる人間が価値において等しいという仮説に立脚する、この社会正義という近代思想は、近年の、そして今日の制度や慣行と切り離すことのできない正義についての一連の認識や理論を生み落とした。これらの理論や認識を、それらとともに発展してきた制度的な改良の原因と考えるのか、あるいはその改良の結果と考えるのかはさておき、いずれにしても、それら抜きに現代社会を理解することは不可能なのである。

社会正義のほとんどの理論が含み持つ洞察とは、以下である。すなわち、現代社会で生み出されたあらゆる富、そして、人間に対してその富の産出を可能にする高度に発展した技術もまた、実質的には社会の産物であり、その産物は、ばらばらな個人が生産した物の単なる総和ではなく、むしろ複雑な分業のおかげである。例外的に、そのようには考えない社会正義の理論もなかったわけではない。その主要なものとして、最初期の社会正義の概念をあげることができる。その概念は、功績の原理を受け継ぐという明確な特徴を帯びていた。しかし功績の原理は、むしろ右の分業についての洞察とその含意を摑み損なったことにより価値を失ったのである。われわれの技術や富のすべてが実質的に社会の産物である以上は、正義の諸問題を理解する際に目を向けるべき思想の目録から功績の「概念」を除外せざるを得なかった、というわけでもない。そうではなくて、その事実は、功績の「原理」を社会正義の根本原理とはみなすべきではないことの、もっともらしい根拠をもたらしてしまった。

十九世紀に台頭したそれ以外の社会正義の主要概念について言えば、ニーズの原理の形をなすものだけは、そのような弱点を被ることがなかった。ニーズの原理は、人間がこれまで抱いた願望のうち、もっとも高尚で寛大なもののいくつかを表している。とはいえ、ニーズの原理もまた、欠点を持っていた。というのもそれは、一者が他者になす貢献と、彼らが受け取るべき利益との連関を切断してしまったからである。ニーズの原理は、正義の感覚について説明してくれない。しかし、人間関係における相互性の感覚が組み込まれているのは、正義の感覚の内なのである。

主だった社会正義の構想を打ち出した第三のものは、公正としての正義の理論であった。それは、とくに英語圏において四〇年間にわたり、社会正義の議論を支配してきた。それが発展できたのは、高度に発展した社会に見出される富も最高度の技能も社会の産物である、という事実の意味をそれが重んじたからである。ニーズの原理と同様、公正としての正義は、人間社会の高貴で寛大な観方を表している。しかしながら、整理されたものであるにもかかわらず、また、創始者が善良な意図を持っていたにもかかわらず、公正としての正義の理論もまた、正義の感覚を無視し、その感覚の中核にある人間関係の相互性と正義とが不可分だという点を理解しようとしない。社会正義の近年の理論は、その高尚さにもかかわらず、相互性の概念と密接なつながりを持つ正義思想のルーツと接点を保つことができないでいる。

正義が、星々や木々のように、人間の思考から完全に独立した世界に存在するとしよう。その場合少なくとも、正義の理論にとって、正義の感覚を構成する本能や理性と明白な関係を維持することはさほど重要ではない、と論ずることができるだろう。というのも、その場合には、理論の要点が、人間に知りうる、しかし人間の行為の結果ではありえない一連の出来事の記述となるであろうから。ある事物が知識の対象として扱われるか否かを決定するのは人間の利益だとしても、人間の直観や理性は、そのような理論の中身とは相応のかかわりを持たないことになる。その場合、正義の理論は、量子力学に似たもの、天文物理学、生物学の理論に似たものとなり、あるいは学問の中でも、知識の対象が人間とは独立して存在すると仮定しつつも、その対象の属性や特徴なら発見しうるだろうと期待する分野に、似た何かとなるであろう。大雑把に言えば、プラトン以後の多くの人々が少なくとも正義について（そして他の多くの抽象的な思想について）そのように考えていたとしても、正義が、この意味において世界の客観的な特徴であるとする仮説には、信頼を寄せることはできない。

他方で、もし、正義が厳格に主観的な構築物であり、それぞれが気に入った仕方で定式化できる代物だとしたら、正義の理論が、正義の感覚との明瞭な結合を失ったことは、その理論に対する批判となりえないことも明白だ。正義が主観的な構築物だという見解、あるいはそのいくつかの変種は、トラシュマコス（少なくともプラトンが代弁していると仮定しての話だが）以来ニーチェのちまで、懐疑主義思想家に連なる人々によって支持された。それは、二〇世紀に馴染みの見解となった。その二〇世紀には、価値の客観的理論を導くのが困難になったため、多くの知識人たちが、嗜好がそう信じられているのと同様、あらゆる価値は厳格に主観的なものである、という主張を認めるようになった。この見解が導き出した結論は、いかなる正義の理論も理性によって擁護されえない、というものであった。なぜならば、彼らの理論では、多くの異なった矛盾する正義の諸理論がともに等しく健全なものとなり、あるいはともに等しく空疎なものに映るからである。

実際には、懐疑主義者のいずれの見解も、正しいものとは言えない。正義は概念である。他のあらゆる概念と同様それは道具であり、人間によって、いや多くの人間によってかもしれないが、発明され洗練されてきた。しかしその人間のほとんどにとって、正義の概念を形成し、伝達するのに役立ったものは、別の目的のために展開された思想や行動の意図せぬ副産物だった。正義の概念は洗練、改良、（潜在的に）変容を経験している。しかし、一般に道具に対してそう願うように、正義の概念に対してもわれわれの役に立つよう願ったとしても、その概念は無限に柔軟であるわけではない。なお、われわれの望む形にそれを発明し直すことなどできない。もし、正義の思想が、恣意的な創作としてではなく、「正義の」思想として認識され受容されることを望むのであれば、われわれは、正義の感覚にとって根本的に重要な本能にも注目を払わねばならない。

人間関係の相互性への関心は、その感覚の一部なのである。他者より相当な利益を受け取った人間が、できることなら、何らかの形で報いなければならないと感ずるのは当然だろう。もっと印象的な事実とは、人々がしばしば、害を及ぼした奴らにできることなら復讐したいと考え、そのために出向いてゆくことである。たとえ彼ら自身が犠牲者ではなく、しかも報復行為がコストを強いるとしても、加害者に報復することは非日常的なこととは言えない。なるほど、公正に振る舞うために、もしくは不公正に振る舞った輩を処罰するために費用を負担したいと望むかどうかは、人によりかなり異なる。何が公正な相互性を形作るかについての認識が、文化によりかなり異なっているのも真実である。にもかかわらず、公正に関する行動についての、一つの文化の内部におけるより動機づけられ、相互性の要求を満たすために自ら犠牲を払うことをも厭わない[1]。この種の行動についての文化横断的な研究書のうちもっとも印象的な一書の中で、著者は以下の点をほのめかしている。すなわち、長期の発展過程の結果として人間は、自らの利益を犠牲にしてまでも受けた利益に報いる傾向、また受けた危害に応ずる傾向を備えたのである。

正義の思想の未来を言い当てようとするいかなる試みも、その思想の前史を再構成する努力にも増して、当て推量に近いものとなろう。それでもわれわれは、個人の関係における相互性への関心が、将来の説得的な正義理論の中心的な特徴になるだろうと、自信をもっていうことができる。

相互性の概念は、古代の、哲学誕生以前の時代の正義の思想においては、その中心を占めていた。バビロニアの諸文書、古代イスラエル人の諸著作、そして初期ギリシャの詩人においては、正義が、対等な者同士の釣り合った相互性と、対等でない者との釣り合いを欠く相互性、この二つと密接に組み合わさっていた。われわれは検討を進めるにつれて、この原型について知ることができる。対等ではない者の場合に、（われわれに伝えられている文書記録によると）同程度の罪を犯したとしても、地位の低い人が地位の高い人よりも厳しく罰せられたが、それはむしろ正しいこととみなされた。なぜならば、一般的にいって、地位の低い人は地位の高い人よりも、少なく受け取り多く与えねばならないからだ。対等でない者同士で、相互性は均等であるべきではなく、地位の高い者には優利に、地位の低い者には不利にはたらく。

この古来の流儀は、あらゆる人間が価値において平等であるという仮説とは両立しない。ひとは、すべての人々が平等であるという仮説に依拠して、正義とは、少なくとも諸個人の交換にあっては、厳格に均等な相互性だと解釈しそれが最善だと思うかもしれない。大雑把に言えば、これこそ、カントが到達した結論であった。しかしながら、この結論は、「価値」が同等とみなされた人間が必ずしも「能力」において平等であるわけではない、という当然の事実を無視している。

われわれは、相互性としての正義の観念を、それが人間能力における不平等という事実をも含みうる形に修正できないかどうか、検討しなければならない。それを修正することによって、古来の正義の思想では自明だった優先順位を逆転させるためである。相対的に同等な諸個人の間柄を論ずる際に、われわれは、取引の正義を交換の平等の問題、もしくは、基本的に均等な相互性の問題に置き換えて考えている。しかし、能力において不平等な人間の間で、才能の違いに由来するにせよ、他の資源の違いに由来するにせよ、能力の劣った人々から要求、期待できるものが少なく、能力の優れた人々から要求、期待できるものが多いときに正義がなされたと考えることは、理に適っている。養護施設にいて、個人的なケアを多く必要とし、他者に気を配る能力がわずかしかないか、まったくないような知人がいたとしよう。この知人に対して、そのもとを頻繁に訪れ、施設の味気のない食事を補うため彼女の気に入る美味しい食べ物を持ち込み、面白い読み物をたくさんと音楽のレコードを与えて、相当の利益を施したとしよう。その知人が価値において同等な財や厚意によりこれらの利益に報いることがなかったからといって、彼女が私に不正義をおこなっている、などと考えることは不道徳だろう。反対に、彼女が時折私に感謝を表明することで正義をおこなっている、と述べることは理に適っているように思われる。彼女の状況を見たとき、そのような感謝の仕方は、能力に見合うものだからである。

人間関係の相互性への強い関心こそが、正義の説得的な理論の最大の特徴になるであろう。しかし私はそう主張することで、社会正義の思想や、社会的生産を正しい仕方で配分するという課題を捨て去るべきだ、と言っているわけではない。それどころか、社会制度や社会慣行が導く配分は、成員間の関係やその性格に主要な影響を及ぼしている。言いたいこととはすなわち、ロールズや他の社会正義の理論家のこの話題に与えた優先順位、とりわけ知的な優先順位が誤ったものだったという点である。われわれが持っているそのような思考法に対して、私が示唆したような修正を施せば、社会正義を、あらゆる正義の主題や思想が従属すべきであった親概念という役割から解放してやることができるだろう。社会正義の思想を、正義のより広い概念の一部として再発見しなければならない。その概念の中心を占めるべきは、市民間の相互尊重や相互性の社会的関係という考え方なのである。

この再発見は、かなり詳細な議論への回帰と、もっとも広範な正義についての諸問題からの離脱を、ともなわざるを得ないように思われる。実際に、この修正が、社会正義の思想を多年にわたりそれが占めてきた玉座から退位させる一方で、その退位から一つの道が開かれることになる。その道は、今日の世界におけるもっとも緊急の問題、すなわちグローバル正義やグローバル不正義の問題についてのあらたな活力ある思考へと通ずるのである。

少なくとも過去二世紀あまりの形態からみれば、社会正義の理論は、古代以来の正義観を苦しめた偏狭さを、一貫して増幅する傾向を持っていた。有史以来、正義についてものを書いた思想家たちは、この概念を、もっぱら政治的、文化的アイデンティティを共有する人間同士の関係に適用してきた。(「公式には」必ずしもストア派ではなく、プラトン主義者であったキケロも含まれる) 古代ストア派は、この一般的な真実に対する重要な例外とみなされる。これらの思想家の普遍主義思想は、ローマ法の編纂者や注解者、キリスト教運動の使徒や組織家によって、のちの世紀に伝えられた。とはいっても、この普遍主義への衝動も、つねに、とりわけ近代という国民国家の時代にあっては、強力な抵抗勢力と向き合ってきたのである。

トマス・ホッブズによるこの主題の考じ方こそ、抵抗勢力に典型的なものと言える。グロティウスや自然権理論家の伝統を汲む思想家にならう形で、ホッブズはあらゆる人間間の平和や協力の基礎として理論上役立ちうるような自然法について、説明を繰り広げた。しかしながら、主権的な権者に服する政治的社会の中で結合した人々について言及する際にホッブズは、自然法の多くが、彼らの間でなされた人間行為にのみ適用されると論じている。自然法、そして他の諸法を強制できる主権者が不在の間は、自然法は「内部 (良心) の法廷」に適用されるにすぎない。ホッブズの推論で、法を強制する力を備えた政治的社会においては、彼らとともに他者もまた公正で相互的な諸関係にあずかる保障を手にするのである。主権者の権限に服さないあらゆる者との関係において、人々は、適当であると考えるあらゆる手段を講じて安全と利益を追求する際に、正義の配慮を二の次にする自由すら持っている。ホッブズの見解において、自然法は、自然的正義の法であり、外部者に向かってなされる行動に実質的な歯止めをかけるものではなかった。

普遍的な思想に対してかなりの敬意を払っているにもかかわらず、過去二世紀あまりの社会正義の擁護者は、ホッブズの議論が導いた広範だが偏屈な結論を、明白に認めるか、暗黙に受け入れていた。その議論を擁護したものたちが、ホッブズの議論を受け入れた第一の理由は、社会正義の中心的な関心を社会的生産に注いだからであった。もし社会的生産物が複雑な分業の結果であるなら、そこにおいて生産者は、専門的能力を磨いたり、高い効率を達成したりしながら、高度な生産性を獲得する。そして、もし社会正義の主要な問題が、社会の生産物を、それを産出した社会の成員にいかに分配すべきかにあるとしたら、社会正義という仕組みの受益者として配分を受け取る資格のあるのは、それに貢献した成員いや、少なくともそれを産んだ社会の成員のみということになろう。基本的に外部者、すなわち分業に加わらなかった者は、生産物の取り分を要求できない。社会の生産物の配分に的を絞った社会正義の概念は、いや一般的に言って、複雑な分業の中で利益や不利益を配分するという問題に焦点を当てた社会正義の概念は、社会正義の仕組みに適合する人間すなわち内部者と適合しない人間すなわち外部者の、区別を指向する論理に寄り掛かっている。

社会正義の最初期の、もしくはより最近の主要な擁護者の著作にも、これに似た推論法を読み取ることができる。ヨハン・ゴットリーブ・フィヒテは、近代の社会正義思想の最初期の提唱者の一人である。『封鎖商業国家』という著作の中心思想とは、国家が正義の要求に従って成員に福利を提供できるのは、国家が他国に対して自己充足性を保ちつつ、国境内で堅固な商業社会を維持できる場合のみだ、という考え方であった。ジョン・メイナード・ケインズやグンナー・ミュルダール、ウィリアム・ベヴァリッジなど、近代英国福祉国家の知的な創始者という名誉を授けられているのちの社会正義の擁護者たちは、類似した推論法を操っていた。より近年においてはロールズが、最晩年の著作の一つである『諸国民の法』[2]において以下の見解を明らかにしている。すなわち、「国民」が文化的、歴史的な類似性に基づいた集合アイデンティティにより定義されるところ、彼の理論で検討した類の社会正義の諸原理は、その国民を構成するような諸個人の関係にしか適用されない。それらの諸原理は、ロールズによると、普遍的に、すなわち国民を跨いで適用されることはない。

フィヒテ、ロールズその他多くが焦点を当てたような集団は、正義の内容にまで重要な効果をもたらす。その集団を構成する諸個人は、義務と信頼という特別の紐帯により結びついている。そこから出てくる結論は、それらの諸個人が相互に義務を負っており、その義務は外部者に負っている正義の義務とは違う、という点だろう。一個人が特別な他者（配偶者や子供といった）に義務を負うことがあるように、政治的社会の成員を結合する紐帯は、彼ら相互の正義の関係の、その全部とは言えないが、部分を決定するのである。とはいえ、特別な紐帯や関係は、人間が他者一般へ負っている正義の義務の実行を不可能にするわけではない。それらの義務は、相互尊重や相互性の観念に根を持っているのである。

国際関係の「私的」ないし「公的」な行為者は、打ち克ちがたいほど、つねに自己利益の追求により導かれている。また、彼らは、正義にほとんど尊重を払わないか、あるいは、慎慮による考察が指示するかぎりでのみ相互性に尊重を払うか、そのいずれかである。規制を持たない利益追求は、地球全体にかなりの不正義をもたらし、絶えず相当な不正義へと行き着く。国境を越える多くの「取引」は、より強い者によるより弱い者への強制の結果であろう。ある国際的な取引が自発的なものにみえても、それが交渉力のかなり不平等なもの同士の交渉に由来しているということが、日常的によく起こる。国境の内部においてならば、交渉力の不平等はときに、規制や制度的な是正措置（以前に指摘した団体交渉の仕組みをも含め）の対象になるだろう。それらは、交渉に由来する不正義を減らすためのものでもある。しかしながら国境を越えると、たとえ規制があったとしても、それが弱者の利益を増大させるように働くことは滅多にない。

グローバルな関係における、この持続する組織的な不正義は、世界人口の多くが悲惨な状況に置かれていることとの実質的な責任の一端を担っている。グローバル正義の中心的な問題は、そして、今日の世界の不正義の喫緊の問題は、第一に、もっとも力の強い者が、以下のことを躊躇っていることに由来し、多くの不公正な国際的取引の堆積された不正義を矯正する体系的な手段が欠如していることに起因する。すなわちもっとも力の強い者は、弱者とかかわる際に相互尊重や相互性という条件に従おうとしない。もとよりその問題の原因は、より裕福な国家が、その社会的生産物を貧しい国の人々に分け与えようとしないことではない。グローバル不正義という問題は、裕福な社会の社会生産物を不公正に配分していることともあまりかかわりを持たない。むしろその原因は、多くの人々が考えている以上に、相互尊重や国境を越える相互性の不在とかかわっている。

紀元前四世紀に、アリストテレスが言ったことを思い起こそう。

政治家は隣国の感情を無視してまで、隣国を治めかつ支配する計画を立てるべきだなどと人は考えているが、熟考してみようという人間にとって、そのことは奇妙なものに映らざるを得ない。［…］人間は、正しいとは、また適切だとは認めたくないような仕方で他人に振る舞うことを、必ずしも恥だと思っていない。人々は、彼ら自身の問題に対して、そして彼らの間では、権威が正義に基づくことを望んでいるが、彼ら以外のものが問題となると、正義への関心は中断するのである。[3]

アリストテレスの意図は、ギリシャ人相互の関係に当てはまる観察の結果を述べることであった。しかし、二千三百年以上経って、諸国家や諸帝国が興亡し、世界についての人間の知識や理解が計り知れないほど増大した世界、また人口においても巨大な規模に成長した世界で、彼の発言は、意外にももっともらしく響くのである。

訳者解説

本書は、David Johnston, *A Brief History of Justice*, Wiley-Blackwell, Malden and Oxford, 2011 の全訳である。著者のデイヴィッド・ジョンストンは、プリンストン大学で博士号を取得、イエール大学で教鞭をとったのちにコロンビア大学に移籍し、今は同大学教授の地位にある。政治思想研究国際学会（International Conference for the Study of Political Thought）の代表、ニューヨーク政治学会会長などを歴任し、現在はコロンビア大学リベラルアーツ・セクションの責任者も務めている。主な著書としては、

The Rhetoric of Leviathan: Thomas Hobbes and the Politics of Cultural Transformation, Princeton University Press, 1989.

The Idea of a Liberal Theory, Princeton University Press, 1994.

編著としては、

Equality, Hackett Publishing, 2000.

Leviathan: A Norton Critical Edition,（with Richard Flathman）, W. W. Norton, 1996.

がある。

ジョンストンは、本書の内容をよりいっそう専門的に論ずるべく、*Justice as Reciprocity* や *The Birth of Social Justice* の出版を計画している。なお、翻訳の分担は、序文、プロローグ、第五章、エピローグが押村、第一・四章が宮崎、第二・三章が近藤、そして第六・七・八章が谷澤である。

本書タイトルを文字通り訳すと『正義小史』になるが、従来の正義論に真っ向からチャレンジするという本書のスタイルに照らして、さらに正義の思想を感覚のレベルでとらえるという独特な姿勢を反映させるため、ジョンストンの承諾を得て邦題を『正義はどう論じられてきたか』にした。

本書は、いわゆるプラトン、アリストテレスから自由主義、功利主義、カント主義を経て、ロールズへと至る正義の古典的系譜の紹介を第一義の目的とはしていない。また、懐疑論や現実主義、相対主義の批判をも意図してはしない。むしろ、それらのみで構成されている通史を批判しつつ、新しい正義の観念と系譜を掘り起こし、グローバル化時代におけるその意義を強調することを狙っている。

従来の系譜に対するジョンストンの不満の第一は、それが近代以降の帰結主義とカント主義の対立に過度の力点を置き、また社会正義や「公正としての正義」に必要以上の注目を与え、逆に古代、西洋やその周辺で時空を横断してみられた、人間関係に焦点を定めた正義論もしくは「相互性」を軽視していることにある。

ジョンストンのみるところ、正義論を右の二つの流れに限定する思想史は、正しきものについての多産な思考の成果を矮小化し、相互に抱き合う本能的な感覚から人間が正義を捉えてきたという事実を忘却している。とくに現代の社会正義の理論は、交換より「配分」に重きを置きすぎて、能力に差がある人間同士がどうやってその差を克服しつつ相互的関係を取り結ぶかという本質的な問題をないがしろにしてきた。

近代の社会正義の理論は、ジョンストンの分析によると、D・ヒュームが正義の由来をその利点としての有用性に求めてから徐々に頭角を現し、A・スミスが分業の社会的な役割を強調してそれを所有と結びつけたとき、正義論の新しい流れとなって定着した。これにより、相互性は背後に退き、かわって個々人の相互尊重には重きを置くことのない、生産物を共同体成員にどう分配するかを論ずる正義論が主流になったのである。

倫理的個人主義者のロールズは社会内の分配の問題に対して、「公正としての正義」で応えようとした。しかしジョンストンによると、ロールズの解法は平等な個々人の織り成す閉じた社会を前提とし、また個人を同等な自己決定能力を持つ主体と想定したため、価値において平等だが能力においては必ずしも平等ではないという人間関係の本質を捉えそこない、それぞれの能力に見合った相互性をどう築くかという問題から遠ざかってしまった。

さらに、より長い社会正義論の系譜からいうと、フィヒテからロールズまで、同質的な人間により構成される共同体の内部で、必要性や生産への貢献に応じて富や財をいかに配分するかを主題としていた社会正義論の主流は、配分に与かる資格者を、ともに分業に加わる成員、生産に貢献した成員に限定したため、国境を越えたステージへとそれを適用することができないのである。

たとえば、先進国と途上国は、契約当事者としての能力（主権）が平等であるという前提のもと、外交関係を取り結び契約を取り交わす。しかしながら、交渉力、資金力、技術力などに大きな開きがある以上、形式的平等を前提とした契約は、強者には有利に、弱者には不利に働いてしまう。グローバルな格差という問題と向き合う際にロールズ流の権利義務の双務性を適用すれば、途上国は貧しさを抜け出ることができなくなるだろう。

これに対するジョンストンの回答は、価値の平等ではなく「能力の不平等」を前提とした正義の理論である。不平等を前提とする場合には、相互性の軸を弱者の側にずらす必要が生まれる。その場合の相互性とは、ロールズのいうような自由人と自由人が相互的利益を当て込んで取り結ぶ契約ではなく、人間の本能や感覚に由来するところの、相手の能力を加味した尊重であり、実質的にはそのような感覚に導かれた非対称な交換こそが正義の内容となるであろう。

このようなジョンストンの批判的正義論に対しては、ロールズ主義者や社会正義論者の側から再反論があるに違いない。とくに、能力の不平等の度合いを誰が判定するのか、相互性をどう定義するにせよ、非対称な交換が結果として相互性に適っていることを誰が立証し、担保するのか、このような問題にジョンストンは必ずしも明確には答えていない。

そのような課題の存在を前提としたうえで、あえてグローバル化時代におけるジョンストンの正義論の相対的な優位性を強調すると、以下の三点になるであろう。

第一にジョンストンが、四千年の知的歴史における相互主義と目的論の対抗に注目し、なお、その軸との関連で、近代以降の西洋正義論、とくに社会正義論の「偏差」を浮き彫りにしたこと、さらには、平等な分配を標準とする見方に異議を申し立てたことは、コミュニタリアン以外の立場からポスト・ロールズの正義論を構想する研究者に、新しい示唆や着想を与えうるであろう。

第二に、正義の理論家がジョンストンの視点に立って、目的論的でも義務論的でもない非西洋の正義論、たとえば東アジアの儒教、南アジアのヒンドゥー教などの思想の中に不均等な相互性の等価物を探し求め、個別の正義思想を西洋の正義とは異なった文化的脈絡から評価し直すこともできるかもしれない。

第三に、ジョンストンのいう相互性を、グローバル化の時代に相応しい、国境を越えた個人関係における正義の実質的な内容として捉えることで、国内の社会正義との類推から導かれるのではない新しいグローバル正義論、たとえば、国と国ではなく、「ヒトとヒトとのグローバルな平等」という概念が生み出される可能性もある。

四十余年前にはJ・ロールズ、近年ではM・サンデルによって世界的ブームに火が付いた正義論争だが、過去五年に限っても和書、翻訳を含め夥しい数の正義に関する書物が日本で公刊されている。帰結主義やカント主義の正義論についてそれなりの見取り図を得ている日本の読者に対し、本書が正義論の理解に広がりを与え、西洋の軸に捕われない正義の論争を活発にしてくれることを、訳者たちはひそかに期待している。

最後に、いちはやく本書の意義に注目して翻訳出版を企画され、作業の進展を辛抱強く見守ってくださったみすず書房の田所俊介氏に、心より感謝を申し上げる。

訳者を代表して

押村　高

索　引

タ

ナ

ハ

マ

ヤ・ラ

注

プロローグ

1　Hobbes, *Leviathan*, ch.14, p.74.

2　Smith, *Wealth* I.2, p.14.

3　Richard Alexander, *The Biology of Moral Systems*, Hawthorne, NY: A. de Gruyter, 1987, p.3.

4　Richard Dawkins, *The Selfish Gene*, new ed. Oxford: Oxford University Press, 1989, p.3. ドーキンスの意図は，遺伝子が持つ自らを繁殖させる傾向を説明することであった．とはいえ彼の言説は，遺伝子よりむしろ人間個人に当てはまるものと広く理解されている．

5　より詳しく，正確な議論については以下を参照．John Elster, “Introduction”, in Jon Elster (ed.), *Rational Choice*, New York: New York University Press, 1986, pp.1-33.

6　Austin, G. and Walster, E., “Participants' reaction to ‘equity with the world’”, *Journal of Experimental Social Psychology* 10 (1974): 528-543. この実験その他については，以下で議論されている．Melvin J. Lerrner, “The justice motive in human relations and the economic model of man: A radical analysis of facts and fictions”, in Valerian J. Derlega and Janusz Garzelak (eds.), *Cooperation and Helping Behavior: Theories and Research*. New York: Academic Press, 1982, pp.249-278.

7　Daniel Kahneman, Jack L. Knetsch, and Richard Thaler, “Fairness as a constraint on profit seeking: Entitlements in the market”, *American Economic Review* 76 : 4 (September 1986).

8　Ernst Fehr and Simon Gachter, “Altruistic punishment in humans”, *Nature* 415 (10 January 2015): 137-140; Ernst Fehr and Urs Ficschbacher, “The nature of human altruism”, *Nature* 425 (23 Otober 2003): 785-791.

9　Kristen R. Monroe, *The Heart of Altruism: Perceptions of a Common Humanity*. Princeton University Press, 1996.

10　Ernst Fehr and Urs Ficschbacher, “The nature of human altruism”, *Nature* 425 (23 Otober 2003): 785-791.

11　Joseph Henrich, Robert Boyd, Samuel Bowles, Colin Camerer, Ernst Fehr, Herbert Gintis, and Richard McElreath, “In search of homo economicus: Behavioral experiments in 15 small-scale societies”, *Economics and Social Behavior* 91: 2 (May 2001): 73-78.

12　Frans de Waal, *Good Natured: The Origins of Right and Wrong in Humans and Other Animals*. Cambridge, MA: Harvard University Press, 1996; Claudia Rutte and Michael Taborsky, “Generalized Reciprocity in Rats”, *PLoS Biology* 5: 7 (July 2007): e196.

13　Aristotle, *Politics* I. ii, 1253[a] (ウェルドン訳).

14　Hobbes, *Leviathan*, ch.17, pp.94-95.

15　このような仮説は，リチャード・ジョイスにより以下で呈示されている．*The Evolution of Morality*. Cambridge and London: MIT Books, 2006, p.89.

第1章　正義の地勢図

1　*Code of Hammurabi*, p.7.
2　*Code of Hammurabi*, p.77.
3　*Code of Hammurabi*, p.17.
4　*Code of Hammurabi*, p.15.
5　*Code of Hammurabi*, p.97.
6　Homer, *Iliad* I, 161-168.
7　Homer, *Iliad* VI, 55-65.
8　Exodus 21: 12-17 (in the Old Testament).
9　Isaiah 59: 15-18 (in the Old Testament).
10　Jeremiah 5: 20, 27-29 (in the Old Testament).
11　Isaiah 1: 17.
12　Malachi 3: 5 (in the Old Testament).
13　Genesis 13: 2 (in the Old Testament).
14　Exodus 21: 2, 7, 8, 10, 11, 26, 27 (in the Old Testament).
15　Exodus 21: 23-25.
16　Exodus 22: 1-3.
17　Exodus 20: 12.
18　以下を参照．Jonathan Haidt and Craig Joseph, "Intuitive ethics: How innately prepared intuitions generate culturally variable virtues", in *Daedalus* (Fall 2004): 55-66.
19　Alvin W. Gouldner が "The norm of reciprocity: A preliminary statement", *American Sociological Review* 25: 2 (April 1960): 161 において引用している一節．
20　Edward Westermarck, *The Origin and Development of the Moral Ideas*. London: Macmillan, 1908, vol. 2, p.155.
21　この範囲についての有用な議論としては以下を参照．Marshall D. Sahlins, "On the sociology of primitive exchange", in Michael Banton (ed.), *The Relevance of Models for Social Anthropology*. London: Tavistock Publications, 1965, pp.139-236.
22　再度以下を参照．Jonathan Haidt and Craig Joseph, "Intuitive ethics: How innately prepared intuitions generate culturally variable virtues", in *Daedalus* (Fall 2004): 55-66.

第2章　プラトン『国家』における目的論と教育

プラトン『国家』の参照箇所は，ステファヌス版の番号を用いて本文中に括弧内で示してある．この表記法は，1578年ジェノバのヘンリクス・ステファヌス（アンリ・エティエンヌ）が編纂した，プラトン全集初版のページ番号と行番号を利用したものであり，プラトンを参照する際の標準的な方法である．この表記法は，現代版のプラトン全集と翻訳すべてに利用されている．したがって，私が引用した個所は，ステファヌス版の番号を参照することで，ほとんどの現代語訳（あるいは，原典）から見つけ出せるだろう．私はアレクサンダー・カーの翻訳を採用したが，それには控え目な修正を施してある．

1　この詩句は詩人テオグニス，147-148行に帰せられている．ギリシア語のテキストはArthur W. H. Adkins, *Merit and Responsibility: A study in Greek Values*. Chicago: University of Chicago Press, 1960, p.78n に掲載されている．これらの行の，特に決定的に重要な2行目の適切な訳について，研究者たちは意見を異にする．アドキンスは次のように訳している．「あらゆる人は，キュルノスよ，*agathos*［善］なのだ，彼が *dikaios*［正しい］ならば」．しかし，マイケル・ガガーリンとポール・ウッドラフはこう訳している．「あらゆる善き人は，キュルノスよ，正しいのだ」（*Early Greek Thought from Homer to the Sophists*. Cambridge: Cambridge University Press, 1995, p.32）．アドキンスにとってこの行は，ある人が正しいのならば，彼は必然的に善であるということを示唆している．ガガーリンとウッドラフは，この行が，もしある人が善ならば，彼は必然的に正しいと示唆していると読む．私はアドキンスの翻訳全体を受け入れるわけではないが，結局，彼の訳の方がガガーリンとウッドラフのものよりも正確であるように思われる．しかし，詩というものが本質的に意味の曖昧さに依拠しているということを心に留めておくのは重要である．そして，このことはギリシアのアルカイック期における詩にも確かに当てはまるので，両者の読み方はともに許容できるものかもしれない．この詩句に関して注目すべき点は，アドキンスの読みが示唆する正義の強力な役割がこの時代にはっきりと観察されるということなのである．

2　この考えのよく知られた表現は，トゥキディデス『ペロポネソス戦争史』における「メロス島対談」に見られる（第5巻84-114）．

訳注1　ジョンストンは拡大後の都市を「豚の都市」と解釈しているようであるが，『国家』では拡大前の都市を「豚の都市」と呼んでいる．そのため，プラトンの記述に合わせて，括弧内にある「豚の都市」への言及――原文ではこの文の末尾にある――の位置を変更した．

第3章　アリストテレスの正義の理論

『ニコマコス倫理学』と『政治学』の参照箇所はすべて本文中に括弧内で示してある．私は，イマニュエル・ベッカーによるアリストテレス全集の優れた版（Berlin, 1831-1870）に基づいた，伝統的なページ番号と行数を用いてアリストテレスを参照した．これは，現代版の全集と翻訳（ベッカーが知らなかった数少ない著作と彼の版に収められてないものを除いて）が共通して従っているものである．『政治学』を引用するに際して，私は巻と章の番号も付け加えた．これはアリストテレスの著作を参照するには十分一般的なものである．『ニコマコス倫理学』に関して，私はヘンリー・ジャクソンの部分訳を用いたが，これにはささやかな修正が施してある．本章で引かれている『政治学』の章句に関して，私は J. E. C. ウェルドンの訳を用いたが，これにはそれほど重要でない修正をしてある．

1　Aristotle, *Nicomachean Ethics*, translated by H. Rackham. New York and London: G. P. Putnam's Sons, 1926.

第4章　自然から人為へ

1　Psalm 103: 6（in the Old testament）.

2　Psalm 9: 7-8.

3 Psalm 9: 5-6.
4 Aristotle, *Politics*, 1324^{b}（バーカー訳）.
5 Aristotle, *Politics*, 1324^{b}（バーカー訳）.
6 こうしたゼノンや彼以後のストア派の思想の再構成について，私は Malcom Schofield, *The Stoic Idea of the City*. Cambridge: Cambridge University Press, 1991に多く依拠している.
7 Cicero, *De legibus* I.17, p.111.
8 Cicero, *De legibus* I.19, p.112.
9 Cicero, *De legibus* I.30, p.116.
10 Cicero, *De legibus* I.30, p.116.
11 Dio Chrysostom, with English translation by J. W. Cohoon and H. Lamar Crosby, in five vols. Cambridge, MA: Harvard University Press, 1961, vol.3, pp.417-475.
12 Cicero, *De legibus* I.61, p.127.
13 *The Digest of Justinian*, translated and edited by Alan Watson, rev. ed., 2 vols. Philadelphia: University of Pennsylvania Press, 1998.
14 *Luke* 4: 14（in the Old testament）.
15 Aristotle, *Politics* I.ii, 1253^{a}（ウェルドン訳）.
16 Aristotle, *Politics* I.v, 1254^{b}（ウェルドン訳）.
17 Aristotle, *Politics* I.v, 1254^{b}（ウェルドン訳）.
18 Aristotle, *Politics* I.v, 1254^{b}（ウェルドン訳）.
19 Aristotle, *Politics* I.v, 1255^{a}（ウェルドン訳）.
20 正義の図像の歴史についての詳細な議論としては，Judith Resnick and Dennis Curtis, *Representing Justice: Invention, Controversy, and Rights in City-States and Democratic Courtrooms*. New Haven and London: Yale University Press, 2011を参照.
21 Cicero, *De legibus* I.30, p.116.
22 アウグスティヌス『神の国』に引用されたキケロのテクストの断片．訳文は Cicero, *On the Commonwealth and On the Laws*, edited James E. G. Zetzel. Cambridge: Cambridge University Press, 1999, p.73より.
23 *The Digest of Justinian*, translated and edited by Alan Watson, rev. ed., 2 vols. Philadelphia: University of Pennsylvania press, 1998, I, 5（引用の際，強調を付した）.
24 *Matthew* 19: 24（in the Old testament）．この節の伝統的なテクストはきっと，もとのテクストから転じたものであろう．もとのテクストではおそらく「[…] 縄が針の穴を通るほうが易しい」となっていたのであろう．福音書はギリシア語で書かれたが，「縄」をあらわすギリシア語 *kamilos* と「らくだ」をあらわすギリシア語 *kamēlos* は大変似ていたのである.
25 Hobbes, *Leviathan*, ch.14, p.72.
26 Hobbes, *Leviathan*, ch.15, p.85.
27 Smith, *Wealth* I.2, p.15.
28 プラトンが『プロタゴラス』320c-322d で著したもの．訳文は *The Collected Dialogues of Plato*, edited by Edith Hamilton and Huntington Cains（Princeton: Princeton University Press, 1973）所収の W. K. C. ガスリー訳による.
29 Plato, *Protagoras*, 322d.
30 Herodotus, *Histories*, translated by Robin Waterfield. Oxford: Oxford University Press, 1998: Book III, Chs 80-82.

31　Aristotle, *Politics* I. ii, 1253^{a}（ウェルドン訳）.
32　Cicero, *De legibus* I.33, p.117.
33　Cicero, *De legibus* I.28, p.115.
34　R. W. サザンは *The Making of the Middle Ages*. New Haven and London: Yale University Press, 1953 において，こうしたプロセスについての今や古典的と言える議論を提供している.
35　Thomas More, *Utopia*, edited by George M. Logan and Robert M. Adams. Cambridge: Cambridge University Press, 2002.
36　Hobbes, *Leviathan*, ch.30, pp.170–171.
37　Hobbes, *Leviathan*, ch.30, p.171.

訳注 1　ジョンストンがここで引用している翻訳（Cicero, *On the Commonwealth and On the Laws*, edited and translated by James E. G. Zetzel. Cambridge: Cambridge University Press, 1999）では，「感覚を刺激するものは，すべての人の感覚を同じように刺激する」という箇所が訳出されていないが，ここでは訳出した.

第 5 章　効用の登場

1　Hume, *Enquiry* III, pt.2, p.200.
2　Hume, *Enquiry* III, pt.2, p.201.
3　Beccaria, *Crimes*: “To the reader”, pp.4–5.
4　Beccaria, *Crimes*, ch.2, p.11.
5　Beccaria, *Crimes*, ch.2, p.11.
6　Smith, *Sentiments* II.ii, p.86.
7　Smith, *Wealth* I.2, p.13.
8　Jeremy Bentham, *Anarchical Fallacies*, in *The Works of Jeremy Bentham, Published under the Superintendence of his Executor, John Bowring*, 11 vols. Edinburgh: 1838–1843, vol.2, p.501.
9　“Of the original contract”, in David Hume, *Hume's Moral and Political Philosophy*, edited by Henry D. Aiken. New York: Macmillan, 1948, p.357.
10　Hume, *Enquiry* III, pt.1, pp.190–191.
11　Hume, *Enquiry* III, pt.1, p.191.
12　Beccaria, *Crimes*, ch.13, pp.32–33.
13　Beccaria, *Crimes*, ch.14, pp.34–36.
14　Smith, *Wealth* I.2, p.15.
15　Smith, *Wealth* V.1, p.734.
16　Jeremy Bentham, Paul J. Kelly, *Utilitarianism and Distributive Justice: Jeremy Bentham and the Civil Law*. Oxford: Oxford University Press, 1990, p.179 からの引用.
17　John Stuart Mill, *Utilitarianism*, in *John Stuart Mill On Liberty and Other Essays*, edited by John Gray. Oxford: Oxford University Press, 1998, p.199.
18　Hume, *Enquiry* III, pt.1, p.185.
19　Hume, *Enquiry* III, pt.1, p.189.
20　Hume, *Enquiry* III, pt.1, p.187.
21　Smith, *Sentiments* II.ii, p.87.

22 Smith, *Sentiments* II.ii, p.87.
23 Smith, *Sentiments* II.ii, p.87.
24 Smith, *Sentiments* II.ii, p.86.
25 Smith, *Sentiments* II.ii, pp.90–91.
26 Smith, *Wealth* I.2, p.13.
27 Smith, *Wealth* IV.2, p.423.
28 Beccaria, *Crimes*: "To the reader", p.3.
29 Beccaria, *Crimes*: "Introduction", p.7.
30 Beccaria, *Crimes*, ch. 3, pp.12–13.
31 Beccaria, *Crimes*, ch. 27, p.64.
32 Beccaria, *Crimes*, ch. 15, p.31.
33 Beccaria, *Crimes*: "Introduction", p.7.
34 Beccaria, *Crimes*, ch.41, p.103.
35 Bentham, *Principles*, ch.17, p.329, note 1.
36 Jeremy Bentham, *A Fragment on Government*, in *A Comment on the Commentaries and A Fragment on Government*, edited by J. H. Burns and H. L. A. Hart. Oxford: Clarendon Press, 2010), p.393 からの引用.
37 ポール・ケリーは以下の文献において，ベンサムの定式におけるこの変化を論じている. *Utilitarianism and Distributive Justice: Jeremy Bentham and the Civil Law*. Oxford: Oxford University Press, 1990, p.75.
38 Bentham, *Principles*, ch.1, p.1.
39 以下の論文においてポール・ケリーは，ベンサム晩年の諸著作におけるこの原理について，広範な議論を呈示している. *Utilitarianism and Distributive Justice*（前掲書）ch.6 参照.
40 Bentham, *Principles*, ch.14, p.179.
41 Smith, *Wealth* V.3, p.862.
42 Smith, *Wealth* I.1, p.3.
43 Smith, *Wealth* I.1, p.12.
44 Adam Smith, *Lectures on Jurisprudence*, edited by R. L. Meek, D. D. Raphael, and P. G. Stein. Oxford: Clarendon Press, 1978. 以下も参照. The notes on Smith's lecture of February 3, 1763, 158–160 (pp.132–133 in Meek et. al.); the report of his lectures dated 1776, 197–198 (p.483 in Meek et. al.).
45 Beccaria, *Crimes*, ch.12, p.31.
46 同上，ch.8, I 参照.

第 6 章　カントの正義の理論

カントの『法論』(『人倫の形而上学』の第一部）への参照はすべて，（　）内にページ数を示す形で本文中に示した. 最初に挙げられている数字はメアリー・グレガーの翻訳のページ数である. 二番目に，[　] 内に挙げられている数字は，プロイセン学術アカデミー版（普通アカデミー版と呼ばれている）のページ数を指している. カントの著作を参照する際の標準的な基礎を提供しているのはアカデミー版である. 以下の注に出てくるカントの『道徳形而上学の基礎づけ』への参照も，アカデミー版のページ数を，[　] に入れて示している. 以下の

注に出てくるカントの『純粋理性批判』への参照は，ノーマン・ケンプ・スミスの翻訳のページ数と，『批判』ドイツ語版の初版と第二版のページ数を示している．スミスは初版を A という文字で，第二版を B という文字で示している．

1 Theory and practice, pp.70–71.
2 Theory and practice, p.70.
3 Theory and practice, p.74 も参照せよ．
4 Theory and practice, p.74.
5 Theory and practice, p.81n.
6 Kant, *Critique*『純粋理性批判』のいたるところを参照せよ．
7 Kant, *Critique*, p.631［A798/B826］.
8 Kant, *Critique*, p.634［A802/B826］. Kant, *Rechslehre*, p.42［213–214］におけるこれと似た議論も参照せよ．
9 ホモ・ヌーメノンとホモ・フェノメノン（この章のあちこちで出てくる）は，ホモ・サピエンス（名詞とそれに呼応する形容詞）というタイプのフレーズではない．そうではなくて，ラテン語の男性名詞ホモと，ギリシャ語の中性分詞（ヌーメノン，ファイノメノン）が名詞として扱われたものとの間の等式である．その名詞としての用法，ト・ヌーメノンという表現はカントにおいては普通，「物自体」のことを指す．この言葉は上で論じられたヌースやノエシスと同じ仲間に属する．
10 Immanuel Kant, Peretual peace, p.99n.
11 Immanuel Kant, *Grounding for the Metaphysics of Morals*, translated by James W. Ellington, 3rd ed. Indianapolis and Cambridge: Hackett, 1993, p.30［421］. カントはこれと似た定式を彼の *Rechtslehre*, p. 51［224］や "Perpetual Peace", p.122 でも提示している．
12 Matthew 7: 12.
13 Matthew 5: 38–42.
14 Kant, Theory and practice, p.75.
15 Kant, Theory and practice, p.75.
16 Kant, Theory and practice, p.75.
17 Kant, Theory and practice, p.74. 強調はジョンストンによる．
18 Kant, Theory and practice, p.73.
19 『法論』に加えて，Theory and practice, p.81 および Perpetual peace, pp.118n and 126 を参照せよ．
20 Peretual peace, p.99n.
21 Theory and practice, p.79.
22 Theory and practice, p.74.
23 Theory and practice, p.74.
24 Theory and practice, p.74.
25 Theory and practice, p.79 および Perpetual peace, p.99n.
26 カントに特徴的な社会正義（と後の時代に呼ばれるようになるもの）の構想は，「分配的正義」というフレーズの彼の使い方には含まれていないし，それによって伝えられてもいない．彼にとって分配的正義というフレーズは，公の法廷によって決定される——あるいは「分配される」——財や責任の配分を指している．*Rechtslehre*, pp.113［297］および 118

[302] を参照せよ．

第7章　社会正義という考え

1 Plato, *Republic*, 592b.

2 Thomas More, *Utopia*, edited by George M. Logan and Robert M. Adams. Cambridge: Cambridge University Press, 2002.

3 Francis Bacon, *The New Organon*, edited by Fulton H. Anderson. Indianapolis: Bobbs-Merrill, 1960.

4 アレクシス・ド・トクヴィルはこうした議論を次の書物で展開している．*The Old Regime and the Revolution*, edited by François Furet and Françoise Mélonio, translated by Alan S. Kahan. Chicago: University of Chicago Press, 1998.

5 Saint-Simon, "The Reorganization of the European Community", in *Social Organization, the Science of Man, and Other Writings*, edited and translated by Felix Markham. New York: Harper & Row, 1964, p.29.

6 Marx, *Capital: A Critique of Political Economy*, edited by Frederick Engels, translated by Samuel Moore and Edward Aveling. New York: International Publishers, 1967, pp.8, 10.

7 Marx, *Ideology*, p.160.

8 Marx, *Ideology*, p.161.

9 Marx, *Ideology*, p.160.

10 John Stuart Mill, *The Subjection of Women*, in his *On Liberty and Other Essays*, edited by John Gray. Oxford: Oxford University Press, 1998.

11 Henry Sidgwick, *The Method of Ethics*, 7th ed. Indianapolis and Cambridge: Hackett, 1981, p.274.

12 Saint-Simon, Organizer, p.72.

13 Saint-Simon, Organizer, p.72.

14 Saint-Simon, Organizer, p.74.

15 Marx, Gotha, pp.529–530.

16 Spencer, *Principles*, vol.2. p.37.

17 Spencer, *Principles*, vol.2. p.37.

18 広範囲に及ぶ議論として，P. S. Atiyah, *The Rise and Fall of Freedom of Contract*. Oxford: Clarendon Press, 1979 を参照せよ．

19 Spencer, *Principles*, vol.2. p.42.

20 ジェームズ・サムナー・メインの *Ancient Law*（1861年に最初に出版され，1986年に Dosert Press からリプリント版が出版されている）は，この転換を示唆したいくつかの重要な著作の中でもとくに優れたものの一つである．

21 David Thompson, *The Babeuf Plot: The Making of a Republican Legend*. London: Kegan Paul, 1947, p.7.

22 Johan Gottlieb Fichte, *Foundations of Natural Right*, edited by Frederick Neuhouser, translated by Michael Baur. Cambridge: Cambridge University Press, 2000, p.185.

23 Johan Gottlieb Fichte, *The Closed Commersial State*, translated by Abraham Hayward, revised by H. S. Reiss and P. Brown, in *The Political Thought of the German Romantics,*

1793-1815, edited by H. S. Reiss. Oxford: Blackwell, 1955, p.90.

24 Karl Marx, On the Jewish Question, in *The Marx-Engels Reader*, 2nd ed., edited by Richard C. Tucker. New York: Norton, 1978, p.42.

25 Karl Marx, On the Jewish question, p.42.

26 Marx, Gotha, p.530.

27 Marx, Gotha, p.531.

28 Marx, Gotha, pp.529-530.

29 Marx, Gotha, p.530.

30 たとえば次の文献を参照せよ．Joel Feinberg, Justice and personal desert, in his *Doing and Deserving: Essays in the Theory of Responsibility*. Princeton: Princeton University Press, 1970.

31 Smith, *Wealth* V.2, p.822.

32 Spencer, *Principles*, vol.2. p.37.

33 これはフリードリヒ・A・ハイエクの後期の著作，なかでも *Law, Legislation and Liberty*, vol.2: *The Mirage of Social Justice*. Chicago and London: University of Chicago Press, 1976 における中心的な主題の一つである．

34 この見解は，マイケル・ウォルツァーによって，*Spheres of Justice: A Defense of Pluralism and Equality*. New York: Basic Books, 1983 において，そして *Thick and Thin: Moral Argument at Home and Abroad*. Notre Dame and London: University of Notre Dame Press, 1994 ではよりニュアンスに富んだ仕方で，擁護されている．

第８章　公正としての正義の理論

ロールズの『正義論』への参照はすべて本文中に（　）内に入れて示した．最初の頁数はこの本の第一版（1971年）を指示し，二番目の頁数は改訂版（1999年）を指示している．たとえば「善に対して正が優越する」(31/27-28) という具合である．

1 ロールズはこの習慣について，ワシントン DC での1991年の夏の著者との会話の中で言及した．

2 ロールズの理論のこの側面についてのもっとも明快な議論は次の文献に見られる．John Rawls, Social unity and primary goods, in Amartya Sen and Bernard Williams (eds.), *Utilitarianism and Beyond*. Cambridge: Cambridge University Press, 1982, pp.159-85 (reprented in Rawls, *Collected Papers*, pp.359-387).

3 この見解は明らかにカント的である．簡単な議論として本書第６章Ⅰを参照せよ．

4 本書第５章Ⅲを参照せよ．

5 John Rawls, Two concepts of rules, *Philosphical Review* 64: 1 (January 1955): 3-32 (reprinted in Rawls, *Collected Papers*, pp.20-46, とくに p.23).

6 John Rawls, Kantian constructivism in moral theory, *Journal of Philosphy* 77 (September 1980): 515-572 (reprinted in Rawls, *Collected Papers,* pp.303-358, とくに p.337).

7 この観念についてのもっと十分な述べ方として Rawls, *Restatement*, pp.4-8 を参照せよ．

8 Rawls, *Restatement*, p.5.

9 Justice as fairness: political not metaphysical, *Philosophy and Public Affairs* 14 (1985): 223-251 (reprented in Rawls, Collected Papers, pp.388-414, とくに p.403n).

10 Rawls, *Restatement*, p.4.

11 Rawls, *Restatement*, p.4.

12 John Rawls, *Political Liberalism*. New York: Columbia University Press, 1993, p.291.

13 John Rawls, Kantian constructivism in moral theory および Rawls, *Restatement*, pp.18-19.

14 *Restatement* ではロールズは次のように述べている.「所得と富の不平等がもっとも不遇な人々の最大の利益になるべきだと言うことは, 単純に, 協働のさまざまな仕組みを, それぞれの仕組みの下ではもっとも不遇な人々がどれだけの暮らし向きをしているかを観察することによって, 比較すべきだということを意味する」(p.59, 強調はジョンストンによる).

エピローグ

1 Joseph Henrich, Robert Boyd, Samuel Bowles, Colin Camerer, Ernst Fehr, Herbert Gintis, and Richard McElreath, "In search of homo economicus: Behavioral experiments in 15 small-scale societies", *Economics and Social Behavior* 91: 2 (May 2001): 73-78.

2 *The Law of Peoples*. Cambridge, MA: Harvard University Press, 1999.

3 Aristotle, *Politics* 1324^{b} (バーカー訳).

著者略歴

(David Johnston, 1951-)

コロンビア大学政治科学部教授．政治思想研究国際学会代表，ニューヨーク政治学会会長などを歴任．著書に *The Rhetoric of Leviathan: Thomas Hobbes and the Politics of Cultural Transformation* (Princeton University Press), *The Idea of Liberal Theory: A Critique and Reconstruction* (Princeton University Press) ほか．

訳者略歴

押村高〈おしむら・たかし〉 1956年東京都生まれ．早稲田大学大学院政治学研究科博士課程修了．政治学博士．青山学院大学国際政治経済学部教授．専門は政治学，政治思想史，国際関係論．著書『モンテスキューの政治理論』(早稲田大学出版部)『国際正義の論理』(講談社現代新書)『国際政治思想』(勁草書房)『国家のパラドクス』(法政大学出版局)『国際政治から考える東アジア共同体』(共編 ミネルヴァ書房) ほか．

谷澤正嗣〈やざわ・まさし〉 1966年埼玉県生まれ．早稲田大学大学院政治学研究科博士課程単位取得退学．政治学修士．早稲田大学政治経済学術院准教授．専門は政治理論．著書『悪と正義の政治理論』(共編著 ナカニシヤ出版)『新版 現代政治理論』(共著 有斐閣)『アクセス デモクラシー論』(共著 日本経済評論社) ほか．

近藤和貴〈こんどう・かずたか〉 1978年群馬県生まれ．Boston College 修了．Ph. D. 日本学術振興会特別研究員 (PD)．専門は政治学，政治思想史．著書：Socrates' Understanding of his Trial: The Political Presentation of Philosophy (ProQuest)．論文："Socrates' Rhetorical Strategy in Plato's Apology" (Athens Journal of Humanities & Arts, Vol.1, No.4) ほか．

宮崎文典〈みやざき・ふみのり〉 1980年岡山県生まれ．早稲田大学大学院文学研究科哲学専攻博士後期課程満期退学．文学博士．青山学院大学非常勤講師．専門は哲学・倫理学，特に古代ギリシア哲学・倫理学．論文「プラトン『ゴルギアス』における魂の秩序と行為の有益性」(日本倫理学会編『倫理学年報』第60集)「不正が恥ずべきことであるのはいかにしてか？――プラトン『ゴルギアス』474c4-475e6をめぐって」(日本哲学会編『哲学』第62号) ほか．

デイヴィッド・ジョンストン
正義はどう論じられてきたか
相互性の歴史的展開
押村　高
谷澤正嗣
近藤和貴
宮崎文典
共　訳

2015年 1月 9日　第1刷発行
2016年 4月 11日　第2刷発行

発行所 株式会社 みすず書房
〒113-0033 東京都文京区本郷5丁目32-21
電話 03-3814-0131（営業） 03-3815-9181（編集）
http://www.msz.co.jp

本文組版 キャップス
本文印刷・製本所 中央精版印刷
扉・表紙・カバー印刷所 リヒトプランニング

ISBN 978-4-622-07890-6
［せいぎはどうろんじられてきたか］